Friedrich Försterling
Attributionstheorie in der
Klinischen Psychologie

Friedrich Försterling

Attributionstheorie in der Klinischen Psychologie

Mit einem Vorwort von Bernard Weiner

Psychologie Verlags Union
Urban & Schwarzenberg
München · Weinheim 1986

Anschrift des Autors:

Dr. Friedrich Försterling
Universität Bielefeld, Fakultät für Psychologie
Postfach 8640
4800 Bielefeld 1

Lektorat:

Dr. H. Jürgen Kagelmann

CIP-Kurztitelaufnahme der Deutschen Bibliothek

Försterling, Friedrich:
Attributionstheorie in der klinischen
Psychologie / Friedrich Försterling. Mit e.
Vorw. von Bernard Weiner. – München ; Weinheim :
Psychologie-Verlags-Union, Urban u.
Schwarzenberg, 1986.
ISBN 3-621-27005-1

Umschlagentwurf: Atelier Warminski
Gesamtherstellung: Druck- und Verlagshaus Beltz-Rübelmann, 6944 Hemsbach über Weinheim
Printed in Germany.
ISBN 3-621-27005-1

Vorwort von Bernard Weiner

Für die Psychologie waren die siebziger Jahre sowohl eine Periode der Kontinuität als auch eine Zeit des Wandels. Festingers Theorie der Kognitiven Dissonanz hatte die dominanten experimentellen Paradigmen sowie die wesentlichen Fragestellungen der Sozialpsychologie der sechziger Jahre bestimmt. Die Dissonanztheorie lieferte einen "kontraintuitiven" Ansatz zur Erklärung der Entstehung und Veränderung von Einstellungen; dieser Ansatz beruhte auf der "Passung" von kognitiven Elementen.

Da Einstellungen historisch das Rückgrat sozialpsychologischer Forschung darstellten und es ein sehr starkes Bestreben gab, die Alltagspsychologie zu überwinden, ist die Dominanz der Dissonanztheorie leicht verständlich. Allerdings hatte sich am Ende der sechziger Jahre die Dissonanztheorie erschöpft. Und dies ist ebenso verständlich. Die Vielzahl der durchgeführten Studien hat andere Forscher dazu veranlaßt, offene Felder zu suchen, auf denen sie noch einen Beitrag leisten konnten. Darüber hinaus war die Dissonanztheorie eng an triebtheoretische Überlegungen geknüpft, die jedoch von den meisten Motivationspsychologen bereits aufgegeben worden waren. Schließlich ist von größter Wichtigkeit, daß die Dissonanztheorie konzeptuell arm war. Daher gab es keine neuen Forschungsrichtungen, in die sich die Theorie entwickeln konnte oder neue Phänomene, die dissonanztheoretisch konzipiert werden konnten.

Ein zweites psychologisches Forschungsfeld, das darauf wartete, in den siebziger Jahren Veränderung zu erfahren, war das der Klinischen Psychologie. Die akademische Psychologie stand schon seit langem dem nichtempirischen Vorgehen psychoanalytischer Theoretiker skeptisch gegenüber – so als ob deren Erklärungen nicht so vertrauenswürdig wie diejenigen anderer Wissenschaftler wären. Obwohl in den sechziger Jahren auch andere Ansätze in der Klinischen Psychologie zur Verfügung standen, etwa humanistische, klientenzentrierte und Verhaltenstherapien, war auch die Klinische Psychologie zweifellos reif für neue Richtungen. Der Auslöser für die Veränderung wurde ständig durch Studien gestärkt, die anscheinend dokumentierten, daß die Wirkungen von Therapien minimal oder sogar nicht – existent waren.

Es gab jedoch im Wandel der Psychologie stets eine Konstante. Diese Konstante bestand in der vollen Akzeptanz einer kognitiven Psychologie. Die kognitive Psychologie beruht auf der Konzeption eines Organismus, der denkt, Informationen verarbeitet, Entscheidungen trifft, sich selbst und andere bewertet, sich sozial vergleicht und nach Selbsterkenntnis strebt. Der Behaviorismus Watsons war von allen – mit der möglichen Ausnahme der Verhaltenstherapeuten – begraben worden. Daher hat die kognitive Psychologie sowohl während als auch nach den sechziger Jahren den Hintergrund für die Sozialpsychologie und die Klinische Psychologie gebildet.

Dieser Hintergrund hatte einen direkten Einfluß auf das vorliegende Buch – Attributionstheorie in der Klinischen Psychologie. Attributionstheorien wurden ursprünglich durch die Schriften von Fritz Heider im Jahre 1958 ins Leben gerufen. Aber sie gewannen erst in den frühen siebziger Jahren größeren Einfluß in der Sozialpsychologie, wo sie dann die letzten fünfzehn Jahre dominiert haben. Wieso haben Attributionstheorien und nicht irgendwelche anderen theoretischen Konzeptionen die Dissonanztheorie abgelöst? Erstens paßten Attributionstheorien in den kognitiven Kontext, wonach Individuen um Bemeisterung und Verständnis bemüht sind, fragen, wieso Ereignisse eingetreten sind und die Intentionen anderer erschließen wollen. Zum zweiten handelt es sich um einen psychologischen Ansatz, der auf dem "Offensichtlichen" basiert – es wird akzeptiert, daß sich Individuen bemühen, rational zu sein, sich in ihren Überzeugungen durch zur Verfügung stehende Information leiten lassen, und daß sich ihr Verhalten nach ihren naiven Psychologien richtet. Von größter Wichtigkeit ist schließlich, daß Attributionsansätze theoretisch reich sind und die konzeptuellen "Werkzeuge" bereitgestellt haben, um auf Phänomene in ganz verschiedenen Gegenstandsbereichen angewandt zu werden, etwa persönlichkeitstheoretische Fragestellungen, pädagogische, organisationspsychologische, sportpsychologische und entwicklungspsychologische – um nur einige wenige nichtklinische Gebiete zu nennen, die durch Attributionsansätze beeinflußt wurden.

Zu der Zeit, als Attributionsansätze Dominanz in der Sozialpsychologie erreicht hatten, erhielten auch kognitive Therapien zunehmend Aufmerksamkeit im Bereich der Klinischen Psychologie. Angeregt durch die Ideen von Beck, Ellis, George Kelly und vielen anderen wurde die Frage, wie Klienten der sie umgebenden Welt Sinn geben und wie diese Interpretationen ihre Gefühle und Handlungen leiten, zum zentralen Thema therapeutischer Veränderungen und es entstand die einflußreiche Schule der kognitiven Verhaltensmodifikation.

All diese Trends beschreiben den Hintergrund des Buches von Friedrich Försterling. Hier haben wir zum ersten Mal - in den achtziger Jahren - eine klare "Hochzeit" zwischen den einflußreichen Ansätzen der Attributionstheorien und der kognitiven Therapien. Was würde natürlicher oder richtiger erscheinen! Dr. Försterling erhielt einen Teil seiner Ausbildung als Klinischer Psychologe bei Albert Ellis; und ich war sein Gastgeber an der University of California, Los Angeles, wo sich viele Attributionstheoretiker aufgehalten haben. Daher ist er in einer idealen Position, diese Hochzeit durchzuführen und die Leitung der Feier zu übernehmen. Und er hat diese Vermählung gut durchgeführt.

In diesem Buch gibt Dr. Försterling zunächst einen detaillierten Überblick über Attributionstheorien, einschließlich der attributionstheoretischen Analyse gelernter Hilflosigkeit. Er wendet sich dann Techniken zur Veränderung von Attributionen zu und liefert eine vollständige Analyse der einschlägigen empirischen Literatur. Danach folgt ein Vergleich attributionstheoretischer Konzeptionen und Veränderungstechniken mit der Theorie und Praxis anderer kognitiver Therapien; dieser Vergleich betont die Beziehungen zwischen diesen beiden Schulen. Der Leser wird dazu geführt, den einzigartigen Beitrag, den die Attributionstheorien für kognitive Therapien leisten können, zu erkennen. Es wird deutlich, wie Theorien sozialpsychologischer Grundlagenforschung dazu beitragen können, Methoden zur Anwendung in der Klinischen Psychologie zu gestalten.

Dies ist ein sehr aktuelles und wichtiges Buch, welches Trends in der Psychologie zusammenführt, die nach Vereinigung streben. Dieses Streben ist nun erfüllt. Dr. Försterling hat der Psychologie einen wichtigen Dienst erwiesen und hat einen bleibenden Beitrag geleistet. Meine Überzeugung ist, daß dieses Buch ein sehr langes Leben haben wird.

Bernard Weiner
im November 1985

Vorwort

Dieses Buch ist aufgrund meines Interesses an der Allgemeinen sowie der Klinischen .Psychologie und der Therapie entstanden. Es ist von der Annahme geleitet, daß sich klinisch - psychologische Tätigkeit an allgemeinpsychologischer Forschung anlehnen und orientieren sollte. Gezeigt wird, daß sich aus einer der gegenwärtig dominierenden allgemeinpsychologischen Theorien, nämlich der Attributionstheorie und ihren verschiedenen Varianten, konkrete Handlungsanweisungen für die therapeutische Praxis ableiten lassen. Darüber hinaus wird in der vorliegenden Arbeit auch vertreten, daß die Anwendung allgemeinpsychologischer Theorien im Bereich der Klinischen Psychologie ein wichtiges Feld zur Weiterentwicklung und Überprüfung der theoretischen Konzeptionen der Grundlagenforschung darstellt. Es werden Grenzen und Weiterentwicklungen attributionaler Verhaltensmodelle aufgezeigt, die sich aus der Anwendung dieser theoretischen Ansätze in der therapeutischen Praxis ergeben.

Aufgrund der in der vorliegenden Arbeit verfolgten Orientierung wendet sie sich an verschiedene Leser: sowohl an praktisch arbeitende Psychologen als auch an Forscher. Zunächst ist das Buch für klinisch - therapeutisch arbeitende Psychologen geschrieben, die ihre Tätigkeit auf dem Hintergrund moderner psychologischer Theorien betrachten wollen. Da Attributions - Konzepte und kognitive Therapie - Theorien in wichtigen Punkten Gemeinsamkeiten aufweisen, ist es wahrscheinlich besonders naheliegend für kognitive Verhaltenstherapeuten, Anregungen für ihre klinische Praxis aus diesem Buch abzuleiten.

Darüber hinaus wendet sich das Buch sowohl an Wissenschaftler, die in der Klinischen Psychologie tätig sind, als auch an attributionstheoretisch interessierte Grundlagenforscher: Forscher auf dem Gebiet der Klinischen Psychologie können sich darüber informieren, wie attributionale Theorien für Fragen dieses Teilbereichs der Psychologie fruchtbar gemacht werden können. Dagegen mag es für den Grundlagenforscher im Bereich von Attributionstheorien interessant sein, die Reichweite von Attributions - Konzeptionen in einem anderen Teilbereich der Psychologie - nämlich der Klinischen Psychologie - zu erkunden.

Da attributionale Forschung häufig im Bereich des Leistungshandelns und in schulischen, pädagogischen Kontexten durchgeführt wurde, befaßt sich die vorliegende Arbeit auch mit Problemen der Pädagogischen Psychologie. Sie sollte insbesondere für Psychologen und Pädagogen interessant sein, die sich mit der Verhaltensmodifikation und der Motivförderung im Klassenzimmer befassen.

Den Personen, die mir geholfen haben, meine Interessen an sowohl der Grundlagenforschung als auch der Anwendung in der Klinischen Psychologie und der Therapie zu entwickeln und zu verfolgen, möchte ich herzlich danken. Dr. Albert Ellis und den Mitgliedern des Institute for Rational - Emotive Therapy in New York City bin ich dankbar für mein bei ihnen erhaltenes Training als Klinischer Psychologe und Therapeut. Ich bin desweiteren Herrn Professor Wulf - Uwe Meyer für zahlreiche anregende Diskussionen, Ratschläge und Hilfestellungen während der vergangenen Jahre, in denen ich in seiner Arbeitseinheit tätig bin, dankbar. Ferner gilt mein Dank Herrn Professor Bernard Weiner für seine Anregungen und sein stetes Interesse an meiner Arbeit.

INHALTSVERZEICHNIS

EINFÜHRUNG

Während der vergangenen 15 Jahre hat in der Sozial- und Persönlichkeitspsychologie kein theoretischer Ansatz so viel Aufmerksamkeit erhalten wie die Attributionstheorie (s. Harvey, Ickes & Kidd, 1976; 1978; 1983; Heckhausen, 1980; Kelley & Michela, 1980; Jaspars, Fincham & Hewstone, 1983). Mit Hilfe von Attributionskonzeptionen sind eine Fülle von psychologischen Problemen innerhalb eines einheitlichen Bezugsrahmens analysiert worden, zum Beispiel Leistungsverhalten, sozialer Anschluß, Hilfeverhalten und Macht. Darüber hinaus sind sozialpsychologische Probleme wie Personwahrnehmung, Koalitionsbildung, Verhalten in engen persönlichen Beziehungen und Gewinnaufteilung in Gruppen attributionstheoretisch konzipiert worden.

Attributionstheoretische Ansätze sind auch zur Analyse von Problemen in den Anwendungsgebieten der Psychologie herangezogen worden. Sowohl in der Klinischen als auch in der Pädagogischen Psychologie haben attributionale Sichtweisen einen bedeutenden Platz eingenommen (s. Antaki & Brewin, 1982; Peterson & Seligman, 1984; Weiner, 1979; 1982a). So basieren z. B. gegenwärtige Depressions-Theorien auf Attributions-Überlegungen (s. Abramson, Seligman & Teasdale, 1978; Coyne & Gotlib, 1983), und im Rahmen der Pädagogischen Psychologie wurde Lern- und Leistungsverhalten eingehend attributionstheoretisch analysiert (s. Weiner, 1979).

In der vorliegenden Arbeit werden Attributions-Konzeptionen auf den Phänomenbereich der Klinischen Psychologie und speziell auf Probleme der Verhaltenstherapie und der Psychotherapie bezogen. Es wird gezeigt, daß aus attributionstheoretischen Grundannahmen und Forschungsergebnissen ein umfassendes theoretisches System diagnostischer und therapeutischer Anleitungen entwickelt werden kann, welches erlaubt, bereits bestehende therapeutische Verfahren unter einer einheitlichen theoretischen Perspektive zu betrachten.

In den ersten beiden Teilen des Buches werden ausgewählte Beiträge attributionstheoretischer Grundlagenforschung dargestellt. Zunächst werden die Grundannahmen der Attributionstheorie erörtert und mit denen ausgewählter anderer psychologischer Theorien verglichen. Ferner diskutieren wir die Charakteristika und Determinanten von Ursachenzuschreibungen sowie Klassifikationsmöglichkeiten und Methoden zu ihrer Erfassung. Es folgt eine Darstellung theoretischer Modelle über die vorauslaufenden Bedingungen von Attributionen (das Kovariationsmodell von Kelley, Heiders Konzeption der Äquifinalität und persönlicher Kausalität sowie die Untersuchungen und theoretischen Überlegungen von Meyer und Mitarbeitern über indirekte soziale Kommunikation attributionsrelevanter Information).

Im zweiten Teil werden Arbeiten beschrieben, die sich mit den Auswirkungen von Attributionen auf Verhalten, Erleben und emotionale Reaktionen befassen. Weiners attributionstheoretische Analyse leistungsbezogenen Handelns und die auf Kausalperzeptionen basierende Reformulierung der Theorie der gelernten Hilflosigkeit werden zusammengefaßt. Schließlich beschreiben wir Versuche, diese Konzeptionen zur Analyse anderer Verhaltenskonsequenzen, die klinische Relevanz besitzen (etwa Hilfeverhalten, Ärger, Einsamkeit), heranzuziehen.

Die Auswahl der in den ersten beiden Teilen beschriebenen attributionstheoretischen Grundlagenforschung ist weder "repräsentativ" noch vollständig. Wichtige theoretische und empirische Beiträge, wie etwa die kausalen Schemata von Kelley (1972), sowie die Untersuchungen und Überlegungen zu den unterschiedlichen Attributionen von Akteuren und Beobachtern (Jones & Davis, 1965), werden nur sehr knapp bzw. nicht dargestellt, da sie in den folgenden Teilen der Arbeit nicht mehr aufgegriffen werden. Dies bedeutet nicht, daß diese Ansätze irrelevant für Fragen der Klinischen Psychologie sind. Auch spiegelt die Differenziertheit der Darstellung attributionstheoretischer Grundlagenforschung in den ersten beiden Teilen nicht immer den aktuellen Stand der Diskussion wider, sondern soll vorwiegend das Verständnis der Überlegungen in den folgenden Teilen ermöglichen.

Der dritte Teil des Buches beschreibt und analysiert Laboruntersuchungen, die attributionale Prinzipien zur Modifikation von Verhalten, Fühlen und Erleben benutzen. Diese Arbeiten sind für unsere Fragestellung besonders relevant, da sie die zentralen Aspekte klinisch - psychologischer Tätigkeit (Diagnose, Therapie und Evaluation) simulieren. Zunächst werden Missattributions - Trainings, die auf der Emotionstheorie von Schachter & Singer (1962) basieren und dysfunktionales Verhalten durch Fehlattribution interner physiologischer Erregung verändern wollen, konzeptuell von den uns interessierenden Reattributions - Studien abgegrenzt. Reattributions - Trainings gehen von den Arbeiten von Bandura, Seligman und Weiner aus und wollen Reaktionen auf Erfolg und Mißerfolg positiv beeinflussen, indem Versuchsteilnehmern nahegelegt wird, Handlungsergebnisse durch die eigene Anstrengung zu erklären.

Im vierten Teil diskutieren wir zunächst Einschränkungen der bisherigen Attributions - Veränderungsprogramme. Von den Reattributions - Trainings ausgehend stellen wir dann ein erweitertes Modell zur Anwendung attributionaler Theorien in der Klinischen Psychologie vor. Dieses Modell integriert Forschungsarbeiten über die vorausgehenden Bedingungen von Attributionen (insbesondere das Kelley - Modell) mit Konzeptionen über attributionale Konsequenzen. Es basiert auf der Grundannahme der Attributionstheorien, daß Menschen motiviert sind, ein realistisches Bild von den kausalen Beziehungen in ihrem Lebensraum zu entwickeln, da dadurch eine funktionale Auseinandersetzung mit den Umwelterfordernissen ermöglicht wird. Aus dieser Grundposition leiten wir ab, daß dysfunktionales Verhalten und Fühlen unter bestimmten Umständen durch unrealistische Kausalzuschreibungen entstehen und aufrechterhalten werden können. Es wird nachfolgend gezeigt, daß aufgrund dieser Folgerung Attributions - Analysen auf ein größeres Spektrum dysfunktionaler Verhaltensweisen und emotionaler Zuständlichkeiten bezogen werden können als dies bisher in den Reattributions - Programmen geschehen ist.

Auch wird demonstriert, daß der hier vorgestellte Attributionsansatz weitgehende Gemeinsamkeiten mit Modellen Kognitiver Therapie (Beck, 1976; Ellis, 1962) teilt. Beide Konzeptionen betrachten Individuen als naive, private Wissenschaftler und gehen davon aus, daß realistische, "wissenschaftliche" Hypothesen über Ereignisse im persönlichen Lebensraum hohen funktionalen Wert besitzen. Darüber hinaus liefern wir eine attributionstheoretische Analyse wesentlicher Elemente der Theorie und Praxis kognitiver Therapien und zeigen, daß aus der Attributionsforschung Techniken zur Veränderung von dysfunktionalen Kognitionen abgeleitet werden können. Schließlich gehen wir der Frage nach, welche therapeutischen Zielsetzungen und Anforderungen an den Therapeuten aus der attributionstheoretischen Betrachtung Klinischer Phänomene abgeleitet werden können.

Die vorliegende Arbeit versteht sich nicht "nur" als ein Versuch, allgemein-psychologische Erkenntnisse auf ein Anwendungsgebiet zu beziehen. Vielmehr gehen wir davon aus, daß die Analyse, welchen Beitrag psychologische Theorien in den Anwendungsbereichen leisten können, wichtige Überprüfungsinstanzen der Theorien darstellen. Dazu sagt Bandura (1977a; deutsch, 1979, S. 15):

"Letztlich steht und fällt der Wert einer Theorie damit, wie wirksam die Verfahren, die sich aus ihnen gewinnen lassen, psychologische Veränderungen herbeiführen können ... deshalb lassen sich psychologische Methoden am besten dadurch bewerten, daß man überprüft, wie wirksam sie sich bei der Veränderung von tatsächlichen psychologischen Funktionen erweisen".

Auch wird gezeigt, daß die Anwendung von Theorien im Rahmen der Klinischen Psychologie neue Perspektiven für die Weiterentwicklung der theoretischen Position eröffnen kann. Die Grenzen von attributionalen Konzeptionen gelernter Hilflosigkeit und des Leistungsverhaltens werden z. B. in Kapitel 8 aufgezeigt, indem wir Konzepte über die vorauslaufenden Bedingungen von Attributionen mit Modellen über Konsequenzen von Attributionen verbinden.

Obwohl wir in dieser Arbeit zu dem Schluß kommen, daß therapeutische Interventionen, die auf attributionalen Prinzipien basieren, in der Regel erfolgreich sind, gibt es bisher keine klinisch erprobte und empirisch überprüfte "Attributionstherapie". Trotzdem wird in dem Buch mitunter von "attributionstheoretisch geleiteten Interventionen" oder "Attributionstherapie" geredet. An diesen Stellen soll lediglich demonstriert werden, welche konkreten diagnostischen oder therapeutischen Ableitungen aus dem theoretischen System vorgenommen werden können. Damit ist selbstverständlich noch nicht gezeigt, daß etwa eine bestimmte Technik, die aufgrund attributionaler Überlegungen eingesetzt werden könnte, in einer bestimmten therapeutischen Situation "richtig" im Sinn einer effektiven Hilfe ist.

Hauptziel unserer Überlegungen ist es, eine theoretische Perspektive zur Analyse klinischer Phänomene und therapeutischer Verfahren aufzuzeigen, die sich in anderen Teilbereichen der Psychologie schon bewährt hat: aufgrund ihrer Bedeutung in der Sozial- und Persönlichkeitspsychologie sind im Rahmen der Attributionsforschung klare Begriffssysteme erstellt worden, und die Ableitungen aus dem Theoriensystem sind vielfältiger empirischer und experimenteller Prüfung ausgesetzt worden. Somit hat die Attributionspsychologie eine Vielzahl experimenteller Paradigmen hervorgebracht; demzufolge beinhaltet der Nachweis, daß es sinnvoll ist, das theoretische System der Attributionsforschung auf den Anwendungsbereich der Klinischen Psychologie zu beziehen, auch, daß Forschungsmethoden, die im Rahmen der attributionalen Theoriebildung entwickelt wurden, innerhalb des Anwendungsbereiches aufgegriffen werden können. Deshalb denken wir, mit der vorliegenden Arbeit auch zur Erweiterung des Forschungsinstrumentariums der Klinischen Psychologie beizutragen.

Auf einer generelleren Ebene sind wir – wie zahlreiche andere Arbeiten (z. B. Brehm, 1976; Frieze, Bar-Tal & Carroll, 1979 und Weary & Mirels, 1982) – durch die Frage geleitet, inwieweit gegenwärtige Theorien aus der Allgemeinen und der Sozialpsychologie einen – wie Sharon Brehm es nennt – "dritten Weg" in der Klinischen Psychologie und der Psychotherapie aufzuzeigen vermögen. Einmal stellt sich die Frage, inwieweit solche Konzeptionen eine Alternative oder Ergänzung zu der "klassischen" (orthodoxen) Verhaltenstherapie darstellen, die sich aus der Berufung auf allgemeinpsychologische Gesetzmäßigkeiten in der Vergangenheit vorwiegend damit befaßt hat, Forschung bezüglich des klassischen und operanten Konditionierens auf die Therapie zu übertragen. Zum anderen stehen Anwendungen moderner psychologischer Theorien in der Klinischen Psychologie der Vielzahl von therapeutischen Ansätzen gegenüber, die sich nicht aus der empirischen Psychologie entwickelt haben. Dazu gehören die Psychoanalyse, kognitive Therapien, die Rational-Emotive Therapie sowie Nichtdirektive Therapieverfahren.

Die vorliegende Arbeit ist von der Annahme geleitet, daß Theorien der gegenwärtigen Allgemeinen und Sozialpsychologie einen vielversprechenden "dritten Weg" in der Klinischen Psychologie aufzeigen und versucht, eine kleine "Wegstrecke" genauer zu markieren. Dabei wird (hoffentlich) bald deutlich, daß dieser dritte Weg auch viele Verbindungen zu anderen Wegen – insbesondere zu bereits bestehenden Therapieverfahren – hat, und nicht nur unterschiedliche, sondern oft parallele Vorgehensweisen nahelegt.

TEIL 1

CHARAKTERISTIKA UND BEDINGUNGEN VON ATTRIBUTIONEN

1. GRUNDANNAHMEN DER ATTRIBUTIONSTHEORIEN

Wenn theoretische Konzeptionen angewandt werden, haben die Grundannahmen und Menschenbilder der Theorien weitreichende Auswirkungen auf die Betrachtung des jeweiligen Gegenstands. So bewirkt z. B. die (methodologische) Position der Lerntheoretiker, daß Kognitionen nur ungenau erfaßt werden können (Skinner, 1953), daß "klassische" Verhaltenstherapeuten den Gedanken ihrer Klienten weniger Aufmerksamkeit schenken als ihren (beobachtbaren) Verhaltensweisen. Oder: das Interesse der Psychoanalytiker an der Kindheit ihrer Klienten geht wohl darauf zurück, daß in der Freudschen Konzeption gegenwärtiges (dysfunktionales) Verhalten durch (Fehl –) Entwicklungen in den ersten Lebensjahren erklärt wird.

Auch eine attributionstheoretische Betrachtung klinisch – psychologischer Phänomene hat Auswirkungen auf die Konzeptualisierung diagnostischer und therapeutischer Fragestellungen. Eine attributionale Sichtweise bestimmt, wie dysfunktionales Verhalten, Fühlen und Erleben erklärt wird und legt mitunter spezifische therapeutische Handlungsanweisungen und Entscheidungen nahe: z. B. welche Gefühlszustände oder Verhaltensweisen als "therapiebedürftig" bezeichnet werden und welche Beziehung zwischen Therapeuten und Klienten als wünschenswert angesehen wird.

Weil wir den Menschenbildern, die den Theorien zugrunde liegen, eine große Wichtigkeit einräumen, werden in dem vorliegenden Kapitel – nach einem kurzen historischen Exkurs – die Grundannahmen der Attributionstheorien vorgestellt und mit denen einiger anderer klinisch relevanter allgemeinpsychologischer Theorien verglichen. Darüber hinaus wird hier bereits angedeutet, welche klinisch – psychologischen Fragestellungen und Implikationen für Diagnose und Therapie aus attributionstheoretischen Grundpositionen abgeleitet werden können. Diese Ableitungen werden dann mit denen aus entsprechenden Positio–

nen anderer Theorien (z. B. der Lerntheorie, der Psychoanalyse und der kognitiven - Therapie - Theorien) verglichen.

1.1 Historischer Abriß

Attributionstheorien untersuchen das Zustandekommen und die Auswirkungen von Ursachenzuschreibungen, die Individuen für unterschiedliche Ereignisse vornehmen. Das Interesse an wahrgenommener Kausalität wird historisch auf die Philosophen Kant und Hume zurückgeführt; in die Psychologie ist die Frage nach Kausalerklärungen insbesondere durch die Arbeit des österreichischen, nun in den USA lebenden Psychologen Fritz Heider gelangt. Der Philosoph Meinong gab Heider, der sich als Student an der Grazer Universität um ein Promotionsthema bemühte, das folgende Rätsel auf: Wieso sagt man, man sähe ein Haus und nicht die Sonne? Die Wahrnehmung des Hauses bestünde schließlich allein darin, daß das durch das Haus reflektierte Sonnenlicht auf die Netzhaut einwirkt (s. Heider, 1978). Im Zusammenhang mit der Bearbeitung dieser Fragestellung führte Heider die Unterscheidung zwischen "dem Ding" (z. B. dem Haus oder der Sonne) und "dem Medium" (z. B. dem Licht, das auf die Netzhaut trifft) ein (Heider, 1978).

Heiders nachfolgende Arbeit war durch diese ursprüngliche Frage, die er im Rahmen seiner Promotion bearbeitete, geprägt. Er beschäftigte sich damit, (gestaltpsychologische) Wahrnehmungsgesetzmäßigkeiten bezüglich der physikalischen Umwelt auf Phänomene der sozialen Wahrnehmung zu beziehen. In seinem Werk "Die Psychologie der interpersonalen Beziehungen" (1958; deutsch, 1977), das auch noch die gegenwärtige attributionstheoretische Forschung beeinflußt, geht er der Frage nach, wie unmittelbar wahrgenommenes Verhalten (z. B. das Überreichen eines Geschenks) auf zugrundeliegende dispositionale Eigenschaften oder Motive (z. B. Freundlichkeit oder die Absicht, einen anderen zu verpflichten) zurückgeführt wird. Die Überlegungen zu den vorauslaufenden Bedingungen, den Konsequenzen und den qualitativen Eigenschaften solcher Ursachenzuschreibungen sind bei Heider (1958) bereits sehr ausdifferenziert und tauchen in der einen oder anderen Form in praktisch allen attributionstheoretischen Konzeptionen wieder auf.

Ausgehend von sozialpsychologischen Fragestellungen, nämlich wie Personen das Verhalten anderer erklären und interpretieren, ist attributionstheoretische Forschung in vielen Teilgebieten der Psychologie durchgeführt worden: in der Motivationspsychologie, der Persönlichkeits- und der Klinischen Psychologie. Durch die Vielfalt und das mitunter unverbundene Nebeneinanderstehen verschiedener attributionstheoretischer Konzeptionen kann man nicht von einer einheitlichen Attributionstheorie sprechen, in der aufeinander aufbauende Behauptungen ein in sich geschlossenes theoretisches System bilden (s. Kelley, 1973; Meyer & Schmalt, 1978). Jedoch gibt es, bedingt durch die programmatische Vorstrukturierung des Feldes durch Fritz Heider und aufgrund des starken Einflusses der Arbeiten von Harold H. Kelley (1967; 1972; 1973; Kelley & Michela, 1980) einige Grundpositionen, von denen praktisch alle in diesem Felde arbeitenden Forscher ausgehen: (A) Attributions-Ansätze messen gedanklichen Prozessen eine zentrale Bedeutung für Verhalten und Erleben bei. Somit gehören Attributions-Konzeptionen zu den sogenannten <u>kognitiven</u> psychologischen Theorien. (B) Weiterhin nehmen diese Theorien an, daß Individuen motiviert sind, kausale Beziehungen zwischen Ereignissen der physikalischen und sozialen Umwelt herzustellen, und gehen davon aus, daß sich Individuen bei der kausalen Analyse ihrer Umwelt Methoden bedienen, die naturwissenschaftlichen Vorgehensweisen ähneln. Somit vertreten diese Theorien ein "rationales" Menschenbild. (C) Schließlich sind attributionale Modelle von der Annahme geleitet, daß eine realistische Kenntnis von Kausalzusammenhängen dem Individuum dazu verhilft, seine Umwelt vorherzusagen und sich adaptiv in ihr zu verhalten. Somit können diese Ansätze auch als "funktionalistische" Theorien bezeichnet werden (s. Heider, 1958; Kelley, 1973; Kelley & Michela, 1980; Meyer & Schmalt, 1978; Weiner, 1980a).

1.2 Attributionstheorien als kognitive Konzeptionen

Wie bereits erwähnt, beschäftigen sich Attributionstheorien mit Kausalerklärungen, die Individuen für ihr eigenes Verhalten, das Verhalten anderer und für Ereignisse in der physikalischen Umwelt vornehmen. Gegenstand der Attributionsforschung sind also die Entstehungsbedingungen und Konsequenzen von Kausalkognitionen. Solche Ursachenzuschreibungen sind häufig Antworten auf "Warum-Fragen". Z. B. "Warum bin ich bei der Prüfung durchgefallen?"

("Weil ich mich nicht hinreichend vorbereitet habe") oder "Warum ist mein Auto stehen geblieben?" ("Weil kein Benzin mehr im Tank ist").

Da Gedanken im Zentrum attributionstheoretischer Forschungsbemühungen stehen und nicht, wie in anderen psychologischen Theorien, innere Trieb- bzw. Gleichgewichtszustände oder Umweltgegebenheiten, von denen angenommen wird, daß sie Verhalten steuern, werden Attributionstheorien als kognitive Theorien bezeichnet. Kognitive Theorien basieren auf der Annahme, daß Situationen oder Stimuli (S) nicht automatisch, direkt oder mechanistisch Reaktionen (R, z. B. Verhalten oder Emotionen) hervorrufen. Vielmehr wird davon ausgegangen, daß Kognitionen (C = Cognitions) eine vermittelnde Rolle zwischen Stimuli und Reaktionen einnehmen. Dies wird häufig wie folgt dargestellt (s. Weiner, 1972; Meyer & Schmalt, 1978; Kelley & Michela, 1980):

S - - - - - -> C - - - - - -> R

Attributionstheorien   Attributionale Theorien

Kognitive psychologische Theorien spezifizieren, wie Individuen Informationen aus der Außenwelt aufnehmen, selektieren, verarbeiten und bewerten. Äußere Ereignisse (Stimuli) interessieren in diesen theoretischen Konzeptionen, weil sie als Informationsquelle für das Individuum dienen können und die gedankliche Repräsentation der Umwelt beeinflussen und nicht, weil ihnen ein direkter Einfluß auf Verhalten zugeschrieben wird (s. Weiner, 1980, S. 277). Da die gedankliche Verarbeitung von Ereignissen in kognitiven Modellen weitgehend bestimmt, wie Individuen reagieren, gehen kognitive Psychologen davon aus, daß die Kenntnis von gedanklichen Prozessen Voraussetzung für die Vorhersage der Reaktionen eines Individuums auf ein Ereignis ist.

Das Interesse attributionaler Konzeptionen richtet sich einerseits auf die vorauslaufenden Bedingungen von Ursachenzuschreibungen, also auf die Stimulusgegebenheiten (S), die zu bestimmten Kognitionen (C) führen (S - - > C). (Etwa unter welchen Bedingungen man annimmt, aufgrund einer zu schwierigen Fragestellung durch eine Prüfung gefallen zu sein und wann man den Mißerfolg durch niedrige Begabung erklärt.) Ansätze, die sich diesem Fragenkomplex der vorauslaufenden Bedingungen von Ursachenzuschreibungen zuwenden, werden Attributionstheorien genannt.

Eine weitere Serie von Forschungsarbeiten widmet sich der Frage, wie Attributionen (C) Verhalten, emotionale Reaktionen und Erleben (R) beeinflussen (C - - > R). Hierunter fallen z. B. Arbeiten, die emotionale Reaktionen nach Mißerfolg in Abhängigkeit von den Ursachenzuschreibungen für den Handlungsausgang untersuchen. Die Forschungsbemühungen, die sich mit den Konsequenzen von Attributionen befassen, werden dem Bereich der attributionalen Theorien zugeordnet.

Attributionstheoretische Forschung befaßt sich nun keineswegs mit allen Klassen von Kognitionen: wie wichtig z. B. einem Individuum Erfolg bei einer bestimmten Aufgabe ist, ob Mißerfolg eine große Bedeutung für einen Menschen hat, und andere Kognitionen fallen nicht in den Gegenstandsbereich attributionstheoretischer Forschung. Vielmehr konzentrieren sich diese Ansätze auf die "naiven" kausalen Theorien von Personen: Gegenstand der (wissenschaftlichen) Attributionsforschung und Theorienbildung sind also (naive) Kausalkonzeptionen des "Mannes auf der Straße", deren Kenntnis wiederum (wissenschaftliche) Verhaltensvorhersagen ermöglichen soll.

1.2.1 Einige Implikationen für die Klinische Psychologie

Da Kognitionen Gegenstand attributionstheoretischer Forschung sind, müssen sich Anwendungen attributionaler Konzeptionen im Bereich der Klinischen Psychologie mit der Frage befassen, welches die kognitiven Determinanten von unterschiedlichen Störungen im Erleben, Verhalten und Fühlen sind. Innerhalb dieses Ansatzes können die vorauslaufenden Bedingungen von Kognitionen, die zu dysfunktionalen Reaktionen führen, erkundet werden, und es müßte gefragt werden, welche Kausalkognitionen z. B. mit Prüfungsängstlichkeit, Depression, Ärger oder Soziopathie - um nur einige relevante Phänomene zu nennen - einhergehen. In den Bereich klinischer Attributionsforschung fallen weiterhin Untersuchungen über die vorauslaufenden Informationen oder Ereignisse von Kausalkognitionen, die zu dysfunktionalen Reaktionen führen und durch welche Methoden sie (therapeutisch) verändert werden können. Eine attributionstheoretische Konzeption würde daher zu kognitiven Therapieverfahren führen und "Attributionstherapie" wäre durch die Frage geleitet, wie Kausalkognitionen, die zu dysfunktionalen Reaktionen führen (und/oder deren vorauslaufende Bedingungen), positiv verändert werden können.

1.2.2 Bezüge zu anderen Theorien

Neben der Attributionstheorie befassen sich aber auch andere psychologische Ansätze mit vermittelnden kognitiven Prozessen zwischen Reizen und Reaktionen; wiederum andere Modelle klammern Kognitionen aus ihren Forschungsprogrammen aus. Wie bereits angedeutet, unterscheiden sich die klassischen Lerntheorien, die Modelle des klassischen (Pawlow, 1927) und des operanten (Skinner, 1953) Konditionierens sowie psychoanalytische Grundannahmen in diesem Aspekt von Attributionstheorien. Klassische Lerntheorien beziehen kognitive Variablen nicht in ihre Modelle zur Verhaltenserklärung mit ein, insbesondere weil sich Kognitionen der direkten Beobachtbarkeit entziehen. Die auf den Prinzipien der Lerntheorie beruhenden therapeutischen Verfahren räumen demnach auch kognitiven Prozessen ihrer Klienten einen geringen Stellenwert ein: "Klassische Verhaltenstherapeuten" wollen die Entstehung und Aufrechterhaltung von abweichendem Verhalten ausschließlich durch äußere Gegebenheiten erklären und versuchen demzufolge, durch systematische Veränderung von äußeren Umständen therapeutische Veränderungen herbeizuführen.

In psychoanalytischen Konzeptionen spielen Kognitionen nur eine "oberflächliche" Rolle. Aufgrund ihrer theoretischen Ausgangsbasis widmen sich Psychoanalytiker weniger Kausalkognitionen, als vielmehr Träumen, Kindheitserinnerungen, frei geäußerten Assoziationen und Fehlhandlungen, um dysfunktionale Verhaltensweisen ihrer Klienten zu erklären. Therapeutische Veränderung soll dadurch entstehen, daß bestimmte Entwicklungen in der Kindheit im Verlauf der Therapie noch einmal bewußt gemacht werden.

Ähnlich wie attributionstheoretische Konzeptionen kann man auch andere psychologische Theorien als kognitive Modelle bezeichnen. Als Beispiel können die Theorie der sozialen Vergleichsprozesse (Festinger, 1954), die Kognitive Dissonanztheorie (Festinger, 1957), die Theorie der persönlichen Konstrukte (Kelly,

1955), die Theorie der Rational-Emotiven Therapie (Ellis, 1962; Ellis & Grieger, 1977) sowie die der kognitiven Therapie nach Beck (1967; 1976; Beck, Rush, Shaw & Emery, 1979), Mahoney (1974) und Meichenbaum (1977) genannt werden (s. Kap. 9). Diese Ansätze teilen die Annahme, daß nicht äußere Umstände Verhalten und emotionale Reaktionen bestimmen, sondern vielmehr die Art und Weise, wie man die Wirklichkeit interpretiert und bewertet. Die den kognitiven Therapien zugrundeliegenden Theorien spezifizieren gedankliche Prozesse, die zu dysfunktionalem Fühlen und Verhalten Anlaß geben und legen nahe, daß die Therapie von dysfunktionalen Emotionen und Verhaltensweisen an kognitiven Prozessen ansetzen sollte. Kognitive Therapien (z. B. Beck, 1976) wollen unangemessene negative Emotionen (etwa depressive Zustände) durch das Verändern kognitiver Bewertungen und Interpretationen positiv beeinflussen.

Allerdings unterscheiden sich die Modelle kognitiver Therapie-Theorien von attributionstheoretischen Ansätzen darin, daß sie die vorauslaufenden Bedingungen von Kognitionen, die zu dysfunktionalen Reaktionen führen, nicht systematisch erforschen. Diese Ansätze untersuchen allein den Einfluß von Kognitionen auf Verhalten und Emotionen (C - - > R).

1.3 Das Bestreben, realistische Kausalerklärungen vorzunehmen

Attributionstheorien gehen davon aus, daß Individuen in der Regel ein möglichst <u>genaues</u> (realistisches) Bild der kausalen Beziehungen der Ereignisse in ihrem Lebensbereich erlangen möchten. Dabei wird angenommen, daß sich Individuen in ihren Kausalanalysen nicht grundsätzlich von (natur-)wissenschaftlichen Vorgehensweisen unterscheiden. Heider (1958) hat den Begriff vom Menschen "als naiven Wissenschaftler" geprägt und Kelley (1973, S. 109) meint: "The assumption is that the man in the street, the naive psychologist, uses a naive version of the method used in science". Individuen sollen bestrebt sein, ihnen zur Verfügung stehende Informationen für die Urteilsbildung heranzuziehen und rational zu gewichten. Weiterhin sollen Individuen einmal aufgestellte kausale Urteile revidieren, wenn sie mit neuen Informationen nicht mehr zu vereinbaren sind.

Obwohl die Attributionstheorie von einem rationalen Menschenbild ausgeht und annimmt, daß Personen möglichst genau über Kausalzusammenhänge informiert sein wollen, widmet sich ein beträchtlicher Teil der Attributionsforschung der Frage, wann (und warum) sich Individuen "unwissenschaftlich" verhalten: es wird erörtert, wann (und warum) Informationen vernachlässigt, vermieden, falsch ausgewertet oder gewichtet werden und zur Entstehung oder Aufrechterhaltung unrealistischer Kausalurteile führen. Sowohl motivationale als auch kognitive Prozesse werden für verzerrte Attributionen verantwortlich gemacht (s. Kelley & Michela, 1980). Attributionen können beispielsweise die Funktion haben, anderen Personen ein möglichst positives Bild seiner eigenen Leistungen oder seiner eigenen Person zu vermitteln (Försterling & Groeneveld, 1983; Jones, 1980). Dies kann versucht werden, indem man Erfolge, die aufgrund der Hilfe anderer entstanden sind, öffentlich als selbstverursacht darstellt, um von seinen Mitmenschen als kompetent wahrgenommen zu werden.

Ebenso kann man unrealistische Attributionen vornehmen, weil man befürchtet, durch die "wirklichen" Ursachenzuschreibungen in seinem Selbstwertgefühl beeinträchtigt zu werden und daraufhin negative Affekte erleben könnte. Führt man Mißerfolg bei einer wichtigen Aufgabe auf den Zufall zurück, hat das weniger negative emotionale Konsequenzen als eine Attribution auf mangelnde Fähigkeit. Deshalb können Menschen mitunter bestrebt sein, (unrealistische) Zufalls - Attributionen vorzunehmen, um die negativen affektiven Konsequenzen von (realistischen) Attributionen auf mangelnde Fähigkeit zu vermeiden.

Kognitive Ursachen für falsche Attributionen bestehen z. B. in der Schwierigkeit, alle in einer gegebenen Situation zur Verfügung stehenden Informationen zu verarbeiten oder an einem späteren Zeitpunkt zu erinnern. So konnten z. B. Jones, Rock, Shaver, Goethals & Ward (1968) zeigen, daß Individuen die Erfolge einer Stimulusperson am Anfang einer Serie von Erfolgen und Mißerfolgen stärker berücksichtigten als Erfolge, die am Ende lagen: Stimulus - Personen, die am Anfang der Aufgabenserie Erfolge hatten, wurden für begabter gehalten als solche, die eine (gleiche) Anzahl von Erfolgen an späterer Stelle erzielten. Dies wurde dadurch erklärt, daß die Versuchspersonen zu Beginn ihrer Beobachtungen kausale Hypothesen bilden (z. B. wer Erfolg hat, ist begabt, wer Mißerfolg hat, ist unbegabt), denen spätere Beobachtungen (fälschlicherweise) angepaßt werden (z. B. spätere Erfolge eines Unbegabten sowie Mißerfolge eines Begabten werden auf den Zufall zurückgeführt).

1.4 Das Motiv, Ereignisse kausal zu verknüpfen

Eine weitere wichtige Prämisse der Attributionstheorien ist, daß Kausalurteile, die aufgrund rationaler "wissenschaftlicher" Informationsverarbeitung aufgestellt werden, dem Individuum langfristig ermöglichen, die Zukunft genau vorherzusagen und sich dadurch situationsangemessen zu verhalten. Das realistische Verarbeiten von Informationen und das wissenschaftliche Überprüfen und flexible Anpassen seiner kausalen Hypothesen an neue Daten soll dazu führen, daß man seine persönlichen Ziele erreicht und überlebt. Wissenschaftliches Vorgehen soll also zu funktionalen Reaktionen führen.

Heider (1958, S. 99) betont, daß es "ein wichtiges Prinzip der common sense Psychologie und auch der Wissenschaft im allgemeinen (ist), daß der Mensch die Realität erfaßt und sie vorhersagen und kontrollieren kann, indem er vorübergehende und veränderliche Verhaltensweisen und Ereignisse auf relativ unveränderliche zugrundeliegende Bedingungen bezieht ...". Dadurch, daß Individuen sich ein Bild von der Kausalstruktur ihres Lebensraums entwerfen, registrieren sie nicht nur Ereignisse und Situationen, sondern nutzen sie als Informationsquelle für ihre kausalen Hypothesen (Attributionen). Diese Hypothesen erlauben ihnen, Vorhersagen über zukünftige Ereignisse zu treffen und sich funktional und angemessen in ihrer Umwelt zu verhalten.

Ein Leben ohne Kausalerklärungen wäre kaum vorstellbar: man würde z. B. lediglich registrieren, daß sein Auto stehen bleibt, wüßte aber nicht, ob man Benzin nachfüllen oder die Werkstatt aufsuchen sollte. Stellte man lediglich fest, daß man bei einer Prüfung durchgefallen ist, ohne sich zu fragen, warum der Mißerfolg eingetreten ist, wüßte man nicht, ob man in Zukunft fleißiger lernen oder die Universität wechseln sollte. Natürlich ist es auch nützlich, die Ursachen von Erfolg zu kennen, denn man kann ein Ziel insbesondere dann wieder erreichen, wenn man die Gründe für den ursprünglichen Erfolg kennt.

Wie wir gezeigt haben, meinen Attributionstheoretiker, daß es funktional ist, Ursachenzuschreibungen vorzunehmen. Kelley (1971, S. 22) sagt: "The attributer is not simply an attributer, a seeker after knowledge; his latent goal is that of effective management of himself and his environment." Allerdings formulieren Attributions-Konzeptionen keine einheitlichen oder genauen Angaben darüber, wofür Attributionen funktional sein sollen. Nur andeutungsweise kann man Schriften von z. B. Weiner entnehmen, daß es funktional für das Erreichen eigener, im Bewußtsein repräsentierter Ziele sei, Attributionen vorzunehmen (s. Wong & Weiner, 1981; Weiner, 1985): Das Wissen darum, daß man aufgrund mangelnder Anstrengung ein wichtiges Ziel nicht erreicht hat, kann zu dem Plan führen, in der Zukunft mehr Anstrengung zu investieren. Die vermehrte Anstrengung kann dann ihrerseits bewirken, daß man das Ziel doch noch erreicht. Liegt allerdings der Grund des Mißerfolgs in einer fehlerhaften Lösungsstrategie, würde zusätzliche Anstrengung nicht zum Erfolg führen. In diesem Fall wäre es zweckmäßiger, neue Lösungsstrategien auszuprobieren.

Allerdings sind auch Bedingungen vorstellbar, unter denen das Erreichen eigener Ziele dem langfristigen Wohlergehen oder dem Überleben im Wege steht. Für ein Individuum, das aufgrund einer schweren Krankheit im Krankenhaus das Bett hüten sollte, ist es wahrscheinlich nicht hilfreich, in der Stadt spazieren zu gehen. Nun kann der Kranke den starken Wunsch entwickeln, einen solchen Ausflug vorzunehmen (selbstgesetztes Ziel). Hätte er Mißerfolg, seine Absicht zu realisieren (das Krankenhauspersonal hält ihn vom Spazierengehen ab), würde ihm die genaue Kenntnis der Mißerfolgs-Ursachen helfen, zukünftige Ausflugspläne erfolgreicher auszuführen. Dies würde aber dem Erreichen des übergeordneten (eventuell nicht bewußten) Ziels, gesund zu werden, nicht dienen. Eine genaue Kenntnis der kausalen Struktur seines Lebensraums (über die Belange kurzfristiger, selbstgesetzter Ziele hinaus) könnte nun langfristig angemessene Reaktionen leiten und damit die Überlebenschancen erhöhen. In unserem Beispiel könnte die genaue Kenntnis der Zusammenhänge zwischen "Bettruhe", "Spazierengehen" und "Krankheitsverlauf" dem Individuum ermöglichen, kurzfristige momentane Wünsche (Spaziergang) zugunsten langfristiger Ziele (gesund zu werden) zurückzustellen. Dies verdeutlicht, daß Attributionen nicht nur das Erreichen selbstgesetzter Ziele, sondern auch zweckmäßige Zielselektion beeinflussen können.

Die Überlegung, daß es generell langfristig funktional ist, über die Kausalzusammenhänge in seinem Lebensraum informiert zu sein, liegt den Arbeiten von Heider (1958) und Kelley (1967) zugrunde. Diese Autoren sprechen von einem generellen Bedürfnis des Menschen, Kausalverknüpfungen vorzunehmen, das abgekoppelt von momentanen Bedürfnislagen des Individuums durch den Wunsch geleitet ist, die Realität genau zu kennen, um sie dadurch kontrollierbar und vorhersagbar zu machen (siehe Forsyth, 1980).

1.4.1 Einige Implikationen für die Klinische Psychologie

Die Annahme der Attributionstheorie, daß Individuen rational mit Hilfe "wissenschaftlicher" Methoden Ursachenzuschreibungen vornehmen, um sich funktional in ihrer Umwelt zu verhalten, hat bedeutende Implikationen für klinisch-psychologische Fragestellungen. Aus dieser Grundannahme kann (im Umkehrschluß) abgeleitet werden, daß dysfunktionales Verhalten und unangemessene emotionale Reaktionen durch unrealistische Kausalkognitionen vermittelt sind. Therapie hätte dann die Aufgabe, realistische Attributionen zu fördern, etwa indem Klient und Therapeut attributionsrelevante Informationen sammeln und unrealistische Attributionen des Klienten "wissenschaftlich" prüfen.

1.4.2 Bezüge zu anderen Theorien

Dem rationalen Menschenbild der Attributionstheorie stehen Theorien gegenüber, die Individuen vorwiegend durch das Bestreben gesteuert sehen, Lust zu maximieren und Unlust (Schmerz) zu minimieren. Auch unterscheiden sich Theorien, die von einem Bestreben nach Spannungsreduktion (Konsistenz - Theorien) ausgehen, erheblich von diesen rationalen Konzeptionen.

So geht Festinger (1957) in seiner kognitiven Dissonanztheorie von einem hedonistischen Menschenbild aus: Er postuliert, daß miteinander schwer zu vereinbarende (dissonante) Kognitionen (z. B. "Rauchen ist schädlich" und "Ich rauche viel") einen Spannungszustand erzeugen, der als unangenehm erlebt wird. Dieser unangenehme Zustand soll das Individuum motivieren, etwa durch die Veränderung einer der beiden dissonanten Kognitionen, einen durch Konso–

nanz erzeugten angenehmeren Zustand wiederherzustellen. Solch ein angenehmer Zustand wird nach Festinger (1957) häufig dadurch erreicht, daß realistische Gedanken (z. B. Rauchen ist schädlich) wider besseren Wissens zugunsten höchst irrationaler Überzeugungen aufgegeben werden (z. B. "Da sehr viele Personen rauchen, kann es nicht so gefährlich sein"). Da Menschen dazu neigen sollen, kognitive Dissonanz möglichst schnell und "sparsam" zu reduzieren, ist zu erwarten, daß Individuen in ihrer Lebensgeschichte ein zunehmend unrealistischeres und verzerrteres Bild von sich selbst und ihrer Umwelt entwickeln (s. Herkner, 1980), eine Annahme, die Attributionskonzeptionen nicht teilen würden. Bemerkenswert ist, daß Festinger 1954 die rationale Theorie der Sozialen Vergleichsprozesse formuliert hatte, die ähnlich wie Attributionstheorien besagt, daß Individuen bestrebt sind, möglichst genau ihre Attribute und Fähigkeiten mit denen ihrer Mitmenschen zu vergleichen und gut über sich selbst informiert sein wollen.

Hedonistische Vorstellungen liegen auch psychoanalytischen Persönlichkeitskonzeptionen zugrunde. In der Freudschen Theorie sind Individuen durch das Bestreben geleitet, ihre sexuellen und aggressiven Bedürfnisse zu befriedigen. Dabei führt die Zielerreichung zu Lustgefühlen und mangelnde Bedürfnisbefriedigung geht mit Unlustempfindungen einher. Nach Freud sind Individuen durch das Motiv gelenkt, Lust zu maximieren und Unlust zu minimieren. Bezüglich klinischer Fragestellungen kann man aus hedonistischen Persönlichkeitsmodellen ableiten, daß das Wohlbefinden (Spannungsfreiheit, positive Emotionen) des Klienten eine zentrale Rolle einnehmen sollte. Diejenigen Prozesse, die Individuen hindern, angenehme Zustände zu erreichen, wären aus einem "hedonistischen Blickwinkel" wahrscheinlich als "veränderungswürdig" zu bezeichnen. Erfolgreiche Therapie bestünde demzufolge in der Regel im Abbau von Spannung und Dissonanz, so daß der Klient einen Zustand erreicht, in dem er sich wohlfühlt.

Aus der Perspektive eines rationalen Menschenbildes, wie es von der Attributionstheorie vertreten wird, wären nicht positive Gefühle (Wohlbefinden, Zufriedenheit) das wichtigste "Therapieziel". Die attributionalen Grundannahmen weisen vielmehr auf die Wichtigkeit hin, "angemessene" Verhaltensweisen und Emotionen, die aus realistischen kognitiven Erklärungen der Situation resultieren, zu fördern. Eventuell spräche ein "Attributionstherapeut" gerade dann von gelungener Therapie, wenn ein Klient zu einer sehr schmerzhaften Einsicht gelangt. Es kann beispielsweise langfristig hilfreich sein, zu erkennen, nicht genügend Fähigkeiten zu besitzen, ein wichtiges Ziel zu erreichen (realistische Attribution) und sich daraufhin traurig zu fühlen (angemessene Emotion). Die genaue Einschätzung seiner Begabung kann ihm dann ermöglichen, langfristig Ziele zu setzen, die er erreichen kann.

Außer der Attributionstheorie postulieren auch andere Theorien, daß Individuen bestrebt sind, ein wirklichkeitsgetreues Bild der Ursachen von Ereignissen zu entwerfen, um funktional zu handeln. So nimmt G. A. Kelly (1955) an, daß Individuen "wie Wissenschaftler" persönliche Konstrukte über die Ereignisse in ihrem Leben entwickeln, um die Zukunft vorhersagen und effektiv handeln zu können. Wenn ein Konstrukt dies nicht nicht mehr leisten kann, entsteht Angst und das Individuum muß es unter Berücksichtigung der neuen Situation ändern.

Neben den hedonistischen Grundannahmen psychoanalytischer Theorien findet sich jedoch in diesem Ansatz ähnlich wie in Attributionstheorien die Annahme eines (rationalen) Realitätsprinzips. Es bezeichnet Mechanismen, die dem Individuum helfen, die langfristig möglicherweise schädlichen Konsequenzen seines primär durch hedonistische Impulse gelenkten Handelns zu berücksichtigen.

Schließlich weisen auch neuere kognitive klinisch-psychologische Ansätze Ähnlichkeiten mit Attributions-Konzeptionen auf. Beck (1976), Ellis (1962) und Mahoney (1974) gehen davon aus, daß dysfunktionale Verhaltensweisen und/oder Emotionen als Folge von unrealistischen (kognitiven) Interpretationen und Bewertungen entstehen. Therapie besteht für diese Autoren daher im Erarbeiten einer funktionaleren Sicht der Problemsituationen (s. Kap. 9). Dem Therapeuten kommt dabei die Rolle des "wissenschaftlichen Beraters" zu, der "irrationale" oder unrealistische Gedanken des Klienten disputiert bzw. überprüft. Nach Mahoney hat der Therapeut die Aufgabe, seinem Klienten zu helfen, ein "Wissenschaftler bezüglich seiner eigenen Probleme" zu werden. Der Zusammenhang zwischen "wissenschaftlichem Denken" und "psychischer Gesundheit" ist bereits von Korzybski durch den Titel seiner Arbeit "Science and Sanity" betont worden.

1.5 Gegenstandsbereiche attributionaler Theorien

Wie alle anderen psychologischen Theorien haben auch Attributionstheorien einen begrenzten Gegenstandsbereich. Bereits Heider (1958; deutsch, 1977) macht darauf aufmerksam, daß sich Attributionstheorien "... in erster Linie mit 'Oberflächen' - Angelegenheiten beschäftigen, Ereignisse(n), die sich im täglichen Leben auf bewußter Ebene abspielen, und nicht so sehr mit unbewußten Prozessen, wie sie die Psychoanalyse mit der 'Tiefen' - Psychologie studiert" (S. 10). Dies besagt natürlich nicht, daß Attributionstheorien die Existenz von unbewußten Prozessen, Fehlleistungen, Träumen oder Sexualität leugnen. Vielmehr sind diese Phänomene nicht Forschungsgegenstand dieser theoretischen Ausrichtung.

Attributions - Ansätze sind auf zahlreiche Gegenstandsbereiche der psychologischen Grundlagenforschung und der Anwendungsgebiete bezogen worden. Wie bereits in der "Einführung" erwähnt wurde, hat sich diese theoretische Orientierung besonders in der Sozialpsychologie, der Motivationspsychologie sowie der Klinischen Psychologie als fruchtbar erwiesen. Aus diesen Forschungsarbeiten sind desweiteren Beiträge für die Emotionsforschung und für Lerntheorien entwickelt worden (s. Harvey, Ickes & Kidd, 1976; 1978; 1981). Zu den (zahlreichen) Bereichen, auf die Attributionskonzeptionen noch nicht oder nur wenig bezogen worden sind, gehören etwa innerhalb der Klinischen Psychologie die für psychotische Erkrankungen typischen Symptome.

Somit gibt es psychologische Bereiche, die von attributionstheoretischen Überlegungen besonders gut erklärt werden, andere, die noch nicht unter einer attributionstheoretischen Perspektive betrachtet worden sind und solche, die sich wahrscheinlich gänzlich einer attributionalen Perspektive entziehen. Ein zentraler Aspekt der vorliegenden Arbeit besteht darin, den Geltungsbereich attributionaler Theorien zu erkunden, indem untersucht wird, inwieweit eine attributionstheoretische Betrachtung von Phänomenen der Klinischen Psychologie und der Therapie fruchtbar ist.

2. DIMENSIONEN VON URSACHENERKLÄRUNGEN

Kausalattributionen sind Ursachen, die Individuen zur Erklärung von Ereignissen, Handlungen und Erlebnissen (genereller: Effekten) in verschiedenen Lebensbereichen heranziehen. Sie sind häufig - aber keineswegs immer - Antworten auf "Warum - Fragen" (s. Weiner, 1979). Im Zusammenhang mit leistungsbezogenen Tätigkeiten stellt man sich oft die Frage, warum man Erfolg oder Mißerfolg gehabt hat: "Warum ist 'XY' durch die Prüfung gefallen (Effekt)? Weil er sich nicht hinreichend angestrengt hat (Attribution)." "Warum habe ich die Arbeitsstelle erhalten (Effekt)? Weil ich Glück gehabt habe (Attribution)."

Im interpersonellen Bereich denkt man darüber nach, warum andere Individuen bestimmte Verhaltensweisen zeigen: "Warum hat sich Karl über mich geärgert (Effekt)? Weil ich etwas Verletzendes gesagt habe (Attribution)." "Warum ist Beate so freundlich zu Paul? Weil sie ihn kennenlernen möchte." Attributionen findet man auch im Zusammenhang mit machtthematischen Ereignissen ("Warum haben wir die Wahl verloren? Weil wir keine Gelegenheit hatten, das Wahlprogramm genau vorzustellen") und im Bereich der psychischen und physischen Gesundheit: "Er hat sich erkältet, weil er sich nicht warm genug angezogen hat; er ist depressiv, weil er seinen Arbeitsplatz verloren hat und in der Vergangenheit von seinen Eltern nicht geliebt worden ist."

Natürlich stellen Individuen nicht nach jedem Ereignis Warum - Fragen und leiten eine ausführliche Ursachensuche ein. Es ist z. B. nicht zu erwarten, daß Ursachenanalysen vorgenommen werden, wenn Effekte konsistent mit den überdauernden kausalen Überzeugungen verlaufen. Man denkt selten darüber nach, warum der Bus, den man täglich zur gleichen Zeit benutzt, pünktlich ist oder wieso man im Lotto verloren hat. Trotzdem wäre man auf Befragen jederzeit in der Lage, seine kausalen Annahmen über den pünktlichen Bus und den Lotto - Verlust zu schildern. Z. B. die Vermutung, daß der Busfahrer ein gewissenhafter Mensch ist, und daß es ein großer Zufall wäre, im Lotto zu gewinnen. Ohne Gegenstand der aktuellen Aufmerksamkeit zu sein, sind die Ursachenattributionen dennoch verhaltenswirksam: Man geht wieder zu der gleichen Haltestelle, wartet auf den Bus und verspielt nicht all sein Geld im Glücksspiel.

Erst wenn der Verlauf von Handlungen und Ereignissen durch erwartungswidrige Geschehnisse unterbrochen wird, tritt der Fall ein, daß das Individuum seine kausalen Schemata hinterfragt, nach neuen attributionsrelevanten Informationen sucht und seine attributionalen Einstellungen revidiert (z. B. wenn der Bus nicht pünktlich kommt, wird man sich erkundigen, ob sich der Fahrplan geändert hat) (s. Weiner, 1985).

Wong & Weiner (1981) zeigen, daß nach den Ursachen von Erfolg und Mißerfolg insbesondere dann gesucht wird, wenn ein Handlungsergebnis unerwartet oder negativ (Mißerfolg) ist (s. auch Försterling & Groeneveld, 1983; Lau & Russell, 1980). Darüber hinaus konnten Försterling und Schoeler (1984) nachweisen, daß attributionsrelevante Information häufiger im Zusammenhang mit Tätigkeiten aus persönlich wichtigen Bereichen als in solchen mit niedriger Wichtigkeit eingeholt wird.

Festzuhalten ist, daß Attributionen sowohl "aktuelle" Antworten auf Warum-Fragen sind, als auch überdauernde, mitunter dem Bewußtsein schwer zugängliche kognitive Strukturen, Schemata oder Überzeugungen (s. Kelley, 1983).

Darüber hinaus weist Heider (1958, S. 256) darauf hin, daß "Attributions may not be experienced as interpretations at all, but rather as intrinsic to the original stimuli." Kausalkognitionen müssen auch nicht immer verbaler Natur sein (z. B."Ich hatte Mißerfolg, weil die Aufgabe zu schwierig war"), sondern können sich in akustischen oder visuellen Vorstellungen äußern (z. B. "Ich hatte das Gefühl, daß die Aufgabe wie ein Berg vor mir lag"):

"We need no longer rely on answers to our explicit 'why'questions as our sole source of information about people's causal thinking. With suitable adjustments made, for what is assessed vs. what is believed (no small problem!), naturally occuring arguments can provide useful information about the attribution process" (Kelley, 1983, S. 348)

2.1 Klassifikationsgesichtspunkte

Anhand der eingangs geschilderten Attributions - Beispiele wird deutlich, daß man eine beliebig lange Aufzählung von Attributionen für verschiedene Lebensbereiche vornehmen kann. Weil es sehr viele Ursachenzuschreibungen in den vielfältigen Gebieten menschlichen Handelns gibt, versucht man seit Beginn der Attributionsforschung, Klassifikationsgesichtspunkte für Kausalzuschreibungen zu erstellen (s. Heider, 1958).

Attributions - Taxonomien sind notwendig, um theoretische Konzeptionen über die vorauslaufenden Bedingungen und die Konsequenzen von Ursachenzuschreibungen aufzustellen und empirisch zu überprüfen. Aussagen über die Determinanten und Konsequenzen einzelner spezifischer Kausalelemente hätten nur eine geringe Generalisierbarkeit. So hätte die Erkenntnis, daß ein Hochspringer nach einer guten Leistung seine Erwartung steigert, zukünftig noch bessere Leistungen zu erbringen, wenn er die anfängliche Leistung auf seine Körpergröße (Attribution) zurückführt, nur Bedeutung für den Bereich des Hochsprungs oder vielleicht für andere sportliche Aktivitäten. Findet man hingegen Gesetzmäßigkeiten bezüglich einer ganzen Klasse oder Kategorie von Attributionen, haben diese einen größeren Geltungsbereich. Einen solchen großen Geltungsbereich hat z. B. der Befund, daß man nach Erfolg, der auf eine stabile Ursache zurückgeführt wird (wie etwa Fähigkeit, Gewicht, Körpergröße oder Arbeitshaltung), die Erfolgswahrscheinlichkeiten für zukünftige Leistungen steigert.

Sowohl in Modellen über die vorauslaufenden Bedingungen von Attributionen als auch in denen, die sich mit attributionalen Konsequenzen beschäftigen, finden sich unterschiedliche Attributions - Taxonomien. Mittlerweile hat die Attributionsforschung eine solche Vielzahl von Dimensionen hervorgebracht, daß diese selbst wiederum klassifiziert werden müßte. In dem vorliegenden Kapitel können wir nicht alle Dimensions - Analysen diskutieren. Wir beschränken uns daher auf diejenigen, die sich als besonders fruchtbar erwiesen haben oder für zukünftige Untersuchungen vielversprechend erscheinen.

Attributionen können zunächst aufgrund relationaler Eigenschaften klassifiziert werden, d. h. bezüglich der Beziehung (z. B. Nähe oder Entfernung, Anzahl der

Verbindungen) zu weiteren Ursachenzuschreibungen und den Effekten. Andererseits kann man qualitative Unterscheidungen von Kausalgedanken vornehmen.

2.2 Relationale Unterscheidungen

2.2.1 Proximal versus distal

Kelley (1972; 1983) hat die Entfernung von einer Ursache zu ihrem Effekt als Klassifikationskriterium eingeführt. Abbildung 2 – 1 verdeutlicht diese Unterscheidung an dem Beispiel eines Individuums, das eine Erklärung für seine depressive Stimmung vornimmt.

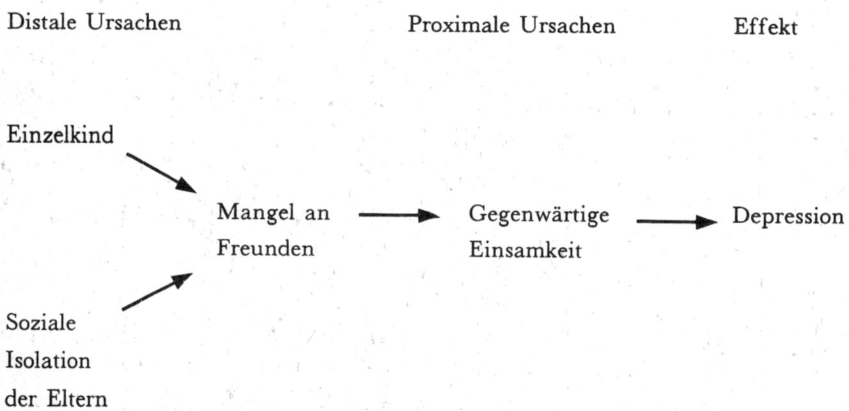

Abb. 2 – 1. Proximale und distale Ursachen für einen Effekt.

Die Person erklärt ihren gegenwärtigen Zustand (Depressivität) durch eine Kette von Ursachen, die sich gegenseitig bedingt haben und in unterschiedlicher zeit–

licher Entfernung zu dem Effekt stehen: Sie sei als Einzelkind aufgewachsen und ihre Eltern seien sozial isoliert gewesen.

Diese Ursachen liegen in großer zeitlicher Entfernung zum Effekt (Depression) und sind deshalb distal. Sie führen zu einer zeitlich näher gelegenen Ursache (proximal) für den zu erklärenden Sachverhalt (Depression): aufgrund von Kindheitserlebnissen konnten keine Freundschaften aufgebaut werden, was zu einem unmittelbaren (proximalen) Grund für ihre Depressivität führt, nämlich ihrer gegenwärtigen Einsamkeit.

Die theoretische Unterscheidung zwischen proximalen und distalen Ursachen betrifft einen fundamentalen Aspekt des Attributionsgeschehens. Sie ist in der empirischen Forschung aber bislang nicht aufgegriffen worden. Analysiert werden in der Regel vielmehr die Auswirkungen von proximalen Attributionen auf Verhalten (s. Kap. 3 bis 6).

2.2.2 Einfach versus komplex

Kausalkognitionen können einfach oder komplex sein (Kelley, 1972; 1983). Einfache Kausalstrukturen bestehen, wenn lediglich eine Ursache nur einen Effekt erzeugt (z. B. "Er ist depressiv, weil er seinen Partner verloren hat"). Bei komplexen kausalen Strukturen erzeugen entweder mehrere Ursachen oder deren Zusammenspiel einen oder mehrere Effekte (z. B. "Daß er gerade in der Zeit der beruflichen Anspannung von seiner Frau verlassen wurde und diese lediglich aus finanziellen Erwägungen gehandelt hat, hat ihn depressiv gemacht"). Einfache Kausalkognitionen sind z. B. multiple hinreichende kausale Schemata (s. Kelley, 1972; 1973). Abbildung 2 – 2a stellt ein solches Schema dar, das dadurch gekennzeichnet ist, daß eine von zwei Ursachen als hinreichend für das Auftreten des Effektes angesehen wird.

So kann etwa ein Effekt (E), z. B. die Traurigkeit von Person (P), sowohl durch eine externe Ursache (X), z. B. den Verlust des Arbeitsplatzes, als auch durch eine interne Ursache (Y), z. B. seinem melanchonischen Charakter erklärt werden. Demgegenüber haben komplexe kausale Strukturen Ähnlichkeit mit multiplen notwendigen Schemata (Abb. 2 – 2b). Hier müssen mehrere Ursachen gemeinsam auftreten, damit der Effekt eintritt. Wird etwa ein Individuum (P) depressiv und bringt sich um (Effekt), nachdem es den Arbeitsplatz verloren hat (Ursache X), ist man wahrscheinlich geneigt, neben der externen Ursache (X) eine oder mehrere weitere Ursachen (Y), wie etwa eine depressive Persönlichkeitsstruktur zur Erklärung des Effektes (E) heranzuziehen. Das Vorliegen von lediglich einer Ursache (X oder Y) würde nicht als hinreichende Erklärung für den Effekt betrachtet werden.

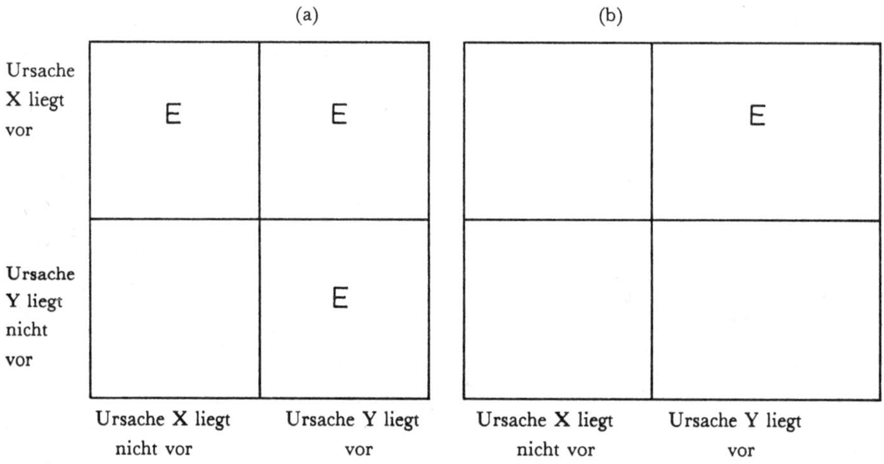

Abb. 2 - 2 (a, b). Multiple hinreichende (a) und multiple notwendige (b) kausale Schemata. (nach Kelley, 1973).

2.3 Qualitative Unterscheidungen

2.3.1 Internal versus external

Nahezu alle Attributions - Konzeptionen - angefangen mit Heider (1958) - unterscheiden zwischen Ursachenfaktoren, die in der Person und solchen, die in der Umwelt liegen. Erklärt man beispielsweise einen Mißerfolg durch mangelnde Fähigkeiten, handelt es sich um eine interne Attribution. Eine externe Attribution ist gegeben, wenn man etwa die Schwierigkeiten der Aufgabe für den Mißerfolg verantwortlich macht. So spricht Kelley (1967) von Person - und Entitätsattributionen und Weiner et al. (1971) führen analog zu den Überlegungen Heiders die Unterscheidung zwischen internalen (z. B. Fähigkeit und Anstrengung) und externalen (Zufall, Aufgabenschwierigkeit) Kausalerklärungen von Leistungsresultaten ein (locus of causality). Kruglanski (1973) hat vorgeschlagen, diese Dimension durch eine Einteilung von Ursachen in endogene (Tätigkeiten, die um ihrer selbst willen ausgeführt werden) und exogene (Tätigkeiten, die nur Mittel zu einem Zweck darstellen) zu ersetzen. Dieser Vorschlag ist jedoch in der Literatur kaum weiterverfolgt worden.

Die Unterscheidung von Ursachenwahrnehmungen auf der Dimension der Personabhängigkeit oder Lokation (locus of control) in interne und externe findet sich auch in theoretischen Konzeptionen außerhalb der Attributionstheorien. So hat Rotter (1966) im Rahmen seiner sozialen Lerntheorie (ohne sich auf Heider zu beziehen) zwischen interner und externer Bekräftigungskontrolle unterschieden. Auch DeCharms (1968) und Deci (1975) ziehen die Einteilung in externe und interne Handlungsverur - sachungen heran.

2.3.2 Stabil versus variabel

Wiederum bezugnehmend auf Heider (1958) hat Weiner (1979; Weiner et al., 1971) zusätzlich zur Lokationsdimension Ursachenerklärungen danach unterschieden, ob sie als stabil (über die Zeit unveränderlich) oder variabel (sich verändernd) wahrgenommen werden.

Durch die Kreuzung der Dimensionen der "Personabhängigkeit" und der "Stabilität" hat Weiner eine vielbeachtete Taxonomie von Ursachenerklärungen für Erfolg und Mißerfolg vorgestellt. Tabelle 2 - 1 zeigt, daß in einem Vierfelderschema auf der Seite der internen Faktoren ein invarianter, stabiler Faktor (Fähigkeit) von einem instabilen, variablen unterschieden wird (Anstrengung). Ebenso werden bei den externen Faktoren die zeitlich fluktuierenden Zufallseinflüsse (Glück/Pech) von den überdauernden, stabilen, invarianten Aufgabencharakteristika (Aufgabenschwierigkeit, Aufgabenleichtigkeit) unterschieden. Kelley (1967) bezeichnet variable Ursachen wie Anstrengung oder Zufall als "Umständeattributionen" (s. Kap. 3).

Tabelle 2 - 3. Kausalelemente und ihre Dimensionen für den Leistungsbereich. (Nach Weiner et al. 1971.)

		Personabhängigkeit	
		internal	external
Stabilität über Zeit	stabil	Fähigkeit	Aufgabenschwierigkeit
	variabel	Anstrengung	Zufall

2.3.3 Intentional (kontrollierbar) versus unintentional (unkontrollierbar)

Innerhalb der Vierfeldertafel von Weiner et al. (1971) kann nicht unterschieden werden, ob ein Individuum etwa aufgrund mangelnder Anstrengung oder Müdigkeit ein Ziel nicht erreicht hat. Beide Kausalerklärungen würden als internal und variabel eingestuft werden. Wiederum an Heider anknüpfend machte Rosenbaum (1972) darauf aufmerksam, daß in diesem Zusammenhang ein bedeutender Unterschied zwischen den Kausalelementen unberücksichtigt bleibt: Anstrengung kann durch das Individuum gesteuert und kontrolliert werden, d. h. ist durch die Intention beeinflußbar, wohingegen sich Müdigkeit vergleichsweise der bewußten Steuerung durch die Person entzieht; d. h. dieser Faktor ist weitgehend unkontrollierbar oder unintentional. Rosenbaum (1972) integriert die Dimension der "Intentionalität" in das Vierfelderschema von Weiner et al. (1971) und erweitert dadurch – wie wir in Kap. 6 zeigen werden – dessen Anwendungsbereich (z. B. um soziale Bewertungen).

Aus Tabelle 2 – 2 ist ersichtlich, daß neben der durch Rosenbaum (1972) geschaffenen Möglichkeit einer differenzierteren Betrachtung von Kausalelementen auch Probleme durch die neue Dimension entstehen. Es ist z. B. schwer, ein Kausalelement zu benennen, welches external ist, jedoch zugleich von der eigenen Person kontrolliert werden kann. Um diese Zelle seiner Tafel zu füllen, muß Rosenbaum eine neue Beobachterperspektive einführen und schildert als Beispiel für einen external kontrollierbaren Ursachenfaktor die Erklärung eines Mißerfolgs der Person (P) durch die mangelnde Anstrengung (kontrollierbar) einer anderen Person (X) (external).

Tabelle 2 – 2. Erweiterung der Vierfeldertafel durch Rosenbaum um die Dimension der Kontrollierbarkeit. (Nach Weiner, 1980a.)

		Kontrollierbarkeit			
		kontrollierbar		unkontrollierbar	
		Personabhängigkeit			
		internal	external	internal	external
Stabilität über Zeit	stabil	Arbeitshaltung	Arbeitshaltung anderer Personen	Fähigkeit	Aufgabenschwierigkeit
	variabel	Anstrengung	Anstrengung anderer Personen	Müdigkeit, Krankheit	Zufall

Weiner unterscheidet in neueren Arbeiten (z. B. 1980a; im Druck) zwischen "Intention" und "Kontrolle": Man kann die Intention haben, eine Tätigkeit auszuführen (z. B. regelmäßig seine Rechnungen zu bezahlen oder eine Diät einzuhalten), mag aber der Überzeugung sein, das eigene Verhalten nicht kontrollieren oder steuern zu können. In späteren Forschungsarbeiten wird auch nicht mehr von "Intentionalität", sondern "Kontrollierbarkeit" von Ursachen gesprochen.

2.3.4 Global versus spezifisch

Im Rahmen ihrer attributionstheoretischen Analyse von Depressions-Phänomenen (s. Kap. 5) haben Abramson, Seligman und Teasdale (1978) eine weitere Kausaldimension eingeführt, nämlich die der Generalität. Diese Dimension differenziert Ursachen hinsichtlich der Breite des Spektrums ihrer Effekte. Auf dem Endpunkt der Skala (global) werden Ursachen eingeordnet, die ein breites Spektrum von Auswirkungen haben; auf der anderen Seite stehen "spezifische" Attributionen, d. h. solche, die nur auf einen engen, speziellen Bereich bezogen sind. Die Erklärung eines Mißerfolgs durch mangelnde angeborene Intelligenz würde z. B. als global bezeichnet werden; schreibt man dagegen den Mißerfolg mangelnden Spezialbegabungen zu (z. B. mangelnde psychomotorische Fertigkeiten), spräche man von einer spezifischen Attribution.

2.3.5 Die dimensionalen Eigenschaften von "Strategien"

In neuerer Zeit hat Anderson (1983; Anderson & Jennings, 1983) interessante Forschungsarbeiten über einen Kausalfaktor vorgestellt, welcher - ähnlich wie Anstrengung - internal, kontrollierbar und variabel ist, darüber hinaus jedoch Unterschiede zum Anstrengungsfaktor aufweist. Es handelt sich hierbei um Attributionen auf falsche (bzw. richtige) Strategien. Führt man Mißerfolg auf diesen Faktor zurück, mögen zukünftige Erfolge nicht ausgeschlossen sein (aufgrund seiner Veränderbarkeit) und von der Person als steuerbar wahrgenommen werden (internal kontrollierbar). Im Unterschied zur Anstrengungsattribution implizieren Zuschreibungen auf Strategie jedoch, daß zukünftiger Erfolg ohne den verstärkten Einsatz von Kraft, Energie und vielleicht Zeit möglich ist. Führt man Mißerfolg auf unzureichende Anstrengung zurück, mag man Versuche, das Ziel zu erreichen, aufgeben, wenn z. B. das Ziel nicht sehr wichtig ist, die erforderliche Anstrengung, es zu erreichen, jedoch sehr hoch wäre und darüber hinaus beinhalten würde, daß man Zeit und Energie aus anderen Bereichen "abziehen" müßte. Aus diesen "Sparsamkeitsgesichtspunkten" mag man nach Mißerfolg, der mangelnder Anstrengung zugeschrieben wird, ein Ziel aufgeben; führt man den Mißerfolg jedoch auf Strategiefehler zurück, ist man vielleicht geneigt, "es noch einmal zu probieren", da es ja "nichts kostet" (man hat die Strategien in seinem Verhaltensrepertoire). In den bisherigen Attributionstaxonomien ist es allerdings noch nicht möglich, diesen konzeptuellen Unterschied zwischen Anstrengung und Strategie darzustellen.

2.4 Der "Status" von Attributionsdimensionen

Die bisher besprochenen Attributionsdimensionen sind nicht empirisch ermittelt worden, sondern stellen das Produkt "logischer wissenschaftlicher Analysen" von Forschern dar. Es handelt sich also um Ordnungsgesichtspunkte, die Wissenschaftler zur Klassifikation von Begriffen der "naiven Psychologie" des "Mannes auf der Straße" heranziehen. Weiner (1979, 1982a) spricht in Anlehnung an Schütz (1967) von Konzepten zweiter Ordnung. Die Dimensions-Begriffe (z. B. stabil versus variabel) würde man nicht "in den Köpfen" des psychologischen Laien vermuten ("order must be imposed using scientific terminology that may not be part of the logic of the lay person" Weiner, 1982a, S. 167). Andererseits werden in den attributionalen Verhaltensmodellen die Konsequenzen von Ursachenzuschreibungen nicht von spezifischen Attributionen, sondern von deren dimensionalen Qualitäten abhängig gemacht; diese sind wiederum nicht unveränderbar: "the perceived properties of a cause can vary. For example, mood might be thought of as a temporary state or as a permanent trait". Führt man einen Mißerfolg etwa auf schlechte Stimmungen zurück und meint darüber hinaus, daß diese Stimmungen andauern, wird man aufgrund des Mißerfolges Reaktionen zeigen, die denen ähneln, die man bei anderen stabilen Mißerfolgsattributionen (z. B. Fähigkeitsdefizite, Aufgabenschwierigkeiten) zeigt. Werden die Stimmungen jedoch als temporär und instabil wahrgenommen, sollten Reaktionen folgen, die auch durch andere variable Faktoren hervorgerufen wären (z. B. Zufall und Anstrengung).

Konsistent mit der Überlegung, daß nicht die spezifische Ursache, sondern deren Plazierung auf der Ursachendimension verhaltensbestimmend ist, werden in vielen Attributions - Studien neben (oder anstelle von) spezifischen Ursachen deren wahrgenommene dimensionale Qualitäten erfaßt (z. B. "Wie veränderbar ist diese Ursache?") (s. Weiner, 1980b;c; Försterling, 1984; 1985 c).

Diese Überlegung, die den Operationalisierungen von Attributionsstudien zugrundeliegt, setzt jedoch voraus, daß Dimensionen bei der Versuchsperson phänomenal repräsentiert sind; obwohl natürlich nicht zu erwarten ist, daß Versuchspersonen bei freier Befragung sofort darauf hinweisen können, daß das Gemeinsame von Anstrengung und Fähigkeit deren "Internalität" ist.

Wenn diese Dimensionen bei naiven Personen repräsentiert und zugleich wichtig für Verhaltensauswirkungen von Attributionen sind, böte sich an, mit Hilfe multivariater statistischer Verfahren zu prüfen, ob der Laie und der Wissenschaftler unterschiedliche Dimensions - Konzeptionen besitzen. Diese Möglichkeit ist in besonderer Weise für die Attributionsforschung relevant, da noch keine Einigkeit darüber besteht, welches "die wichtigsten" Klassifikationsgesichtspunkte für Ursachenzuschreibungen sind. Zusätzlich zu den in diesem Kapitel besprochenen Attributionsdimensionen kann man Zuschreibungen aufgrund anderer, z. B. bewertender Aspekte ordnen. Es kann etwa unterschieden werden, ob sie positiv oder negativ, wichtig oder unwichtig sind. Zudem kann man fragen, ob sie sich stetig verändern (wie das Alter) oder in unvorhersehbarer Weise (wie das Wetter, s. Kelley, 1983), mehr den Charakter betreffen oder eher das Verhalten (Janoff - Bulman, 1979).

In neuerer Zeit haben sich einige Untersuchungen der Aufgabe gewidmet, Kausaldimensionen auf empirischem Wege zu ermitteln (Falbo & Beck, 1979; Försterling, 1980b; J. P. Meyer, 1980; Passer, 1977; Wimer & Kelley, 1982). Diese Arbeiten zogen die statistischen Methoden der Multidimensionalen Skalierung (Passer, 1977), der Faktorenanalyse (J. P. Meyer,1980; Weimer & Kelley, 1983) oder der Clusteranalyse heran (Försterling, 1980b). Sie bezogen sich in der Regel auf Attributionen, die vom Versuchsleiter vorgegeben wurden und von den Versuchspersonen klassifiziert werden mußten. Wimer & Kelley (1983) dehnen jedoch die Suche nach Klassifikationsgesichtspunkten für Ursachenzuschreibungen auf solche aus, die nicht vorgegeben, sondern frei von den Versuchspersonen geäußert werden und aus verschiedenen Lebensbereichen stammen.

2.4.1 Bewertung der empirischen Dimensions - Analysen

Insgesamt zeigen die empirischen Arbeiten zur Ermittlung von Ursachendimensionen, daß Gemeinsamkeiten zwischen den "wissenschaftlichen" und den "naiven" Kausalkonzeptionen bestehen. Insbesondere finden die differenzierten Überlegungen von Weiner, auf denen viele Forschungsarbeiten basieren (s. Kap. 4 und 6), Bestätigung: in den Studien, die Attributionen für leistungsbezogenes Handeln untersuchen, findet sich die Dimension der Personabhängigkeit (J. P. Meyer, 1980; Försterling, 1930b; Passer, 1977), der Stabilität (J. P. Meyer, 1980) und der Kontrollierbarkeit (Försterling, 1980; Passer, 1977; J. P. Meyer, 1980). Allerdings scheinen die Ergebnisse stark von den eingegebenen Daten abzuhängen. Wimer & Kelley (1982), die eine Vielzahl von Klassifikationsmöglichkeiten aus ganz unterschiedlichen Lebensbereichen vorgeben, finden auch dementsprechend mehr Attributions - Dimensionen in der statistischen Analyse der Daten. Dies legt die Vermutung nahe, daß in unterschiedlichen Lebensbereichen verschiedene Dimensionen relevant sind. Obwohl vielleicht im Bereich leistungsmotivierten Verhaltens die wichtigsten Dimensionen ermittelt sein mögen, wird zukünftige Forschung wahrscheinlich zusätzliche Klassifikationen identifizieren, wenn sie sich auf andere Lebensbereiche bzw. andere vorauslaufende Bedingungen und Konsequenzen bezieht.

Die Studien zeigen weiterhin, daß Kausalelemente (z. B. Aufgabenschwierigkeit) in Abhängigkeit von verschiedenen Kontextinformationen verschiedene dimensionale Merkmale besitzen können (z. B. internale: "Die Aufgabe ist für mich zu schwierig" oder externale "Die Aufgabe kann niemand"). Deshalb ist es wichtig, um Verhalten aufgrund von Attributionen vorherzusagen oder zu verändern, daß man nicht nur die jeweilige spezifische Attribution kennt (bzw. verändert), sondern auch deren dimensionale Qualität.

3. DIE VORAUSLAUFENDEN BEDINGUNGEN

Das zentrale Anliegen von Attributions-Ansätzen besteht in der Analyse der vorausgehenden Bedingungen unterschiedlicher Ursachenzuschreibungen. Sie gehen etwa der Frage nach, wann eine Person ihren Mißerfolg bei einer Prüfung auf mangelnde Fähigkeiten und wann auf einen ungerechten Prüfer zurückführt. Alle Ansätze, die sich der Frage nach den vorausgehenden Bedingungen von Ursachenfaktoren widmen, basieren auf den Arbeiten von Fritz Heider (1958) und ergänzen, systematisieren oder vervollständigen diese.

Heider (1958) interessiert sich zunächst für die Bedingungen von "Absichts-" bzw. "Motivzuschreibungen"; seine diesbezüglichen Überlegungen wurden später von Jones & Davis (1965) und Jones & McGills (1976) wieder aufgegriffen. Diese Autoren haben die "Theorie der korrespondierenden Inferenzen" aufgestellt. Da in den folgenden Kapiteln im Rahmen von Absichtsattributionen lediglich auf Heiders Überlegungen zurückgegriffen wird, verzichten wir auf die Darstellung dieser Theorie.

Das einflußreichste Modell über die vorauslaufenden Bedingungen von Ursachenzuschreibungen ist von Harold H. Kelley (1967; 1973) vorgestellt worden (das Kovariationsprinzip). Auch er bezieht sich auf Heider und systematisiert dessen Annahmen, daß Personen wie "naive Wissenschaftler" Informationen über Kovariationen zwischen Ereignissen und deren möglichen Ursachen für ihre attributionalen Schlußfolgerungen heranziehen. Da wir an verschiedenen Stellen dieser Arbeit auf dieses Modell zurückgreifen, wird es hier eingehender besprochen. Allerdings verzichten wir wiederum darauf, Weiterentwicklungen dieses Modells (s. Alloy & Tabachinik, 1984; Pruit & Insko, 1980) darzustellen, da diese in der vorliegenden Arbeit nicht aufgegriffen werden. Ebenfalls kann die umfangreiche Diskussion und die Vielzahl der empirischen Untersuchungen zum Kelley-Modell hier nur teilweise wiedergegeben werden.

Schließlich referieren wir in diesem Kapitel neuere Forschungsarbeiten von Meyer und Mitarbeitern, die sich mit der indirekten sozialen Kommunikation von attributionsrelevanter Information befaßt (s. Meyer, 1982; 1984; Meyer, Bachmann, Biermann, Hempelmann, Plöger, Spiller, 1979), da wir später auf Prozesse in der Therapie eingehen, in denen solche indirekten Attributions-Kommunikationen eine Rolle spielen.

3.1 Intentionszuschreibung, Äquifinalität und lokale Kausalität

Im Zusammenhang mit der Analyse der vorausgehenden Bedingungen von Intentions- bzw. Motivzuschreibungen analysiert Heider (1958) die Voraussetzungen, unter denen eine Person das Verhalten eines anderen Individuums auf dessen Absichten oder Motive zurückführt. Hierunter fällt beispielsweise die Frage, unter welchen Bedingungen wir annehmen, ein Fahrgast in der Straßenbahn hätte uns absichtlich auf den Fuß getreten und wann wir sein Verhalten durch den Zufall entschuldigen.

Für die Entscheidung zwischen intentionalen (persönliche Kausalität) und nicht-intentionalen (unpersönliche Kausalität) Ursachen werden nach Heider Informationen über das Vorliegen von Äquifinalität bzw. Multifinalität und über das Vorliegen von lokaler Kausalität herangezogen.

In der Abbildung 3 - 1 wird der Sachverhalt der Multifinalität, eine Bedingung von unpersönlicher Kausalität, schematisch dargestellt: Immer wenn das Individuum ein Verhalten (x) zeigt (z. B. es steigt in die Straßenbahn ein), führt dieses Verhalten in verschiedenen Situationen oder zu verschiedenen Zeitpunkten (C) zu unterschiedlichen Effekten (e). Beobachtet man z. B. an verschieden Tagen (C1, C2, C3), daß eine Person (P) in die Straßenbahn einsteigt (Verhalten x) und dabei an einem Tag (C1) einem anderen Individuum auf den Fuß tritt (e1), an einem zweiten Tag (C2) über einen anderen Fahrgast stolpert (e2) und am dritten Tag (C3) ohne Schwierigkeiten die Straßenbahn betritt (e3), sind wir wahrscheinlich nicht geneigt, den Effekt (e1, daß sie dem anderen Individuum auf die Füße getreten hat) auf eine Absicht zurückzuführen.

Abb. 3 - 1. Multifinalität bei persönlicher Kausalität. (Nach Heider, 1958.)

Dagegen stellt Abbildung 3 - 2 schematisch den Sachverhalt der Äquifinalität dar, die zu Absichts-Zuschreiben führen soll. Äquifinalität meint, daß ein Verhalten (x) einer Person (P) unter verschiedenen Bedingungen (C1, C2, C3) zu identischen Konsequenzen (e1) führt.

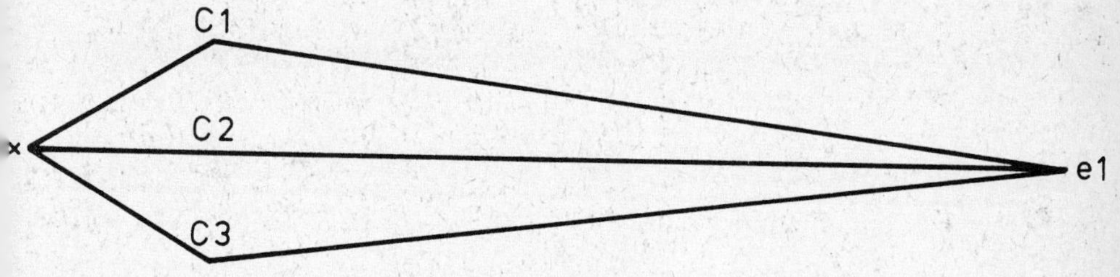

Abb. 3 - 2. Äquifinalität bei persönlicher Kausalität. (Nach Heider, 1958.)

Tritt der Fahrgast zu unterschiedlichen Zeitpunkten (C1, C2, C3), also unter verschiedenen Bedingungen, immer dem gleichen Individuum (P) auf den Fuß, werden wir ihm die Absicht zuschreiben, dem Individuum zu schaden, da die Person in Abhängigkeit von den situativen Bedingungen ihr Verhalten ändert, um ihr Ziel (e1) zu erreichen.

Heider weist allerdings darauf hin, daß auch in physikalischen Systemen - und nicht nur im Bereiche menschlichen Verhaltens - Äquifinalität zu beobachten ist. Er gibt das Beispiel einer Kugel, die von jeder beliebigen Stelle des Randes einer Schüssel - ganz unabhängig von ihrer Ausgangsposition (C1, C2 oder C3) - immer am tiefsten Punkt des Gefäßes angelangt (e1). In diesem Falle würde natürlich nicht von einem "Motiv" oder einer "Absicht" der Kugel gesprochen werden, den tiefsten Punkt der Schüssel "anzustreben". Vielmehr wäre die zweite von Heider formulierte Voraussetzung für die Zuschreibung von Motiven oder Absichten noch nicht erfüllt: In diesem Beispiel liegt nämlich keine lokale Kausalität vor. Die Kräfte, die die Kugel immer an der gleichen Stelle der Schüssel zur Ruhe kommen lassen, sind nicht allein in der Kugel angesiedelt (nur dann würde man von lokaler Kausalität reden), sondern sind Bestandteil des ganzen physikalischen Systems. Lokale Kausalität sei dagegen nur dann gegeben, wenn die zur Erreichung des Ziels (e) notwendigen Kräfte in der handelnden Person lokalisiert sind.

3.2 Das Kovariations-Prinzip von Kelley

Kelley (1967) geht bei der Analyse der Mechanismen, aufgrund derer Individuen zu einem Verständnis der kausalen Struktur ihrer Umwelt gelangen, davon aus, daß der "Mann auf der Straße" die ihm zur Verfügung stehenden (mehrfachen) Beobachtungen, die für die Ursachenerklärung eines bestimmten Ereignisses relevant sind, wie ein "naiver Wissenschaftler" analysiert und verarbeitet. Mit dieser Überlegung knüpft er an die Annahme Heiders (1958, S. 297) an, wonach das kausale Verständnis von Ereignissen "is gained by way of a causal analysis that is in a way analogous to experimental methods" (Kelley, 1967, S. 194).

Wie bei Heider ist auch in Kelleys Modell das Kovariationsprinzip das zentrale Konstrukt. Unter "Kovariation" ist das gemeinsame Auftreten einer (möglichen) Ursache mit einem Effekt oder einem Ereignis zu verstehen:

"Diejenige Bedingung (Ursache) wird für eine Wirkung (Effekt) verantwortlich angesehen, die vorhanden ist, wenn die Wirkung vorhanden ist und die fehlt, wenn die Wirkung fehlt. (Heider, 1958; deutsch, S. 181).

Das Kovariationsprinzip kann man an folgendem Beispiel verdeutlichen: immer wenn in der Küche das elektrische Licht brennt (die Wirkung oder der Effekt ist vorhanden), hat jemand den Lichtschalter betätigt (Bedingung, Ursache). Brennt das Licht in der Küche jedoch nicht (die Wirkung oder der Effekt ist nicht vorhanden), ist der Lichtschalter noch nicht betätigt worden (die Ursache fehlt). Es ist gleichgültig für das Brennen des Lichtes, ob etwa die Herdplatte eingeschaltet ist oder nicht. Da nur die Betätigung des Lichtschalters und das Brennen des elektrischen Lichtes miteinander kovariieren und keine anderen Ereignisse (etwa das Einschalten der Herdplatte), macht man das Einschalten des Lichtschalters als Ursache für das Brennen des Lichtes verantwortlich.

Kelley meint, daß die im Gebiet der Sozialpsychologie relevanten Ursachenzuschreibungen den folgenden Klassen zugeordnet werden können: (a) Personattributionen liegen vor, wenn ein Effekt (z. B. die Person hat Erfolg bei einer Aufgabe) auf relativ stabile Merkmale der Person zurückgeführt wird (z. B. ihrer Arbeitshaltung, Fähigkeit oder Körpergröße). Von diesen Zuschreibungen werden Entitätsattributionen unterschieden, von denen man spricht, wenn etwa die Effekte, die eine Person erzielt, auf konstante, außerhalb ihrer selbst liegende Faktoren zurückgeführt werden (z. B. Erfolg bei der Aufgabe wird nicht durch die Fähigkeit des Individuums, sondern durch die Leichtigkeit der Aufgabe erklärt). Aus der Sicht der handelnden Person können sowohl andere Personen als auch Umweltgegebenheiten Entitäten sein. Schließlich führt Kelley (1967) das Konzept der Umständeattributionen ein. Hierunter fallen Ursachen, die sich über die Zeit oder über unterschiedliche Modalitäten verändern (z. B. das Zurückführen des Erfolgs der Person an der Aufgabe auf Zufall, Anstrengung, Hilfe von anderen Personen oder Stimmungen).

Ob ein Effekt oder eine Wirkung auf eine dieser drei Ursachenklassen zurückgeführt wird, hängt – dem Kovariationsprinzip folgend – davon ab, mit welcher dieser Ursachen der Effekt kovariiert.

Dabei bezeichnet Kelley (1967) die KovariationsInformationen bezüglich des gemeinsamen Auftretens des Effektes mit der Person als Konsensus. Information über das gemeinsame Auftreten eines Effektes mit einer oder mehreren Entitäten, wird als Distinktheit bezeichnet und Konsistenz stellt die Information über die Umstände dar (Zeitpunkte, Modalitäten), unter denen ein Effekt auftritt.

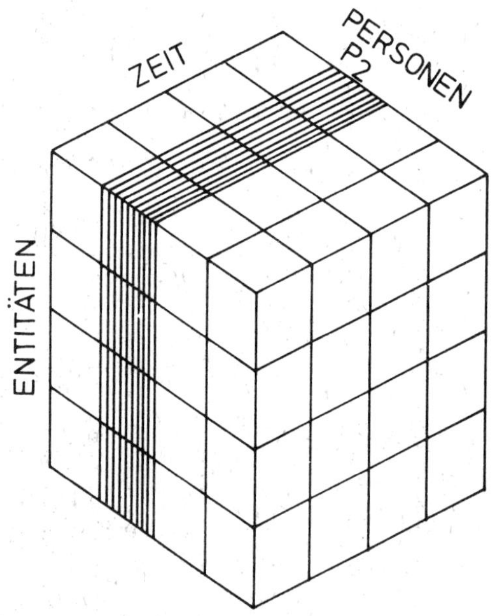

Abb. 3 - 3a. Ein Kovariationsmuster, das zu Attributionen auf die Person führt. (Nach Kelley, 1973.)

Kelley stellt seine Überlegungen anhand eines varianzanalytischen Würfels dar, in dem die zu erklärenden Effekte die abhängigen und die möglichen Ursachen die unabhängigen Variablen bilden (s. Abb. 3 - 3, a - c). Abbildung 3 - 3a illustriert ein Kovariationsmuster, welches eine Ursachenzuschreibung für den Effekt (z. B. Erfolg bei einer Aufgabe) auf die Person (z. B. deren Fähigkeiten) nahelegt.

In dem dargestellten Fall kovariiert der Effekt (E) mit den Personen (P1 - P4): der Effekt ist vorhanden, wenn die Person 2 anwesend ist und ist dagegen bei anderen Personen (P1, P3, P4) nicht vorhanden. Es liegt somit niedriger Konsensus vor. Aus Abbildung 3 - 3a ist darüber hinaus ersichtlich, daß der Effekt (E) nicht systematisch mit unterschiedlichen Entitäten variiert (Person P2 ist bei den unterschiedlichen Aufgaben gleichermaßen erfolgreich); dieser Sachverhalt wird mit niedriger Distinktheit bezeichnet. Schließlich beeinflussen auch die unterschiedlichen Zeitpunkte und Modalitäten, in denen Person P2 an der Aufgabe arbeitet, nicht den Ausgang: unter allen Bedingungen erzielt P2 das gleiche Ergebnis. Man spricht daher von "hoher Konsistenz". Da in Abbildung 3 - 3a der Effekt allein mit unterschiedlichen Personen kovariiert, nicht jedoch mit Zeitpunkten oder Entitäten, führt man ihn auf die Person zurück (es liegt an der Person P2 - etwa ihren hohen Fähigkeiten -, daß sie stets Erfolg erzielt).

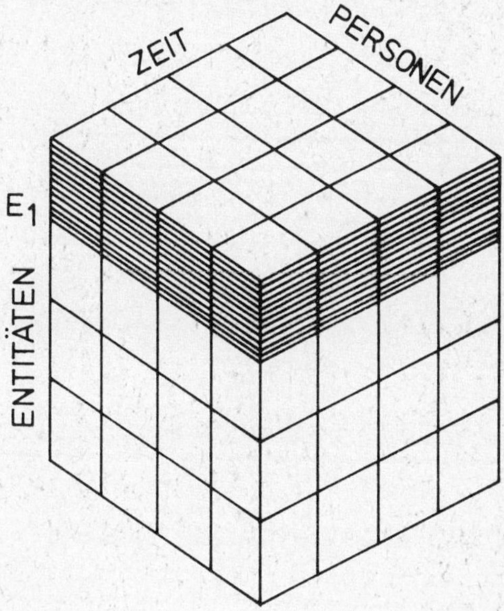

Abb. 3 - 3b. Ein Kovariationsmuster, das zu Attributionen auf die Entität führt. (Nach Kelley, 1973.)

Ein Kovariationsmuster, welches zu Attributionen eines Effektes (z. B. Erfolg an der Aufgabe E1 von der Person P2) auf die Entität zurückführt – etwa die Leichtigkeit der Aufgabe E1 – wird in Abbildung 3 – 3b dargestellt. Hier kovariiert der Effekt ausschließlich mit unterschiedlichen Entitäten (hohe Distinktheit) und es macht keinen Unterschied, wer an den Aufgaben arbeitet (hoher Konsensus) und zu welchem Zeitpunkt und unter welchen Bedingungen eine Person an der Aufgabe arbeitet (hohe Konsistenz). Alle Personen haben zu allen Zeitpunkten nur bei der Aufgabe E1 und bei keiner anderen Aufgabe Erfolg. Dies legt den Schluß nahe, daß der Erfolg von P2 bei der Aufgabe E1 durch Merkmale der Aufgabe (oder der Entität) und nicht durch Merkmale der Person bedingt ist.

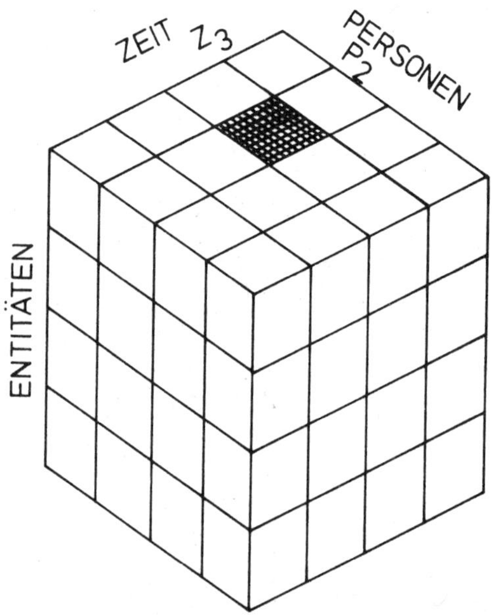

Abb. 3 – 3c. Ein Kovariationsmuster, das zu Attributionen auf die Umstände führt. (Nach Kelley, 1973.)

Schließlich stellt die Abbildung 3 - 3c ein Datenmuster dar, welches eine Attribution des Effektes auf die Umstände nahelegt. Hier tritt der Effekt nur in Zusammenhang mit einem Zeitpunkt auf: nur wenige andere lösen die Aufgabe (E2), d. h. es besteht geringer Konsensus, die Person (P2) löst die Aufgabe nur unter ganz bestimmten Bedingungen (Z3), nicht aber unter anderen Umständen (niedrige Konsistenz) und das Individuum löst nur die betreffende Aufgabe, nicht jedoch andere, die dieser Aufgabe ähnlich sind (hohe Distinktheit).

Die Tabelle 3 - 1 faßt noch einmal die Ausprägungsgrade von Konsensus, Distinktheit und Konsistenz zusammen, die zu den einzelnen Attributions-Klassen (Entitäten, Personen, Umstände) führen sollen. Sind diese Kovariationsmuster gegeben, sollte das Individuum den Effekt mit großem Vertrauen auf eine der drei Ursachen zurückführen. Die Tabelle 3 - 1 stellt jedoch keineswegs alle denkbaren Datenkonstellationen dar. Kelley (1973) führt auch den Fall an, daß man eine Interaktion von etwa zwei oder drei Ursachen für den Effekt verantwortlich macht. Etwa, wenn P (und nur P, d. h. geringer Konsensus) stets (hohe Konsistenz) bei einer Aufgabe (und nur dieser, d. h. hohe Distinktheit) Mißerfolg hat, ist man geneigt, eine Eigentümlichkeit der Beziehung von P mit der speziellen Aufgabe für den Effekt verantwortlich zu machen.

Tabelle 3 - 1. Kovariationsmuster, die zu Attributionen auf die Person, die Entität oder die Umstände führen sollen. (Nach Meyer & Schmalt, 1978.)

Ursachen	Information		
	Konsensus	Distinktheit	Konsistenz
Person	niedrig	niedrig	hoch
Entität	hoch	hoch	hoch
Umstände	niedrig	hoch	niedrig

3.2.1 Das Modell als varianzanalytische Analogie

Kelley vergleicht die Mechanismen, aufgrund derer Individuen zu Ursachenzuschreibungen gelangen, mit der in den Sozialwissenschaften gebräuchlichen statistischen Methode der Varianzanalyse. In dieser Analogie stellen die Klassen von Ursachenfaktoren die unabhängigen und die Effekte die abhängigen Variablen dar. Ähnlich wie in der Varianzanalyse sollen in der (unvollständigen und oft "voreiligen") Version dieser Methode des "Mannes auf der Straße" die Variationen des Effektes, die durch die einzelnen unabhängigen Variablen verursacht werden, miteinander in Beziehung gesetzt werden. Dieser Vergleich der Varianzen, die durch die einzelnen Faktoren hervorgerufen werden, ähnelt der statistischen Prüfgröße des sogenannten "F – Tests", der aus dem Quotienten von einer Varianz (im Zähler) und einer anderen (im Nenner) ermittelt wird. Unterscheiden sich die beiden Varianzen stark voneinander (der F – Wert ist hoch), erhöht dies das Vertrauen, daß der Effekt auf die entsprechende Ursache zurückzuführen ist. Ist der Unterschied der Varianzen dagegen gering (ein niedriger F – Wert resultiert), ist auch die Sicherheit, daß eine der Ursachen den Effekt allein bewirkt, gering.

Auf unser bisher in diesem Kapitel benutztes Beispiel bezogen, in dem Person (P) an einer Aufgabe (E) Erfolg hat, ergeben sich die folgenden Ableitungen. Wollen wir etwa eine Prüfgröße für unsere Hypothese entwickeln, daß P an der Aufgabe (E) Erfolg hatte, weil die Aufgabe leicht war (Entitätsattribution), müßten wir die durch die Entität bedingte Kovariation des Effektes mit derjenigen, die auf die Personen und auf die Zeitpunkte zurückgeht, in Beziehung setzen. In dem in Abb. 3 – 3b dargestellten Beispiel müßte also die Distinktheit (Varianz aufgrund der Entität) durch die Konsistenz und den Konsensus dividiert werden. Da die durch die Distinktheit bedingte Varianz hoch ist, Konsistenz und Konsensus jedoch kaum Variation erzeugen, ergibt sich ein großer Wert im Zähler, ein kleiner Wert im Nenner und somit ein großer Wert für unsere Prüfgröße. In diesem Fall würden wir den Effekt mit großer subjektiver Sicherheit auf die Entität zurückführen. Wären dagegen die Varianzen im Zähler und im Nenner ähnlich groß, ergäben sich niedrige Werte für die Prüfgröße und die subjektive Unsicherheit, welcher Faktor den Effekt bedingt, wäre hoch.

Diese Überlegungen verdeutlichen, daß die Verarbeitung von Kovariations-Information nicht nur zu Ursachenzuschreibungen führt, sondern darüber hinaus bestimmt, wie sicher wir sind, daß die Ursachenzuschreibung zutrifft. "Here we deal with the particular aspect of self-knowledge that might be described as wisdom. ... How does a person know that his perceptions, judgements and evaluations are correct or true?" (Kelley, 1973, S. 112)

3.2.2 Empirische Überprüfungen

Das Modell von Kelley hat zahlreiche Diskussionen und Forschungsarbeiten über die Frage angeregt, ob Individuen tatsächlich so rational und systematisch die ihnen zur Verfügung stehenden Informationen benutzen und auswerten wie das Modell nahelegt (s. zusammenfassend Alloy & Tabachnik, 1984). Auch sind zahlreiche Arbeiten publiziert worden, die die Bedingungen spezifizieren, wann Individuen Informationen verzerren, nicht wahrnehmen, ignorieren oder aufgrund motivationaler Voreingenommenheiten nicht zur Kenntnis nehmen. Diese Literatur aufzuarbeiten würde den Rahmen des vorliegenden Buches sprengen. Wichtig für die folgenden Überlegungen ist es allerdings festzuhalten, daß empirische Untersuchungen bestätigt haben, daß Individuen, die vollständig über Konsensus, Distinktheit und Konsistenz informiert sind (s. z. B. Tabelle 3 - 1), durchaus zu den von Kelley vorhergesagten Attributionen gelangen (McArthur, 1972; Orvis, Cunningham & Kelley, 1975).

Verschiedene attributionstheoretische Konzeptionen haben unterschiedliche Klassifikationsgesichtspunkte für Ursachenzuschreibungen eingeführt. Es ist in Kapitel 2 bereits gezeigt worden, daß beispielsweise Weiners internaler, stabiler Faktor "Fähigkeit" bei Kelley als "Personattribution" klassifiziert werden würde, wohingegen der internale, variable Faktor "Anstrengung" bei Kelley eine "Umständeattribution" darstellen würde. Kammer (1984) macht darauf aufmerksam, daß die von Abramson et al. (1978; s. Kap. 2 und Kap. 5) vorgenommene Unterteilung in spezifische und globale Ursachen bei Kelley nicht zu finden ist. Die Autorin zeigt jedoch in einer Fragebogenstudie, daß die Dimension der Generalität eng an die von Kelley (1967) herausgearbeitete vorauslaufende Bedingung der Distinktheit geknüpft ist. Erlebt man Mißerfolg bei vielen unterschiedlichen Aufgaben (niedrige Distinktheit von Mißerfolg), wird man globale Faktoren für den Mißerfolg verantwortlich machen (etwa mangelnde Intelligenz). Kann man dagegen nur eine einzelne Aufgabe nicht lösen und ist in vielen anderen Gebieten erfolgreich (hohe Dinstinktheit), wird man geneigt sein, spezifische Attributionen für das isolierte negative Handlungsergebnis heranzuziehen (z. B. mangelnde Spezialfähigkeiten).

3.3 Indirekte Mitteilungen attributionsrelevanter Information

Häufig stehen Informationen über Distinktheit, Konsistenz und Konsensus nicht zur Verfügung und es ist nicht möglich, durch "rationales" Auswerten der Kovariationsinformationen zu Ursachenzuschreibungen zu gelangen. In solchen Situationen ist es einmal - wie bereits in Kapitel 2 erwähnt - möglich, Attributionen aufgrund generalisierter kausaler Schemata vorzunehmen. Z. B. folgert eine Person, die sich bei einer bestimmten Aufgabe sehr anstrengen muß, um sie erfolgreich zu lösen, daß diese Aufgabe schwer ist (obwohl sie keine Information darüber hat, welche Leistungen andere bei der Tätigkeit erbringen).

In den letzten Jahren haben Meyer und Mitarbeiter (s. zusammenfassend Meyer, 1982; 1984) darauf hingewiesen, daß attributionsrelevante Information in sozialen Kontexten häufig auf indirekte Weise vermittelt werden kann. Wenn Kovariationsinformation nicht vorhanden ist, übernimmt man möglicherweise die Ursachenzuschreibungen, die andere Personen über unser eigenes Verhalten vornehmen; dies sollte insbesondere dann der Fall sein, wenn man dem anderen bezüglich des in Frage stehenden Verhaltens eine große Erfahrung und/oder hohe Kompetenz einräumt und man selbst wenig Erfahrungen in dem entprechenden Bereich gesammelt hat.

In einer Serie von Experimenten haben Meyer und Mitarbeiter nachgewiesen, daß bestimmte interpersonale Verhaltensweisen, die auf den ersten Blick erwünscht und positiv erscheinen, bei genauerer Betrachtung für denjenigen, auf den das Verhalten gerichtet ist, negative attributionsrelevante Implikationen haben können (s. zusammenfassend Meyer, 1982; 1984). Untersucht wurden Sanktionsverhalten (Lob bzw. Tadel), interpersonelle Emotionen (z. B. Ärger, Mitleid), Hilfeverhalten und Aufgabenzuweisungen. Da diese Verhaltensweisen auch für therapeutische Situationen große Bedeutung einnehmen (s. Kap. 9), wollen wir im folgendem etwas ausführlicher auf diese Studien eingehen.

Ausgangspunkt dieser Untersuchungen waren Forschungsergebnisse über die Auswirkungen von Ursachenerklärungen für Erfolg und Mißerfolg. Diese Arbeiten ergaben, daß sowohl handelnde Personen als auch Individuen, die den Handelnden beobachten, unterschiedlich auf Erfolge und Mißerfolge (des Handelnden) reagieren, wenn verschiedene Ursachenzuschreibungen für das Handlungsergebnis verantwortlich gemacht werden. So haben etwa Weiner & Kukla (1970) nachgewiesen, daß man (von Beobachtern) insbesondere dann für Erfolg gelobt und für Mißerfolg getadelt wird, wenn das Handlungsergebnis auf Anstrengung zurückgeführt wird. Erlebt man jedoch Erfolg aufgrund von hoher und Mißerfolg aufgrund niedriger Fähigkeit, sind die Reaktionen von beurteilenden Personen nicht bewertend. Darüber hinaus konnten Ickes & Kidd (1976) und Weiner (1980b; c) zeigen (s. Kap. 6), daß man insbesondere dann geneigt ist, einem anderen in einer Notlage zu helfen, wenn dessen Hilfebedürftigkeit auf von ihm nicht kontrollierbare Ursachen zurückgeführt wird (z. B. jemand stürzt aufgrund einer körperlichen Behinderung). Hilfeleistungen erfolgen jedoch mit einer geringeren Wahrscheinlichkeit, wenn kontrollierbare Faktoren als Ursache für die mißliche Lage angesehen werden (z. B. jemand stürzt, weil er zuviel Alkohol getrunken hat). Schließlich hat attributionale Forschung gezeigt, daß man in Abhängigkeit von den Ursachenerklärungen für Erfolg und Mißerfolg anderer Individuen unterschiedliche Affekte gegenüber der handelnden Person erlebt bzw. zeigt. Erklärt man etwa den Mißerfolg eines Handelnden mit seiner mangelnden Begabung, ist man geneigt, Mitleid mit ihm zu empfinden; ist jedoch "mangelnde Anstrengung" die Erklärung für den Mißerfolg des anderen, erlebt man möglicherweise Ärger (s. Kap. 4 und 6).

Die theoretischen Überlegungen und empirischen Arbeiten von Meyer und Mitarbeitern sind von der Annahme geleitet, daß eine Person, auf die eine attributionsrelevante Reaktion gerichtet ist, aufgrund der engen Verknüpfungen von Attributionen mit unterschiedlichen sozialen Reaktionen, Schlußfolgerungen darüber ableiten kann, wie die bewertende Person ihr Verhalten interpretiert (s. Abb. 3 – 4). Die Abbildung stellt schematisch dar, daß eine handelnde Person aus dem von einer beobachtenden Person gegenüber ihr gezeigten Verhalten Informationen darüber ableiten kann, wie der Beobachter ihr Verhalten erklärt.

Unter bestimmten Bedingungen kann der Handelnde die Attributionen des Beobachters für sein eigenes Verhalten übernehmen; diese übernommenen Erklärungen können dann das zukünftige Handeln, Denken und Fühlen der Person leiten.

Im folgendem werden wir die informativen Aspekte insbesondere von Verhaltensweisen, "die wir in der Regel als positiv oder sozial wünschenswert ansehen" (Meyer, 1984, S. 162), etwas genauer erörtern:

3.3.1 Lob und Tadel

Wie bereits erwähnt, lobt oder tadelt man einen Handelnden insbesondere dann, wenn man dessen Erfolg oder Mißerfolg mit hoher oder niedriger Anstrengung in Zusammenhang bringt. Man lobt, wenn man Erfolg auf hohe Anstrengung und man tadelt, wenn man Mißerfolg auf niedrige Anstrengung zurückführt.

Aus diesem Prinzip kann abgeleitet werden, daß Lob nach Erfolg einer handelnden Person (indirekt) mitteilt, daß die ihn lobende Person ihren Erfolg auf hohe Anstrengung zurückführt. In gleicher Weise sollte Tadel die Information vermitteln, daß die bewertende Person unseren Mißerfolg durch mangelnde Anstrengung erklärt. Demgegenüber sollten neutrale Reaktionen (weder Lob noch Tadel) die Überzeugung kommunizieren, daß man weder Erfolg noch Mißerfolg auf den Anstrengungsfaktor zurückführt.

Einschätzung der Fähigkeiten eines Handelnden durch einen anderen	→	Verhalten des anderen gegenüber dem Handelnden	→	Schlußfolgerungen des Handelnden darüber, wie der andere seine Fähigkeit einschätzt	→	Selbstwahrnehmung der Fähigkeit beim Handelnden	→	Erwartungen, Affekte, Verhalten

Abb. 3 - 4. Indirekte Kommunikation von Fähigkeitseinschätzungen und der dadurch in Gang gesetzten Schlußfolgerungsprozesse. (Nach Meyer, 1984, S. 164.)

Nun beinhaltet etwa die (indirekte) Mitteilung einer beurteilenden Person, daß sie Erfolge des Handelnden auf hohe Anstrengung (Lob) bzw. Mißerfolge nicht durch Anstrengungsmangel (neutrale Reaktion) erklärt, noch weitere attributionsrelevante Information für denjenigen, auf den das Verhalten gerichtet ist: Kelley (1972; s. Kap. 2) hat darauf hingewiesen, daß "Anstrengung" und "Fähigkeit" in einem kompensatorischen Verhältnis zueinander stehen (s. auch Kun & Weiner, 1973). Insbesondere bei leichten und mittelschweren Aufgaben betrachtet man in der Regel das Vorliegen einer dieser beiden Faktoren als hinreichende Erklärung für Erfolg bzw. das Fehlen einer dieser beiden Ursachen als hinreichende Erklärung für Mißerfolg. Wenn ein Handelnder von einem Beobachter (durch Lob) die Mitteilung erhält, daß er seinen Erfolg durch hohe Anstrengung erklärt, mag der Handelnde daraus folgern, daß ihn der Beobachter als gering begabt wahrnimmt. Denn wäre er begabt, hätte er die Aufgabe auch ohne Anstrengung lösen können und es gäbe somit keinen Grund, ihn zu loben. Desweiteren kann aus diesen Überlegungen auch abgeleitet werden, daß "Tadel nach Mißerfolg" dem Handelnden möglicherweise signalisiert, daß der Beobachter ihn für hinreichend begabt hält, die Aufgabe zu lösen, da er ja durch den Tadel ausdrückt, daß er den Mißerfolg durch mangelnde Anstrengung und nicht etwa durch mangelnde Begabung erklärt. Neutrale Reaktionen nach Mißerfolg mögen allerdings dem Handelnden mitteilen, daß der Beobachter mangelnde Fähigkeiten und nicht mangelnde Anstrengung zur Erklärung der Erfolglosigkeit heranzieht.

Aus den eben berichteten Überlegungen folgt also, daß als wünschenswert bezeichnete soziale Verhaltensweisen (jemanden nach Erfolg zu loben und nach Mißerfolg nicht zu tadeln) für den Betreffenden negative Mitteilungen darüber beinhalten können, wie seine Fähigkeit wahrgenommen wird. Dagegen signalisieren weniger "freundliche" Reaktionen (neutrale Reaktionen nach Erfolg und Tadel nach Mißerfolg) eine hohe Einschätzung der Begabung der bewerteten Person.

3.3.2 Emotionen

Überlegungen, die denen über die indirekten Auswirkungen von Lob und Tadel sehr ähnlich sind, wurden auch bezüglich interpersoneller Emotionen, die in engem Zusammenhang mit Attributionen stehen, vorgenommen (s. Graham, 1984; Weiner, Graham, Stern & Lawson, 1982; Weiner, Graham, Taylor & Meyer, 1983; Rustemeyer, 1984). Diese Autoren nehmen an, daß interpersonelle Emotionen wie Ärger, Mitleid oder Überraschung eines Individuums, die mit bestimmten Ursachenerklärungen von Erfolg oder Mißerfolg einer anderen Person einhergehen, diesem Individuum auch indirekt mitteilen, wie sein Handlungsergebnis interpretiert wird. So sollte eine beobachtende Person, die über einen Mißerfolgs einer handelnden Person Ärger erlebt, dem Handelnden durch diese Emotion mitteilen, daß sie seinen Mißerfolg auf mangelnde Anstrengung zurückführt; aufgrund des zuvor erörterten kompensatorischen Verhältnisses zwischen Fähigkeit und Anstrengung sollte diese "unfreundliche" Reaktion (Ärger) dem Individuum nahelegen, daß man es für hinreichend begabt hält, Erfolg zu haben, wenn es sich nur anstrengt. Dagegen sollte "Mitleid" nach einem Mißerfolg (eine "freundliche" Reaktion) dem Individuum signalisieren, daß man seine Fähigkeiten für vergleichsweise gering hält.

3.3.3 Hilfeverhalten

Ähnlich wie die Emotionen "Ärger" und "Mitleid" beinhalten möglicherweise auch die häufig mit diesen Emotionen einhergehenden Verhaltensweisen, nämlich einem Individuum in einer Notlage zu helfen ("erwünschte" Reaktion) bzw. das Verweigern von Hilfe ("unerwünschte" Reaktion), nicht beabsichtigte indirekte Fähigkeitsmitteilungen. Meyer und Mitarbeiter (s. zusammenfassend Meyer, 1982; 1984) demonstrieren, daß Personen, die beim Versuch, eine Aufgabe zu lösen, unerbetene Hilfe erhalten, sich von dem Helfer als weniger begabt wahrgenommen fühlen als Individuen, die in der gleichen Situation keine Hilfe erhalten.

3.3.4 Aufgabenzuweisung

Ein weiteres soziales Verhalten, das in der attributionstheoretischen Forschung bisher noch nicht eingehend untersucht wurde – nämlich das Zuweisen leichter und schwerer Aufgaben – analysieren Meyer und Mitarbeiter hinsichtlich indirekter fähigkeitsrelevanter Informationen (Krüger, Möller & Meyer, 1983). Die entsprechenden Arbeiten basieren auf der Hypothese, daß eine Person (Handelnder), die von einem anderen Individuum eine leichte Aufgabe zugewiesen bekommt, sich als weniger begabt wahrgenommen betrachtet als ein Individuum, das eine schwere Aufgabe zur Bearbeitung erhält.

3.3.5 Empirische Überprüfungen

Sämtliche Arbeiten zur Überprüfung der Annahmen bezüglich indirekter Mitteilungen attributions-(fähigkeits-) relevanter Information basieren auf einem von Meyer (1978) erstmals vorgestellten Versuchsplan. In den zunächst als Simulationsstudien durchgeführten Untersuchungen wurden zwei Personen (etwa Schüler) beschrieben, die an einer identischen Aufgabe arbeiteten und von einer bewertenden Person (z. B. einem Lehrer) für ein übereinstimmendes Ergebnis unterschiedliche Reaktionen erfuhren. So wurde in den Szenarios etwa der Schüler A nach Erfolg gelobt und Schüler B neutral behandelt, gegenüber Schüler A wurde Mitleid nach Mißerfolg gezeigt, gegenüber Schüler B zeigte die bewertende Person Ärger; Schüler A erhielt während der Aufgabenbearbeitung unerbetene Hilfe, Schüler B erhielt diese Hilfe nicht. Später wurde dieser Versuchsaufbau in Laborstudien realisiert. In diesen Studien arbeiten typischerweise die Versuchsperson und ein Konföderierter in einem Raum an einer Aufgabe. Der Versuchsleiter reagierte nach der Aufgabenbearbeitung gegenüber der Versuchsperson und dem Konföderierten in vorbestimmter Weise (lobt bzw. reagiert neutral, hilft, verweigert Hilfe, tadelt, zeigt Mitleid oder Ärger, weist der Versuchsperson leichte und dem Konföderierten schwierige Aufgaben zu etc.). Nach diesen experimentellen Manipulationen der unabhängigen Variablen (Art der indirekten Mitteilung) wurden verschiedene begabungs- und attributionsrelevante abhängige Variablen erhoben. Etwa für wie begabt sich die Versuchsperson von der bewertenden Person wahrgenommen fühlt oder wie gut sie meinte, bei einer folgenden Testphase abzuschneiden.

All diese Studien liefern eine sehr eindeutige Befundlage im Sinne der aufgestellten Hypothesen: Indirekte soziale Mitteilungen von Fähigkeitseinschätzungen beeinflussen die eigene Fähigkeitseinschätzung sowie Gedanken (Attributionen und Erwartungen) und Affekte. Lob nach Erfolg, unerbetene Hilfe, Mitleid nach Mißerfolg und das Zuweisen leichter Aufgaben übermitteln dem Handelnden, daß er als relativ unbegabt wahrgenommen wird. Dagegen signalisieren Tadel und Ärger nach Mißerfolg, das Zuweisen von schwierigen Aufgaben und das Unterlassen unerbetener Hilfe hohe Einschätzungen der Fähigkeiten der handelnden Person.

TEIL 2

KONSEQUENZEN VON ATTRIBUTIONEN

4. LEISTUNGSMOTIVATION UND ATTRIBUTIONSTHEORIE

Weiners attributionstheoretische Analyse leistungsbezogenen Handelns stellt die umfassendste Konzeption über die Wirkungen von Ursachenzuschreibungen auf Verhalten und Erleben dar (Weiner, 1979; Weiner, 1982a; im Druck; Weiner, Frieze, Kukla, Reed, Rest & Rosenbaum, 1971). Dieser Ansatz regte nicht nur Studien im Bereich der Leistungsmotivation an, sondern war auch Modell für die kognitive (attributionstheoretische) Analyse anderer Motivations- und Emotions-Phänomene. In neueren Arbeiten betont Weiner (z. B. 1980b; c; 1982a), daß die ursprünglich für den Leistungskontext formulierten Modellvorstellungen nun die Grundpfeiler einer allgemeinen Motivations- und (Emotions-)Theorie darstellen. In der Tat hat Weiners Theorie attributionale Analysen von Hilfeverhalten (Ickes & Kidd, 1976; Weiner, 1980b; c), Einsamkeit (Peplau, Russell & Heim, 1979), Kommunikation in engen interpersonellen Beziehungen (Folkes, 1978), Depression (Abramson, Seligman & Teasdale, 1978; Weiner & Litman-Adizes, 1980) (s. Kap. 5 und 6) angeregt und mitunter auch deren experimentelle Vorgehensweise geleitet. Da Weiners Modell auch für die Analyse vieler klinisch relevanter Phänomene herangezogen wurde, soll es hier ausführlich dargestellt werden.

Der Beitrag von Weiner besteht in der systematischen Anwendung der von Heider und Kelley formulierten attributionstheoretischen Prinzipien auf Fragestellungen der Leistungsmotivations-Forschung der 50er und 60er Jahre. Wie im folgendem noch näher dargestellt wird, ist der Leitgedanke dieser theoretischen Konzeptionen, daß Leistungshandeln weitgehend durch die psychologischen Variablen der Erwartung (subjektive Erfolgswahrscheinlichkeit), des Anreizes von Erfolg (Valenz, Nutzen, Wert) und dem Motiv, Erfolg aufzusuchen bzw. Mißerfolg zu vermeiden, erklärt werden kann (s. Atkinson, 1957; 1964; Heckhausen, 1980; Weiner, 1980a).

Die im Rahmen von Erwartungs-mal-Wert-Ansätzen aufgestellten theoretischen Positionen und die angesammelten Forschungsergebnisse wurden von Weiner und Mitarbeitern in den siebziger Jahren attributionstheoretisch reinterpretiert.

4.1 Grundkonzepte des Modells

Die attributionstheoretische Analyse leistungsthematischen Verhaltens geht davon aus, daß die Wahrnehmungen und kognitiven Verarbeitungen eigener und fremder Verhaltensresultate den gleichen Gesetzmäßigkeiten folgen. Somit konnten die Überlegungen von Heider und Kelley bezüglich sozialer Wahrnehmungen auf die Selbstwahrnehmung und motivationspsychologische Fragestellungen übertragen werden.

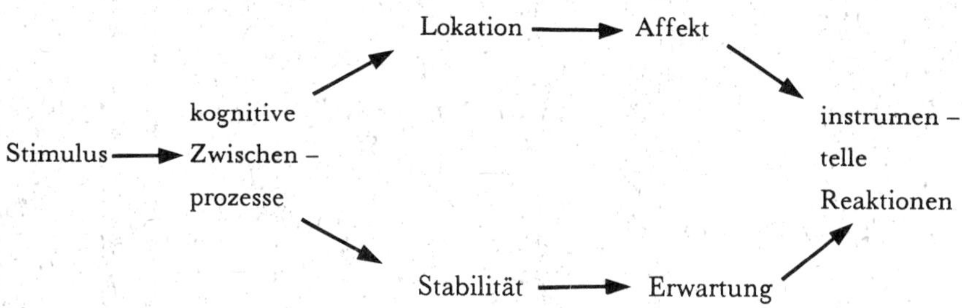

Abb. 4 - 1. Das kognitive Modell leistungsmotivierten Verhaltens. (Nach Weiner et al. 1971.)

Weiner und Mitarbeiter nehmen an, daß nach Erfolg oder Mißerfolg gefragt wird, <u>warum</u> das Handlungsergebnis eingetreten ist. Die "Antwort" auf diese "Warum-Frage" (die Attribution) soll dann bedeutende Aspekte des Leistungshandelns bestimmen (s. Abb. 4 - 1).

Wie bereits dargestellt wurde (Kap. 2), ordnet Weiner die Ursachenfaktoren für Erfolg und Mißerfolg hinsichtlich ihrer dimensionalen Eigenschaften: auf der Lokationsdimension werden internale (z. B. Anstrengung) und externale (z. B. Zufall) Ursachenfaktoren unterschieden und auf der Stabilitätsdimension differenziert man zwischen zeitlich stabilen Ursachen (z. B. Fähigkeit) und variablen (z. B. Anstrengung). Nachfolgend wird gezeigt, wie Weiner und Mitarbeiter mit diesen Grundannahmen zentrale Ergebnisse und Variablen der Erwartungs-mal-Nutzen-Modelle reinterpretieren bzw. analysieren.

4.1.1 Erwartungen und Ursachenzuschreibungen

Sicherlich bestimmen vergangene Erfolge und Mißerfolge die Erwartungen über den Ausgang künftiger Handlungen: Erfolg steigert und Mißerfolg mindert die Wahrscheinlichkeit, in der Zukunft erfolgreich zu sein. Allerdings sind Erwartungen keine unmittelbaren Widerspiegelungen vergangener Leistungsresultate, sondern werden durch die Ursachenzuschreibung, warum man in der Vergangenheit Erfolg oder Mißerfolg hatte, moderiert.

Weiner betrachtet die Stabilitätsdimension als entscheidend für Erwartungsveränderungen nach Erfolg und Mißerfolg. Aus attributionstheoretischer Sicht sollte Erfolg, den man auf stabile Faktoren zurückführt, die Erwartung, bei einer folgenden Aufgabe ebenfalls erfolgreich zu sein, stärker erhöhen als Erfolg, den man durch variable Ursachen erklärt. Ebenso postuliert Weiner, daß stabile Attributionen für Mißerfolge die Erwartungen zukünftiger Erfolge stärker reduzieren als variable Zuschreibungen. Dabei ist es unwichtig, ob es sich um externale (z. B. Aufgabenschwierigkeit) oder internale (Fähigkeit) stabile Faktoren handelt.

In der ersten Untersuchung, die dem Zusammenhang von Erwartungsveränderungen und den Attributions-Dimensionen des Weiner-Modells (stabil-variabel) nachgeht (Meyer, 1973), wurden Schülern, die an Zahlensymbol-Aufgaben arbeiteten, fünf aufeinanderfolgende Mißerfolge induziert. Nach jedem Mißerfolg gaben die Schüler ihre Erwartung an, die folgende Aufgabe in der vorgegebenen Zeit zu schaffen. Sie wurden dann gefragt, inwieweit sie die

Faktoren Begabung, Zufall, Anstrengung und Aufgabencharakteristika für ihr jeweiliges Ergebnis verantwortlich machten.

Konsistent mit den aus dem Weiner - Modell abgeleiteten Hypothesen konnte Meyer zeigen, daß eine Tendenz, Mißerfolge durch stabile Faktoren zu erklären (Fähigkeit und Aufgabenschwierigkeit), mit einer stärkeren Abnahme der Erfolgswahrscheinlichkeiten einherging als Attributionen von Mißerfolg auf die variablen Ursachen (Zufall und Anstrengung).

Spätere Untersuchungen, die sich mit dem Zusammenhang von Erwartungen und Attributionen befassen, werden von Weiner, Nierenberg & Goldstein (1976) analysiert und zusammengefaßt (Fontaine, 1974; McMahan, 1973; Rosenbaum, 1972; Valle, 1974; Weiner et al, 1976). Die Autoren berichten, daß anhand verschiedener experimenteller Anordnungen gezeigt werden konnte, daß die Stabilitätsdimension Erwartungsveränderungen nach Erfolg und Mißerfolg bestimmt. In der Literatur finden sich jedoch auch abweichende Interpretationen dieser Befundlage, die hier nicht berichtet werden können, da sonst der Rahmen des vorliegenden Kapitels gesprengt werden würde (s. Rotter, 1982; Heckhausen, 1980).

4.1.2 Emotionen (Anreiz) und Ursachenzuschreibungen

Wie zuvor erwähnt, stellt die Anreizvariable das zweite zentrale Konzept der Leistungsmotivationsforschung der 50ger Jahre dar. Dabei hat Atkinson (1957) unter Anreiz die Antizipation positiver bzw. negativer emotionaler Reaktionen (Stolz oder Scham) nach Erfolg und Mißerfolg verstanden. Aufgrund der zentralen Bedeutung von leistungsbezogenen Emotionen in diesen Motivationsmodellen, hat sich auch die attributionstheoretische Analyse des Leistungsverhaltens mit den affektiven Reaktionen auf Erfolg und Mißerfolg beschäftigt. Wie nachfolgend gezeigt wird, hat sich aus der attributionstheoretischen Analyse der Anreizvariablen der Erwartungs - mal - Nutzen - Theorien (Stolz und Scham) eine eigene attributionale Emotionstheorie entwickelt.

In der ursprünglichen Formulierung der attributionalen Analyse der Leistungsmotivation (Weiner et al., 1971) wird angenommen, daß emotionale Reaktionen

(Anreize) von der Lokations- und Erwartungen von der Stabilitätsdimension bestimmt werden (s. Abb. 4 - 1). Es wird postuliert, daß bei internalen Attributionen von Erfolg oder Mißerfolg die emotionalen Reaktionen (Stolz bzw. Scham) stark und bei externalen Zuschreibungen schwach sind. Führt man Erfolg etwa auf die Leichtigkeit der Aufgabe oder Mißerfolg auf den Zufall zurück, bestünde kein Anlaß, Stolz oder Beschämung über die eigene Leistung zu empfinden. Attributionen auf Fähigkeit oder Anstrengung sollten allerdings zu diesen Emotionen führen. Meyer (1973, S. 150ff.) macht darauf aufmerksam, daß - im Gegensatz zu Atkinsons Erwartungs-mal-Nutzen-Modell, welches Emotionen eine motivierende Funktion zuspricht - Individuen im Weiner-Modell nicht handeln, um bestimmte Affekte zu erleben. Emotionen stellen bei Weiner et al. Reaktionen auf Erfolg und Mißerfolg dar, die durch die Attribution bestimmt werden, jedoch von dem Individuum vor der Handlung nicht antizipiert werden und durch diese Antizipation Handlungen steuern.

Weiner, Russell & Lerman (1978) argumentieren, daß man neben den bisher in der Leistungsmotivationsforschung untersuchten Emotionen "Stolz" und "Scham" viele weitere Gefühlsäußerungen im Leistungskontext beobachten kann. Individuen zeigen nach Mißerfolg Resignation, Ärger, depressive Stimmungen und Wut. Nach Erfolgen sind neben "Stolz" auch Affekte wie Freude, Zuversicht, Dankbarkeit oder Erleichterung zu registrieren. Offensichtlich ist, daß bestimmte Emotionen im Leistungskontext besonders stark sind, wenn Handlungsergebnisse als external (und nicht als internal) verursacht angenommen werden. Z. B. kann Ärger auftreten, wenn man durch einen anderen daran gehindert wird, eine Aufgabe zu lösen und Dankbarkeit, wenn ein Ziel aufgrund der Hilfe eines anderen Individuums erreicht wird. In beiden Fällen (Ärger und Dankbarkeit) sind externale Ursachenfaktoren gegeben. Auf diesen Überlegungen basierend führten Weiner und Mitarbeiter (Weiner, Russell und Lerman, 1978; 1979; Weiner, Graham, Lawson & Stern, 1982; s. zusammenfassend Weiner, 1982b) eine Serie von Untersuchungen zur Beziehung zwischen Attributionen und Emotionen durch. Da das Vorgehen all dieser Untersuchungen durch die Studie von Weiner et al. (1978) geleitet wurde, stellen wir diese etwas ausführlicher dar.

Anhand von Wörterbüchern stellten die Autoren zunächst eine Liste von ungefähr 90 Bezeichnungen negativer Affekte zusammen (z. B. traurig, besorgt, depressiv). In der eigentlichen Untersuchung erhielten die Versuchspersonen dann kleine Szenarios, in denen eine hypothetische Person beschrieben wurde, die bei einer wichtigen Prüfung Erfolg bzw. Mißerfolg erlebt hatte. In den hypothetischen Situationen wurde weiterhin die Ursache für das Handlungsergebnis variiert (z. B. Begabung, Glück, Pech, Anstrengung, Aufgabencharakteristika und die Persönlichkeit oder Anstrengung anderer Personen).

Tabelle 4 – 1. Attributionen und ihre typischen trennscharfen Affekte. (Nach Weiner, Russell & Lerman, 1978; deutsch, 1980.)

Attribuierung	Affekt
Anstrengung als variabler Faktor	Aktivierung, Erregungszunahme
Anstrengung als stabiler Faktor	Entspannung
Eigene Persönlichkeit	Selbstaufwertung
Anstrengung und Persönlichkeit anderer Personen	Dankbarkeit
Glück	Überraschung
Begabung versus Aufgaben – schwierigkeit	Kompetenz versus Sicherheit

Zur Erfassung der abhängigen Variablen (emotionale Reaktionen) wurden die Versuchspersonen gebeten, für jeden der (ca. 90 positiven bzw. 150 negativen) Emotions-Begriffe auf einer Skala anzugeben, wie stark die Stimulusperson die jeweilige Emotion ihrer Meinung nach in Verbindung mit dem thematisierten Erfolg oder Mißerfolg erleben würde. Einige Affekte wurden von den Versuchspersonen – unabhängig von den spezifischen Attributionen – stets stark gewichtet. Bei Erfolg fanden sich z. B. Emotionen wie Zufriedenheit, Glück, Stolz und für Mißerfolg z. B. unzufrieden, aufgebracht (displeasure, upset) und betrübt (uncheerful) in allen attributionalen Bedingungen mit hohen Werten. Weiner et al. (1978) folgern daraus, daß es sich bei diesen Zuständen um attributionsunabhängige ergebnisbezogene Emotionen handelt, die unmittelbar nach Erfolg oder Mißerfolg erlebt werden.

Zudem ermittelten die Autoren auch Affekte, die "typisch" (trennscharf) mit den einzelnen Attributionen verbunden waren (Emotionen, die für eine Attribution signifikant stärker gewichtet wurden als für die verbleibenden). Tabelle 4 – 1 enthält die Attributions – Emotions – Verbindungen für Erfolge und Tabelle 4 – 2 gibt die typischen Affekte für die einzelnen Attributionen in der Mißerfolgsbedingung wieder. Die Autoren folgern aus diesen Ergebnissen, daß gewisse Emotionen nicht direkt durch die Ereignisse, sondern durch die intervenierenden Attributionen hervorgerufen werden.

Tabelle 4 – 2. Attributionen und ihre typischen trennscharfen Affekte bei Mißerfolg. (Nach Weiner et al. 1978; deutsch, 1980.)

Attribution	Affekt
Begabung	Inkompetenz
Anstrengung als stabiler Faktor Anstrengung als variabler Faktor	Schuldgefühle
Persönlichkeit intrinsische Motivation	Resignation
Anstrengung anderer Personen Motivation und Persönlichkeit anderer Personen	Aggression
Pech	Überraschung

Es ist offensichtlich, daß die eben geschilderte Studie Schwächen aufweist: es wurden nicht "tatsächliche" Emotionen, sondern Kognitionen über Affekte erfaßt. Die respondente Vorgehensweise kann den Versuchspersonen nahegelegt haben, emotionale Zustände zu berichten, die sie nicht erlebt haben, und man hat vorausgesetzt, daß die Meinungen über das emotionale Erleben anderer ein valides Maß für eigene emotionale Reaktionen ist.

Nachfolgende Studien von Weiner und seinen Mitarbeitern (s. zusammenfassend Weiner, 1982b) haben versucht, einige dieser Schwächen auszugleichen (z. B. Weiner, Russell & Lerman, 1979). Versuchspersonen wurden gebeten, ein Leistungsergebnis zu erinnern, das aufgrund einer vorgegebenen Ursachen zustande gekommen war (z. B. Erfolg aufgrund hoher Anstrengung). Danach mußten sie die Gefühle, die sie in dieser Situation erlebt hatten, mitteilen. Die Autoren konnten mit dieser ("critical incidence") Methode die Ergebnisse der Studie von Weiner et al. (1978) replizieren.

Aus der ursprünglichen Analyse von Emotionen im Leistungskontext hat sich mittlerweile ein generelles attributionstheoretisches Emotions - Modell entwickelt. Über die affektiven Reaktionen auf Erfolg und Mißerfolg hinausgehend haben sich Weiner und Mitarbeiter mit interpersonellen Emotionen, z. B. im hilfethematischen Bereich (Weiner, 1980b; c) oder in moralischen Situationen befaßt (Weiner, Amirkhan, Folkes & Wachtel; im Druck). Kernstück dieses kognitiven Emotions - Modells bildet, ähnlich wie bei Lazarus (1966; 1984), Beck (1976) und Ellis (1962; 1984), die Annahme, daß (Kausal -) Kognitionen eine hinreichende Bedingung für das Auftreten affektiver Reaktionen darstellen. Im Gegensatz zu anderen kognitiven Emotions - Theorien verzichtet Weiner auf das Konzept der Erregung (z. B. Schachter & Singer, 1962).

Weiterhin geht er davon aus, daß einzelne kausale Dimensionen (Lokation, Stabilität und Kontrollierbarkeit) in einem systematischen Verhältnis zu bestimmten Emotionsklassen stehen. So sollen selbstbewertende Emotionen wie "Stolz" an die Lokationsdimension geknüpft sein: es konnte gezeigt werden, daß positive und negative selbstwertbezogene Affekte mit internalen Ursachenzuschreibungen von Erfolg bzw. Mißerfolg einhergehen (Weiner, 1982b).

Demgegenüber stehen die Emotionen "Ärger" und "Dankbarkeit" in Zusammenhang mit der Kontrollierbarkeits - Dimension: führt man ein eigenes negatives Ereignis auf Faktoren zurück, die von anderen kontrolliert werden können (jemand stört bei der Arbeit), erlebt man Ärger; ist das Ergebnis dagegen positiv (jemand hilft, eine Arbeit zu vollenden), erlebt man Dankbarkeit. Auch "Mitleid" und Schuldgefühle stehen im Zusammenhang mit der Kontrolldimension: erleidet ein anderer Mensch negative Ereignisse aufgrund von Faktoren, die nicht von ihm kontrolliert werden können (z. B. jemand ist verkrüppelt), erlebt man Mitleid. Schuldgefühle tauchen dagegen auf, wenn man für sich selbst oder andere nachteilige Konsequenzen bewirkt, obwohl dies hätte verhindert werden können.

Bezüglich der Stabilitätsdimension nimmt Weiner an, daß negative Ereignisse, die durch nichtveränderbare Ursachen eingetreten sind, zu den Affekten "Hoffnungslosigkeit" und "Resignation" führen. Zusätzlich sollen Ärger, Mitleid und Selbstwertgefühle in ihrer Intensität von der Stabilität der Ursachenzuschreibung bestimmt sein. So ist das gegenüber einer blinden Person (stabil) empfundene Mitleid größer als das Mitgefühl in Bezug auf eine Person mit vorübergehenden (variablen) Sehstörungen. Die empirischen Überprüfungen dieser Vermutungen sollen hier nicht näher beschrieben werden; der Leser sei auf Weiner (1982a; b) verwiesen.

4.1.3 Aufgabenwahl

Eine wichtige Frage im Rahmen der Leistungsmotivations - Forschung besteht darin, welche aus einer Reihe von Aufgaben, die sich lediglich hinsichtlich ihrer Schwierigkeit unterscheiden, zur Bearbeitung gewählt wird (Atkinson, 1957; 1964; Lewin, Dembo, Festinger & Sears, 1944).

Geleitet durch die attributionstheoretische Grundannahme, daß Individuen bestrebt sind, Informationen über die eigenen Fähigkeiten und die Eigenschaften der Umwelt zu sammeln, geht die attributionstheoretische Analyse des Leistungsverhaltens (Meyer, 1973; Meyer, Folkes & Weiner, 1976; Weiner et al., 1971) davon aus, daß eine generelle Präferenz für mittelschwere Aufgaben besteht, da bei diesen Aufgaben der Informationsgewinn über die eigene Tüchtigkeit am größten ist. Sowohl bei sehr leichten als auch bei sehr schwierigen Aufgaben wird das Resultat auf Aufgabencharakteristika und nicht auf Merkmale der eigenen Person zurückgeführt. Schließlich werden Zufalls - Attributionen zur Erklärung des Handlungsergebnisses herangezogen, wenn unwahrscheinliche Ergebnisse eintreten (Erfolg bei einer sehr schweren und Mißerfolg bei einer sehr leichten Aufgabe). Lediglich bei mittelschweren Aufgaben führt man Erfolg auf die eigene Fähigkeit und Anstrengung zurück.

Die empirischen Befunde zum Wahlverhalten zeigen, daß die Mehrheit aller Individuen Aufgaben mittlerer Schwierigkeitsgrade bevorzugt (s. Meyer, Folkes & Weiner, 1976), da diese einen hohen Informationswert über die eigene Fähigkeit besitzen (Buckert, Meyer & Schmalt, 1979; Trope, 1975, 1979; Försterling & Weiner, 1981). Diese Befunde stützen die attributionale Grundannahme, daß Leistungshandeln (Aufgabenwahl) durch das Bestreben, Informationen über die eigene Person zu erhalten, motiviert ist.

4.1.4 Ausdauer und Leistung

Verglichen mit der Vielzahl attributionstheoretischer Studien zu Emotionsphänomenen, "Erwartungen" und "Aufgabenwahl" gibt es nur wenige Arbeiten, die direkt untersucht haben, wie Attributionen Ausdauerverhalten und Leistungen beeinflussen. Die erste entsprechende Arbeit stammt von Meyer (1973): Die Lösungsgeschwindigkeit von Versuchspersonen, denen Mißerfolg beim Bearbeiten von Zahlensymbol-Aufgaben induziert wurde, diente hier als Leistungsmaß. Versuchspersonen, die den anfänglichen Mißerfolg auf die stabilen Faktoren Fähigkeit und Aufgabenschwierigkeit zurückführten, benötigten mehr Zeit zur Lösung einer zweiten Aufgabe als Versuchsteilnehmer, die diese Faktoren nur in geringem Maße für das erste Ergebnis verantwortlich gemacht hatten. Dementsprechend zeigte sich für Versuchspersonen mit einer Tendenz, die variablen Faktoren Zufall und mangelnde Anstrengung für das erste Ergebnis heranzuziehen, eine höhere Leistungsgeschwindigkeit als für diejenigen, die das erste Ergebnis nur in geringem Maße durch variable Attributionen erklären.

Eine weitere Serie von Untersuchungen, die sich mit der Beziehung von Attributionen zu Leistung und Ausdauer befaßt, sind "therapeutische" Veränderungsprogramme, die Leistungs- und Ausdauerdefizite durch Attributions-Trainings reduzieren wollen ("the studies best demonstrating the relation of causal attribution to the intensity and the persistence of behavior in achievement contexts"; Weiner, 1980a, S. 38). In diesen Studien konnte gezeigt werden, daß

Persistenz und Leistung positiv beeinflußt werden, wenn man den Trainingsteilnehmern nahelegt, Mißerfolge auf mangelnde Anstrengung (einen variablen Faktor) zu attribuieren (s. zusammenfassend Försterling, 1985a). Diese Programme werden im 7. Kapitel eingehend beschrieben und analysiert und deshalb an dieser Stelle nicht näher besprochen.

Aus den dargestellten Ergebnissen kann man folgern, daß Leistungsgüte – wahrscheinlich vermittelt durch Persistenz – durch die Stabilitätsdimension beeinflußt wird: führt man anfänglichen Mißerfolg auf veränderbare Faktoren zurück, kann man hohe Erfolgswahrscheinlichkeiten aufrechterhalten und strengt sich auch nach Mißerfolg weiterhin an, was wiederum zu guten Leistungen führt. Zieht man dagegen stabile Faktoren zur Erklärung von Mißerfolg heran, sinken die Erfolgswahrscheinlichkeiten und man strengt sich weniger an, da Erfolg aussichtslos erscheint.

4.1.5 Interindividuelle Unterschiede

Interindividuelle Unterschiede beim Leistungsverhalten nehmen eine zentrale Stellung in der Leistungsmotivations-Forschung ein. Die attributionstheoretische Analyse macht unterschiedliche kognitive Dispositionen für interindividuelle Verhaltensunterschiede im Leistungskontext verantwortlich, nämlich "Voreingenommenheiten" bei der Attribuierung (Attributionsstile). Weiner (1980a, S. 391ff.) faßt die wichtigsten Merkmale des Verhaltens hoch und niedrig leistungsmotivierter Individuen zusammen und nimmt eine attributionstheoretische Erklärung vor:

1. Hoch-Leistungsmotivierte suchen Leistungstätigkeiten auf, weil sie aufgrund ihrer Tendenz, Erfolge internal zu attribuieren (Fähigkeit, Anstrengung), im Zusammenhang mit Leistungstätigkeiten "belohnende" Affekte erleben. Niedrig-Leistungsmotivierte suchen solche Situationen nicht auf, da sie aufgrund ihrer Prädisposition, Erfolg external zu attribuieren, keine positiven, selbstwertbezogenen Affekte antizipieren.

2. Hohe Leistungsmotivation geht mit hoher Persistenz nach Mißerfolg einher, da diese Motivgruppe Mißerfolg variabel attribuiert. Niedrig-Leistungsmotivierte sind dazu geneigt, nach Mißerfolg bald aufzugeben, da sie für negative Handlungsergebnisse stabile Faktoren einführen.

3. Hohe Leistungsmotivation geht mit der Wahl mittelschwerer Aufgaben einher, niedrige Motivausprägungen mit der Wahl von einfachen oder schwierigen Aufgaben. Diese Wahlen spiegeln die unterschiedlichen Bedürfnisse wider, personrelevante Information (self-evalutative feedback) zu erhalten (interne Attribution der Ergebnisse der Arbeit an mittelschweren Aufgaben).

4. Die Überzeugung, daß Anstrengung ein wichtiger Faktor für das Handlungsergebnis darstellt, ist charakteristisch für Hoch-Motivierte und führt zu größerer Leistungsintensität. Niedrige Motivation geht demgegenüber mit der Überlegung einher, daß Handlungsausgänge unabhängig von Anstrengung sind. Dies führt zu vergleichsweise niedriger Leistungs-Intensität (übersetzt vom Verfasser).

Meyer (1973, S. 150ff.) macht darauf aufmerksam, daß einige der Erklärungsprinzipien des "kognitiven" Modells von Weiner auf "affektive" Mechanismen zurückgreifen. Z. B. wird die Tendenz der Hoch-Leistungsmotivierten, Leistungstätigkeiten aufzusuchen, durch ihre internen Attributionsgewohnheiten erklärt, die wiederum zu "belohnenden" Affekten führen sollen. Ebenso werden Emotionen motivierende Funktionen zugesprochen, wenn das Meiden mittelschwerer Aufgaben der mißerfolgsmotivierten Individuen auf deren Tendenz, negative Emotionen zu meiden, zurückgeführt wird.

5. GELERNTE HILFLOSIGKEIT, DEPRESSION UND ATTRIBUTIONSSTIL

5.1 Das ursprüngliche Modell gelernter Hilflosigkeit

nur 1 Dimension: {Kontrollierbarkeit}

Das Phänomen der gelernten Hilflosigkeit wurde ursprünglich im Rahmen von Laborexperimenten zum Vermeidungslernen entdeckt (s. Overmier & Seligman, 1967; Seligman & Maier, 1967): Hunde, die im Pavlovschen Geschirr eingespannt und dadurch jeglicher Fluchtmöglichkeiten beraubt waren, erhielten unausweichliche elektrische Schläge; keine Reaktion, die die Tiere zeigten, hatte Einfluß auf die Beendigung der negativen Reize.

In einer zweiten Phase des Versuchs befanden sich die Tiere in einem Käfig, in dem sie durch Überspringen einer Barriere den Schocks ausweichen konnten. Seligman und Mitarbeiter fanden, daß Versuchstiere, die zuvor im Pavlovschen Geschirr unvermeidbare Elektroschocks erhalten hatten, noch einige Zeit (24 Stunden) nach der Verabreichung der aversiven Reize auffällige Reaktionen (Defizite) in der zweiten Phase zeigten. Diese Defizite betrafen die Motivation, emotionale Reaktionen als auch das Lernen (Kognitionen) der Versuchstiere und wurden als charakteristisch für den Zustand der "gelernten Hilflosigkeit" bezeichnet.

1. Motivationale Defizite. Anstatt wie Versuchstiere, die nicht den unausweichlichen Reizen ausgesetzt waren, in der zweiten Versuchsphase über die Barriere zu springen, um dem (nun vermeidbaren) Elektroschock auszuweichen, blieben die geschockten Tiere passiv, winselten, zeigten unterwürfige Gesten und ließen die Schocks über sich ergehen. Sie unternahmen keinerlei Anstrengung, den aversiven Reizen zu entkommen. 2. Emotionale Defizite. Die Hunde, die unausweichliche elektrische Schläge erhalten hatten, reagierten auf nachfolgend vermeidbare elektrische Schläge unemotional, apathisch, resigniert und mit verringertem aggressiven Verhalten. 3. Kognitive (Lern-) Defizite. Versuchstiere,

die Unkontrollierbarkeit ausgesetzt waren, wiederholten im Vergleich zu den Tieren in der Kontrollgruppe nur selten eine zufällig gezeigte Fluchtreaktion, weil sie nicht "erkannten", daß sich die Bedingungen in der zweiten Versuchsphase geändert hatten.

Die Ergebnisse dieser Laborstudien wurden an verschiedenen Tierarten repliziert (s. zusammenfassend Seligman, 1975; deutsch, 1981). Auch im Humanbereich konnte das Phänomen der gelernten Hilflosigkeit nachgewiesen werden (s. zusammenfassend Wortmann & Brehm, 1975). In der ersten einschlägigen Studie (Hiroto, 1974) erfuhren Versuchspersonen Unkontrollierbarkeit, indem sie einem lauten Geräusch ausgesetzt wurden und keine Gelegenheit hatten, den lauten Ton auszuschalten. Eine Kontrollgruppe wurde ebenfalls den lauten Geräuschen ausgesetzt, konnte diese jedoch durch eine vorbestimmte Reaktion beenden. In einer zweiten Phase des Experimentes, in der die Versuchspersonen einem nun kontrollierbaren aversiven Reiz ausgesetzt waren, gelang es den Versuchspersonen, die zuvor Unkontrollierbarkeit ausgesetzt waren, seltener, die Reaktion zur Beendigung des aversiven Reizes zu zeigen, als "nicht hilflosen" Versuchspersonen, die vorausgehend keine Unkontrollierbarkeit erfahren hatten.

Information über Kontrollierbarkeit → Erwartung von Nicht-Kontrollierbarkeit → Gelernte Hilflosigkeit

Abb. 5 - 1. Schematische Darstellung der Komponenten der Theorie der gelernten Hilflosigkeit. (Nach Seligman, 1975; deutsch, 1981.)

Die Theorie der gelernten Hilflosigkeit erklärt die negativen Auswirkungen von Unkontrollierbarkeits-Erfahrungen mit Hilfe des Konzeptes der Unkontrollierbarkeits-Erwartung: Aus Abbildung 5 - 1 geht hervor, daß nach Seligman ein Organismus, der Nicht-Kontrollierbarkeit ausgesetzt ist, die Erwartung herausbilden kann, auch zukünftige Ereignisse nicht steuern zu können (Erwartung der

Nicht - Kontrollierbarkeit). Diese kognitive Antizipation soll dann zu den Hilflosigkeits - Defiziten führen. Offensichtlich handelt es sich bei der Theorie der gelernten Hilflosigkeit um eine kognitive Konzeption (s. Kap. 1), da nicht das eigentliche passive Erfahren der Nicht - Kontrollierbarkeit, sondern die Erwartung, auch zukünftige Ereignisse nicht kontrollieren zu können, zu den Defiziten führt. In Situationen, in denen Organismen objektiver Nicht - Kontrollierbarkeit ausgesetzt sind, aber keine Erwartung bilden, auch zukünftige Ereignisse nicht kontrollieren zu können, soll es nicht zu dem Zustand der Hilflosigkeit kommen.

5.1.1 Hilflosigkeit und Depression

Seligmans Theorie der gelernten Hilflosigkeit wurde auch zur Erklärung des Phänomens der reaktiven Depression herangezogen. Es ist nämlich auffällig, daß die motivationalen, kognitiven und emotionalen Defizite, die im Zusammenhang mit Hilflosigkeit auftreten, auch charakteristisch für reaktive Depression sind. Ähnlich wie bei hilflosen Organismen beobachtet man auch bei Depressiven motivationale Defizite, wie etwa Inaktivität und Verlangsamung motorischer Reaktionen. Ebenfalls sind bei Depressiven kognitive Defizite beim Lernen und Erinnern festzustellen, vor allem jedoch affektive Defizite, z. B. traurige und depressive Stimmungslagen, die mit Angst und Feindseligkeit einhergehen können (s. Beck, 1967; Seligman, 1975).

Wenn die Theorie von Seligman aufgrund der Gemeinsamkeiten von erlernter Hilflosigkeit und Depression auch als Erklärungsmodell reaktiver Depression Gültigkeit besitzt, sollten sich auch Depressive von Nicht - Depressiven bezüglich ihrer Erwartungen von Nicht - Kontrollierbarkeit unterscheiden. Im Einklang mit dieser Überlegung fanden Miller & Seligman (1974), daß Depressive ihre Erwartungen nach Erfolg bei einer Laboraufgabe weniger verändern als Nicht-Depressive: Nach erfolgreicher Bearbeitung einer geschicklichkeitsbedingten Aufgabe erhöhte sich bei den Depressiven die Erwartung zukünftiger Erfolge weniger als bei Nicht - Depressiven; sie reagierten auf den Erfolg, als ob er nur "zufällig" (unkontrollierbar) eingetreten wäre.

Im Zusammenhang mit den Versuchen, die Theorie der gelernten Hilflosigkeit auf Depressions - und Hilflosigkeitsphänomene beim Menschen zu beziehen, wurden einige Unzulänglichkeiten dieser Konzeption deutlich (s. Abramson, Seligman & Teasdale, 1978). Zunächst erlaubt das Modell keine Vorhersagen über die Bedingungen, unter denen Nicht-Kontrollierbarkeit zu lang andauernden und/oder weit generalisierten Hilflosigkeits-Symptomen führt und wann solche Erfahrungen schnell vorübergehende und/oder spezifische Hilflosigkeit, die sich nur auf wenige Handlungsbereiche bezieht, zur Folge haben.

Auch ergeben sich innerhalb des ursprünglichen Hilflosigkeits-Modells Schwierigkeiten, ein typisches Symptom der Depression zu erklären: Abramson & Sackheim (1977) machen darauf aufmerksam, daß es charakteristisch für Depressive sein soll, Schuldgefühle zu erleben und die Verantwortung für negative Ereignisse zu übernehmen (s. Beck, 1967). Die Tendenz, sich für negative Ereignisse verantwortlich zu fühlen und anzuklagen, impliziert jedoch – nach Abramson & Sackheim (1977) – die Annahme, daß man das negative Ereignis hätte verhindern, also kontrollieren können. Daher wäre es inkonsistent mit einem charakteristischen Aspekt der depressiven Symptomatik, wenn das Modell der gelernten Hilflosigkeit postuliert, daß sich Depressive durch die Auffassung auszeichnen, Ereignisse in ihrem Leben nicht kontrollieren zu können (s. Janoff-Bulman, 1979).

5.2 Die attributionstheoretische Reformulierung

Um die Schwächen des ursprünglichen Modells zu beheben, stellten Abramson et al. (1978) eine attributionstheoretische Reformulierung der Theorie der gelernten Hilflosigkeit vor. Etwa zur gleichen Zeit publizierten Miller & Norman (1979) und Weiner & Litman-Adizes (1980) unabhängig von Abramson et al. (1978) sehr ähnliche Überlegungen, die nachfolgend jedoch weniger Beachtung fanden. Die Grundannahme der von Abramson et al. (1978) vorgestellten Reformulierung besteht in Anlehnung an Heider (1958) und Weiner et al. (1971) darin, daß Individuen, die Nicht-Kontrollierbarkeit erfahren, fragen, warum sie ein bestimmtes Ereignis nicht haben steuern können. Die Antwort auf diese "Warum-Frage", die Ursachenzuschreibung, soll dann die nachfolgende Erwartung von Kontrollierbarkeit und damit wichtige Aspekte der Hilflosigkeit bzw. Depression beeinflussen (s. Abb. 5 – 2).

Objektive Nicht-Kontrollierbarkeit	→	Wahrnehmung gegenwärtiger und vergangener Nicht-Kontrollierbarkeit	→	Attribution für gegenwärtige oder vergangene Hilflosigkeit	→	Erwartung zukünftiger Nicht-Kontingenz	→	Hilflosigkeits-Symptome

Abb. 5 – 3. Schematische Darstellung der attributionstheoretischen Reformulierung des Modells der gelernten Hilflosigkeit. (Nach Abramson, Seligman & Teasdale, 1978.)

Wie bereits im zweiten Kapitel erwähnt, klassifizieren Abramson et al. (1978) Ursachenzuschreibungen anhand von drei Dimensionen: Lokation, Stabilität und Generalität. Jede der Dimensionen soll für verschiedene Aspekte der Erwartung zukünftiger Unkontrollierbarkeit verantwortlich sein und unterschiedliche Symptome der Hilflosigkeit bedingen. Die Dimension der Lokation bestimmt in dem reformulierten Modell, ob im Zusammenhang mit dem Erleben von Nicht-Kontingenz Selbstwertzweifel auftreten oder nicht. Abramson et al. (1978) führen hier als Beispiel eine Versuchsperson in einem psychologischen Experiment an, die das Auftreten eines aversiven Geräusches nicht kontrollieren konnte. Führt die Versuchsperson den Mißerfolg auf internale Faktoren zurück, z. B. auf ihre generelle Unfähigkeit, Aufgaben zu lösen, kann dies zu Selbstwertzweifeln führen, da die "persönliche generelle Unfähigkeit" ein interner Faktor ist. Gelangt sie dagegen zu der Überzeugung, daß es sich bei der experimentellen Tätigkeit um eine Aufgabe handelt, die niemand lösen konnte (eine externale Attribution), treten keine Selbstwertzweifel auf, da man sich nicht als weniger kompetent als andere wahrnimmt. Hilflosigkeitsdefizite, die entstehen, wenn Nichtkontingenz auf internale Faktoren zurückgeführt wird, bezeichnen Abramson et al. (1978) mit "persönliche Hilflosigkeit". Im Zusammenhang mit externalen Attributionen aversiver Ereignisse auftauchende Defizite werden dagegen mit "universeller Hilflosigkeit" bezeichnet.

Die Dimension "Stabilität über Zeit" bestimmt nach Abramson et al. (1978) das zeitliche Andauern von Hilflosigkeit. Führt man beispielsweise Nichtkontrollierbarkeit (etwa den Verlust seines Arbeitsplatzes) auf stabile Faktoren wie die eigene Unfähigkeit (internal) oder die Wirtschaftslage (external) zurück, sollen die Symptome der Hilflosigkeit lang andauern, da das Individuum keine Verän–

derung seiner mißlichen Lage erwartet. In diesem Fall spricht man von "chronischer Hilflosigkeit". Zieht man dagegen zeitlich instabile Ursachen zur Erklärung von Nicht-Kontingenz heran, z. B. mangelnde Anstrengung (internal) oder Zufall (external), soll die resultierende Hilflosigkeit vorübergehend und von vergleichsweise kurzer Dauer sein; hier würde man von "vorübergehender Hilflosigkeit" sprechen.

Abramson et al. (1978) führen zusätzlich zu den Dimensionen der Lokation und der Stabilität die der Generalität mit den Endpunkten "global" und "spezifisch" ein. Erklärt man Nicht-Kontingenz durch einen globalen Faktor, der neben der ursprünglichen Situation auch Einfluß auf viele weitere Situationen hat, soll sich die Hilflosigkeit nachfolgend auf einen weiten Lebensbereich erstrecken. Erlebt eine Versuchsperson z. B. Mißerfolg bei einer psychomotorischen Aufgabe als durch ihre mangelnde Intelligenz (global) verursacht, sollen sich auch bei nachfolgenden unähnlichen Aufgaben bei der Person Hilflosigkeits-Defizite einstellen (z. B. bei Rechenaufgaben). Führt sie den Mißerfolg jedoch allein auf eine spezielle, für die experimentelle Aufgabe notwendige psychomotorische Fertigkeit zurück (spezifisch), sollten sich in anderen Lebensbereichen oder bei anderen Aufgaben keine negativen Auswirkungen der Nicht-Kontingenz ergeben; dann spräche man von spezifischer und nicht - wie im ersten Fall - von globaler Hilflosigkeit.

Über die Determinanten der Intensität der im Zusammenhang mit gelernter Hilflosigkeit auftretenden Symptome, etwa wann man aufgrund von Nicht-Kontrollierbarkeit starke Traurigkeit oder Angst empfindet und wann diese Emotionen nur schwach sind, nehmen Abramson et al. (1978) lediglich Spekulationen vor. Sie vermuten, daß die "Sicherheit", mit der man zukünftige Nichtkontrollierbarkeit erwartet, sowie die "Wichtigkeit" des Ereignisses, das man nicht kontrollieren konnte, die Intensität der Symptome beeinflussen. Darüber hinaus machen Abramson, Garber & Seligman (1980) darauf aufmerksam, daß die Wichtigkeit und die Sicherheit nicht auf alle Aspekte der Hilflosigkeit in gleicher Weise wirken könnten. So wäre etwa denkbar, daß motivationale und kognitive Defizite auftreten, wenn man ein gänzlich unwichtiges Ereignis nicht kontrollieren konnte; affektive Defizite (Traurigkeit) würde man allerdings erst erwarten, wenn das entsprechende Ereignis eine hohe Wichtigkeit hatte (s. auch Försterling, 1982; 1984).

5.2.1 Attributionsstil als Risikofaktor für Depression

Welche Ursachenzuschreibung ein Individuum für Nicht-Kontrollierbarkeit verantwortlich macht, soll nach Peterson & Seligman (1984) einmal von situativen, zum anderen von Personfaktoren abhängen. Die situativen Faktoren, die zu unterschiedlichen Ursachenzuschreibungen führen, werden von ihnen nur angedeutet und (ungenau) mit der "Realität der Ereignisse" ("the reality of the bad events themselves", S. 349) beschrieben. Peterson & Seligman (1984) führen beispielsweise an, daß "die Realität" des Verlustes eines Ehepartners "Stabilität" (er kommt nicht wieder) und "Globalität" (das beeinflußt viele Bereiche) impliziert. Die Mechanismen, die diesem Sachverhalt zugrunde liegen, nennen sie allerdings nicht. (Wir werden in Kap. 8 und 9 diesen Punkt wieder aufgreifen und genauer erörtern.)

Ähnlich wie in der vorausgehend dargestellten attributionstheoretischen Analyse leistungsbezogenen Verhaltens, in der neben situativen Bedingungen von Attributionen für Erfolg und Mißerfolg auch interindividuelle Unterschiede bezüglich Attributionsgewohnheiten untersucht werden, nehmen auch Abramson et al. (1978) an, daß neben der "Realität der Ereignisse" eine Persondisposition mitbestimmt, welche Ursachenerklärung von einem Individuum in einer bestimmten Situation vorgenommen werden. Sie bezeichnen diesen Personfaktor als "Attributionsstil" oder "Erklärungsstil" (explanatory style). Sie postulieren, daß eine Disposition (ein Attributionsstil), die beinhaltet, internale, stabile und globale Ursachenzuschreibungen für negative Ereignisse vorzunehmen, die Wahrscheinlichkeit erhöht, aufgrund nichtkontrollierbarer Ereignisse depressiv und hilflos zu werden. Der Attributionsstil wird somit als "Risikofaktor" für Depression angesehen. (Solch ein "depressogener" Attributionsstil soll auch beinhalten, spiegelbildliche Ursachenzuschreibungen für Erfolge vorzunehmen, nämlich externale, spezifische und variable.) Aus diesen Annahmen leiten die Autoren ab, daß sowohl die Prävention als auch die Therapie reaktiver Depression darin bestehen müßte, Individuen nahezulegen, möglichst selten internale, stabile und globale Attributionen für Mißerfolg bzw. externale, spezifische und variable Erklärungen für Erfolg vorzunehmen.

Über die Entwicklung und die vorauslaufenden Bedingungen von unterschiedlichen Attributionsstilen sind aus der reformulierten Theorie der gelernten Hilflosigkeit lediglich Spekulationen abzuleiten: Peterson & Seligman (1984) äußern die Vermutung, daß "traumatische" Ereignisse (z. B. der Verlust eines Elternteils während der Kindheit), Informationen des Lehrpersonals in der Schule oder Modellernen dazu führen können, daß ein Individuum einen Attributionsstil entwickelt, der es dazu prädisponiert, depressiv auf Verluste zu reagieren (s. auch Kap. 9).

5.2.2 Empirische Überprüfung des reformulierten Modells

Die attributionale Theorie der gelernten Hilflosigkeit hat eine erstaunliche Vielzahl von Studien zur Überprüfung dieses Modells angeregt (s. zusammenfassend Coyne & Gotlib, 1983; Peterson & Seligman, 1984). Obwohl das Modell die "Erwartung zukünftiger Nicht-Kontrollierbarkeit" als unmittelbarste Determinante der Hilflosigkeit ansieht, hat sich der überwiegende Teil der einschlägigen Forschungsarbeiten mit dem Attributionsstil und nicht mit den Erwartungen von Depressiven beschäftigt. Überprüft wurde, ob Depressive mehr als Nicht-Depressive dazu tendieren, Mißerfolge auf interne, stabile und globale Faktoren zurückzuführen, dagegen für Erfolge externe, variable und spezifische Faktoren heranzuziehen. Daß sich die einschlägige Forschung auf die Analyse des Attributionsstils von Depressiven konzentriert hat, begründen Peterson & Seligman (1984) zum einen damit, daß es noch keine geeigneten Meßinstrumente zur Erfassung von Erwartungen gebe, zum anderen mit dem Sachverhalt, daß die Attributionsforschung bereits Methoden bereitgestellt hätte, Ursachenzuschreibungen zuverlässig zu erfassen. Empirische Forschungsarbeiten zur Überprüfung des Modells von Abramson et al. (1978) erheben Attributionen von Depressiven und Nicht-Depressiven im Rahmen von Laboraufgaben, bei hypothetischen Ereignissen und bezüglich kritischer Lebensereignisse (Coyne & Gotlib, 1983). Die Mehrzahl solcher Studien sind Korrelationsuntersuchungen, die Kennwerte aus Depressions-Inventaren oder psychiatrischen Diagnosen mit "attributionalen" Gedankenstichproben in Beziehung setzen.

Coyne & Gotlib (1983) machen darauf aufmerksam, daß die ersten Studien, die sich mit dem Zusammenhang von Depression und Ursachenzuschreibungen befaßt haben, auf Rotters soziale Lerntheorie und auf das Weiner-Modell Bezug nehmen und vor der Publikation des Modells der erlernten Hilflosigkeit erschienen sind. Diese Untersuchungen ergeben in der Regel, daß Depressive Mißerfolg bei Labor-Aufgaben internaler attribuieren als Nicht-Depressive (s. zum Beispiel Rizley, 1978).

Studien, die sich direkt auf das attributionstheoretische Hilflosigkeits-Modell beziehen, erfassen Ursachenzuschreibungen von Personen unterschiedlicher Depressionstiefe in einer Vielzahl von hypothetischen Situationen und nicht nur bezüglich eines induzierten Mißerfolgs, wie es in den frühen Laborstudien geschah (s. Peterson & Seligman, 1984). Im Rahmen dieser Forschungsarbeiten wurden verschiedene Fragebögen zur Messung des Attributionsstils vorgestellt (Anderson, 1983; Peterson, Semmel, von Baeyer, Abramson, Metalski & Seligman, 1982; Stiensmeier, Kammer, Pelster & Niketta, 1985; Seligman, Abramson, Semmel & von Baeyer, 1979). Dort werden positive und negative Ereignisse aus dem sozialen und dem Leistungsbereich geschildert. Die Versuchsteilnehmer haben sich in diese einzelnen Situationen hineinzuversetzen und die Hauptursache, die zu dem jeweiligen Ergebnis geführt haben mag, niederzuschreiben. Danach werden die Probanden aufgefordert, auf Skalen anzugeben, inwieweit die angegebene Ursache innerhalb oder außerhalb ihrer Person liegt, ob sie stabil oder variabel, bzw. global oder spezifisch ist.

Die erste Studie zur Erfassung des Attributionsstils von Depressiven stammt von Seligman et al. (1979) und wurde an Collegestudenten durchgeführt, die allerdings nicht klinisch depressiv waren. Sie erbrachte, daß hohe Werte im Beck-Depressions-Inventar (Beck, Ward, Mendelsohn, Moch & Erbaugh, 1961) mit der Tendenz einhergehen, internale, globale und stabile Attributionen für Mißerfolg vorzunehmen; weniger deutlich wurde bestätigt, daß Depressive Erfolge auf externale, variable und spezifische Faktoren zurückführen.

Spätere Untersuchungen konnten den "depressiven Attributionsstil" auch an Kindern, Frauen der Unterschicht und hospitalisierten depressiven Patienten nachweisen (s. Zusammenfassungen von Peterson & Seligman, 1984; Coyne & Gotlib, 1983). In jüngster Zeit haben Krantz & Rude (1984) darauf aufmerksam gemacht, daß man anhand dieses Vorgehens nicht feststellen kann, ob Depressive unterschiedliche Ursachen für Erfolg und Mißerfolg verantwortlich machen (z. B. Fähigkeit versus Zufall) oder ob gleiche Ursachen (z. B. Fähigkeit) von unterschiedlich depressiven Individuen bezüglich ihrer dimensionalen Qualitäten verschieden wahrgenommen werden (vielleicht nehmen Depressive mehr als Nicht-Depressive ihre mangelnden Fähigkeiten als stabil wahr; s. auch Kap. 2).

Studien, die statistisch bedeutsame Korrelationen zwischen Depressions-Kennwerten und Werten in Fragebögen zur Erfassung des Attributionsstils nachweisen, können natürlich nicht klären, ob ein bestimmter Attributionsstil zu Depression führt oder ob Depression den Attributionsstil bedingt. Daher sind auch Untersuchungen zur Klärung der kausalen Beziehung zwischen Ursachenzuschreibungen und Depression durchgeführt worden. Golin, Sweeney & Shaeffer (1981) erfaßten den Attributionsstil und die Depressionskennwerte von Collegestudenten zu zwei Zeitpunkten. Sie fanden, daß Individuen, die zum ersten Meßzeitpunkt einen depressogenen Attributionsstil aufwiesen, häufiger am zweiten Meßzeitpunkt depressiv waren als Personen, die weniger internale, stabile und globale Attributionen für Mißerfolg vornahmen. Demgegenüber eigneten sich die Depressions-Kennwerte des ersten Meßzeitpunktes nicht zur Vorhersage des Attributionsstils am zweiten Meßzeitpunkt, eine Ergebnisstruktur, die für die ursächliche Rolle von Attributionen bei der Depressionsgenese spricht. Peterson & Seligman (1984) weisen auf weitere Arbeiten hin, die für die kausale Wirkung von Attributionen für die Depressionsentstehung sprechen. Es handelt sich hierbei um Untersuchungen von individuellen Reaktionen auf kritische Lebensereignisse (Krebsoperationen, Inhaftierungen oder Mißerfolge am College) in Abhängigkeit von den Ursachenzuschreibungen, die Individuen für diese Ereignisse verantwortlich machen. Konsistent mit den Vorhersagen des attributionstheoretischen Modells zeigte sich, daß Personen mit einer ausgeprägten Tendenz, internale, stabile und globale Attributionen vorzunehmen, vergleichsweise mehr depressive Reaktionen und schlechteres Bewältigungsverhalten im Zusammenhang mit dem kritischen Ereignis zeigten.

Weiterhin wurden in den letzten Jahren die Vorhersagen des Hilflosigkeits-Modells in Laborstudien überprüft, in denen Versuchspersonen, die unterschiedliche Attributionen für Erfolg und Mißerfolg vornahmen, Mißerfolg induziert wurde. Zum Beispiel konnten Alloy, Peterson, Abramson & Seligman (1984) im Einklang mit den attributionstheoretischen Vorhersagen nachweisen, daß Probanden nach Mißerfolg an einer experimentellen Aufgabe nur dann bei einer zweiten, der ursprünglichen Aufgabe unähnlichen Tätigkeit, Hilflosigkeitsdefizite aufwiesen, wenn sie den Mißerfolg an der ursprünglichen Aufgabe auf globale Ursachen zurückgeführt hatten.

6. WEITERE KONSEQUENZEN VON ATTRIBUTIONEN

Neuere Arbeiten benutzen die Annahmen und Forschungsparadigmen des attributionstheoretischen Modells leistungsbezogenen Verhaltens von Weiner (s. Kap. 4) zur Analyse und empirischen Untersuchung unterschiedlicher Motivations- und Emotionsphänomene. (Einige dieser Studien beziehen sich jedoch auch auf das Modell von Abramson et al., 1978; s. Kap. 5.)

Beispielsweise versucht Valle (1979) das Verhalten von Konsumenten, die unzufrieden mit den von ihnen gekauften Produkten waren, attributionstheoretisch zu erklären. Anderson, Horowitz & French (1983) und Peplau, Russell & Heim (1979) befassen sich mit Attributionen von Personen, die über Einsamkeit klagten, Weiner (1980b; c) formuliert die attributionalen Bedingungen hilfreichen Verhaltens und McHugh, Beckmann & Frieze (1979) beschäftigen sich mit Ursachenzuschreibungen von Alkoholikern. Weiterhin sind Testängstlichkeit (Arkin, Detchon & Maruyama, 1982), die Effektivität von Programmen zur Gewichtsreduktion (Haisch, Rduch & Haisch, 1985), Bewältigung (coping) kritischer Lebensereignisse, wie etwa Reaktionen auf Arbeitsunfälle, Vergewaltigungen und Erkrankungen (s. Antaki & Brewin, 1982) in einem attributionalen Bezugsrahmen konzipiert worden. Zu erwähnen ist hier weiterhin die Analyse der Rolle von Attributionen bei Entscheidungen über das Festsetzen von Freiheitsstrafen (Carroll & Payne, 1976) und der Reaktionen von hyperaktiven Kindern auf medikamentöse Therapie (Whalen & Henker, 1976) (s. zusammenfassend Weiner, 1980a, 1982a). Einige dieser Arbeiten werden – sofern sie von Relevanz für die Klinische Psychologie sind und außerdem bereits empirische Arbeiten angeregt haben – in dem vorliegenden Kapitel beschrieben.

Obwohl diese Studien in der Regel keine neuen theoretischen Perspektiven oder Forschungsmethoden der Motivationspsychologie eröffnet haben, demonstrieren sie die Brauchbarkeit und die große Reichweite eines attributionstheoretischen

Ansatzes auf dem Gebiet der Klinischen Psychologie und zeigen, wie klinische Phänomene attributional konzipiert werden können.

Untersuchungen, die die Modelle von Weiner und Abramson et al. auf neue Phänomene beziehen, gehen von der Annahme aus, daß unterschiedliche Reaktionen auf ein Ereignis durch unterschiedliche Ursachenerklärungen enstehen, die für das Ereignis verantwortlich gemacht werden. In den einschlägigen Untersuchungen wird typischerweise die Ursachenzuschreibung für einen Effekt variiert (oder es wird erfaßt, ob unterschiedliche Attributionen vorgenommen werden), dann wird erhoben, ob sich die Reaktionen auf das Ereignis in Abhängigkeit von der Attribution unterscheiden.

6.1 Hilfeverhalten

Prosoziales Verhalten stellt ein zentrales Forschungsgebiet der Sozialpsychologie dar und ist darüber hinaus relevant für Fragen der Klinischen Psychologie, da "Psychotherapie" als Spezialfall von Hilfe - Verhalten betrachtet werden kann. Zahlreiche Studien haben sich mit den vorauslaufenden Bedingungen von Hilfeleistungen gegenüber Individuen, die sich in einer Notlage befinden, beschäftigt (s. zusammenfassend Bierhoff, 1982; Hartfield, Walster & Pilavian, 1982). In den relevanten Studien wurden ganz unterschiedliche Determinanten von Hilfsbereitschaft untersucht: etwa die Kosten für den Helfer, Hilfe zu leisten oder der Nutzen der Hilfe für den Notleidenden.

In seiner attributionstheoretischen Analyse hilfreichen Verhaltens geht Weiner davon aus, daß man, nachdem man die Hilfsbedürftigkeit eines Individuums wahrgenommen hat, fragt, <u>warum</u> die Person in die Notlage geraten sei. Die daraufhin vorgenommene Ursachenzuschreibung soll Aspekte des Hilfeverhaltens bestimmen. Von besonderer Bedeutung ist hier die Dimension der Kontrollierbarkeit (s. Kap. 2): eine Ursache wird als kontrollierbar betrachtet, wenn man sie durch den eigenen Willen steuern, beeinflussen oder verhindern kann. So wird etwa "Betrunkenheit" als kontrollierbare Ursache von Hilfsbedürftigkeit wahrgenommen. Als nicht - kontrollierbar gelten Ursachen, die weder beeinflußt noch gesteuert werden können, etwa eine "Behinderung" wie blind oder verkrüppelt zu sein.

Weiner nimmt an, daß man geneigt ist, einem Individuum zu helfen, wenn die Ursache für seine Hilfsbedürftigkeit als unkontrollierbar wahrgenommen wird, jedoch die Hilfe verweigert, wenn das Individuum Kontrolle über den Grund seiner Hilfsbedürftigkeit gehabt hat. Weiterhin sei der Zusammenhang zwischen Kontrollwahrnehmung und Hilfeverhalten nicht direkt, sondern durch Emotionen vermittelt. Er postuliert, daß Attributionen zu Emotionen führen und diese das Verhalten steuern. Wenn Hilfsbedürftigkeit auf unkontrollierbare Faktoren zurückgeführt wird, erlebt man Mitleid, welches dazu führen soll, daß man Hilfe leistet. Attributionen auf kontrollierbare Faktoren würden emotionale Konsequenzen wie Ärger oder Abscheu hervorrufen, die - nach Weiner - das Unterlassen von Hilfeleistungen bewirken.

Daten, die dieses Modell stützen, stammen aus Fragebogenstudien, in denen hilfethematische Situationen (z. B. jemand stürzt in der Straßenbahn) sowie die Ursachen, die zu ihnen geführt haben (z. B. ...weil er behindert - unkontrollierbar - oder weil er betrunken - kontrollierbar - ist) geschildert werden (s. Piliavin, Rodin & Piliavin, 1969). Die Versuchspersonen werden gefragt, inwieweit sie in diesen Situationen bestimmte Emotionen (z. B. Mitleid oder Abscheu) empfänden und wie wahrscheinlich es wäre, daß sie den Stimuluspersonen helfen würden.

In diesen Studien zeigen sich hohe Korrelationen zwischen Emotionen und Hilfsbereitschaft: starkes Mitleid geht mit Hilfsbereitschaft und Ärger mit Hilfeverweigerung einher. Es gibt auch signifikante Zusammenhänge zwischen der wahrgenommenen Kontrollierbarkeit der Ursache der Hilfsbedürftigkeit mit Emotionen und Hilfsbereitschaft: der Gedanke, die Stimulusperson wäre aufgrund unkontrollierbarer Ursachen in die Situation geraten, geht sowohl mit Mitleid als auch mit Hilfsbereitschaft einher. Die Annahme, der Grund für die Notlage hätte kontrolliert werden können, bedingt Ärger und geringe Bereitwilligkeit zu helfen.

6.2 Ärger

In vielen Teilbereichen der Psychologie erhält die Emotion des Ärgers Aufmerksamkeit: in der Sozialpsychologie wird die Beziehung dieses Affektes zu aggressivem Verhalten analysiert, und Klinische Psychologen haben auf die möglichen negativen Konsequenzen unangemessen starken Ärgers für die physiologische, psychologische und soziale Anpassung von Individuen hingewiesen (Ellis, 1977; Novaco, 1975).

Försterling (1984) knüpfte an die bereits im dritten Kapitel beschriebenen Arbeiten von Weiner und seinen Mitarbeitern an (Weiner, Graham, Lawson & Stern, 1982; Weiner, Russell & Lerman, 1978), in denen illustriert wurde, daß unterschiedliche Attributionen für ein Leistungsergebnis zu verschiedenen Emotionen nach Erfolg und Mißerfolg führen. So gibt Mißerfolg, den man auf mangelnde Fähigkeit zurückführt (internal, stabil, unkontrollierbar), Anlaß zu depressiven Affekten, wohingegen Attributionen auf die Behinderung durch eine andere Person (external, variabel, kontrollierbar) Ärgerreaktionen auslösen können.

Wenn externale, kontrollierbare Faktoren zu Ärgerreaktionen führen, sollten Personen, die häufig und/oder stark ärgerlich sind bzw. eine hohe Ärgerbereitschaft besitzen, auch eine Tendenz aufweisen, negative Ereignisse external und kontrollierbar zu erklären. Um zu prüfen, ob sich Personen mit großer Ärgerbereitschaft durch einen charakteristischen Attributionsstil auszeichnen, zog Försterling (1984) die im Zusammenhang mit dem Modell von Abramson et al. (1978) entwickelte Methode der Attributionsstil-Erfassung heran (s. Kap. 5). Es wurde ein Fragebogen erstellt, in dem die Versuchspersonen gebeten wurden, sich in hypothetische, potentiell ärgerauslösende Situationen zu versetzen (z. B. "Stellen Sie sich vor, der Bus fährt Ihnen vor der Nase weg"). Dann wurden die Versuchsteilnehmer aufgefordert, die Hauptursache für die jeweilige Situation anzugeben und auf Skalen bezüglich ihrer dimensionalen Qualitäten einzuordnen.

Wie erwartet zeigte sich in der Untersuchung, daß Versuchspersonen mit hohen Ärger-Kennwerten externale, kontrollierbare Ursachenzuschreibungen für negative Ereignisse vornahmen ($r = .38$, $p < .001$). Dieser Befund weist darauf hin, daß neben depressiven Stimmungen möglicherweise ganz unterschiedliche emotionale Reaktionen bzw. Reaktionsbereitschaften mit einem typischen Attributionsstil einhergehen (s. Kap. 8).

6.3 Einsamkeit

Nach Peplau, Russell & Heim (1979) wird Einsamkeit von vielen Personen als höchst negativ erlebt und kann unter bestimmten Bedingungen zu klinischen Phänomenen wie Depression und Alkoholismus führen. Sie definieren Einsamkeit als Diskrepanz zwischen den von einer Person erwünschten und den tatsächlich erzielten sozialen Interaktionen (S. 55). Peplau et al. (1979) gehen davon aus, daß auch einsame Individuen motiviert sind, Ursachen für ihre unerwünschte Situation zu finden, und daß diese Zuschreibungen die Reaktionen auf die Einsamkeit bestimmen. Etwa wie man sich in Verbindung mit seiner Einsamkeit fühlt und was man unternimmt, um sie zu verändern.

Sie verstehen somit "Einsamkeit" als "Spezialfall" eines (sozialen) Mißerfolgs und nehmen an, daß die dimensionalen Qualitäten der Ursachen, die man für Einsamkeit verantwortlich macht, nachfolgende Affekte und Erwartungen (bezüglich zukünftiger sozialer Erfolge) - ähnlich wie im Leistungsbereich - beeinflussen. Sie postulieren, daß interne, variable Attributionen für Einsamkeit (z. B. "ich bin einsam, weil ich mir bisher noch nicht genügend Mühe gegeben habe, andere Menschen kennenzulernen") zu aktiven Versuchen führen, die eigene Situation zu verändern, da man aufgrund der Variabilität dieses Ursachenfaktors die Hoffnung aufrechterhält, seine (mißliche) Lage verändern zu können. Stabile Ursachenzuschreibungen für Einsamkeit sollen dagegen zu der Erwartung führen, daß die soziale Isolation nicht zu verändern ist und gehen daher mit sozialem Rückzug und Hoffnungslosigkeit einher.

In einer Längsschnittstudie (beschrieben in Peplau et al., 1979) wurden Studenten, die sich als einsam betrachteten, gebeten, die Bedeutung verschiedener vorgegebener Ursachen für ihre Einsamkeit zu gewichten. Wie erwartet berichteten Versuchspersonen, die ihre Einsamkeit auf internale stabile Faktoren zurückführten, in stärkerem Maße von depressiven Gefühlen als Studenten, die vergleichsweise variable Ursachenzuschreibungen für ihre soziale Situation vornahmen. Personen, die variable Ursachenzuschreibungen vornahmen, gaben auch an, mehr Aktivitäten zur Verminderung ihrer Einsamkeit durchzuführen (z. B. auf Parties gehen) als Individuen mit internalen, stabilen Erklärungen.

Auch Anderson (Anderson et al., 1983; Horowitz, French & Anderson, 1982) weist darauf hin, daß ein internaler, stabiler Attributionsstil für die eigene Einsamkeit eine Veränderung dieses Zustandes behindert. Er macht im Zusammenhang mit empirischen Befunden (Anderson et al., 1983), nach denen sowohl Einsame als auch Depressive soziale Mißerfolge durch die mangelnden eigenen Fähigkeiten erklären, darauf aufmerksam, daß solche Attributionen zu geringen Erwartungen zukünftiger sozialer Erfolge führen. Aufgrund dieser geringen Erfolgswahrscheinlichkeiten werden von dem Einsamen keine sozialen Kontaktmöglichkeiten aufgesucht (da er Mißerfolg antizipiert) und dieses (Vermeidungs-) Verhalten führt dazu, daß die Einsamkeit aufrechterhalten wird. Individuen, die - bei objektiv gleichen sozialen Kompetenzen - variable Ursachen für ihre Einsamkeit verantwortlich machen, sollten demgegenüber Gelegenheiten zu sozialen Kontakten aufsuchen, dadurch andere Menschen kennenlernen und ihre Einsamkeitsgefühle verlieren.

Darüber hinaus meinen Anderson et al. (1983; Horowitz, French & Anderson, 1982), daß ein bedeutender Unterschied zwischen Einsamen und Depressiven besteht: Depressive zeichneten sich sowohl im Leistungs- als auch im interpersonellen Bereich durch interne, stabile Ursachenzuschreibungen für Mißerfolge aus. Demgegenüber wäre für Einsame lediglich zu erwarten, daß sie im interpersonellen Bereich einen nachteiligen Attributionsstil zeigen, da man trotz sozialer Mißerfolge - die zu Einsamkeit führen können - in beruflichen Bereichen erfolgreich sein könne.

6.4 Angst

Neben dem Phänomen der reaktiven Depression steht im Mittelpunkt klinisch-psychologischer Forschung die konzeptuelle Analyse, Messung und Therapie von Angst. Dieser Zustand zeichnet sich durch subjektives Unwohlbefinden aus, wird als aversiv erlebt und hat oft nachteilige Auswirkungen auf die Leistung und die Anpassung von Individuen an die Erfordernisse der physischen und sozialen Umwelt; z. B. reagieren hoch ängstliche Versuchspersonen auf Mißerfolg mit Leistungsverschlechterung, wohingegen sich nach Mißerfolg die Leistung Nicht-Ängstlicher verbessert (s. Spielberger, 1966). Seit langem kommt kognitiven Theorien in der Erforschung und Therapie der Angst - insbesondere von Angst im Zusammenhang mit Leistungshandeln (z. B. Prüfungsangst) - eine große Bedeutung zu (s. Helmke, 1983; Wine, 1982). Allerdings spielen attributionale Theorien eine vergleichsweise geringe Rolle in der Angstforschung (s. z. B. Wine, 1980). Daß der Attributionsansatz in der Angstforschung, verglichen mit den einflußreichen auf Ursachenzuschreibungen basierenden Depressions-Theorien der Gegenwart, weniger Forschungsarbeit angeregt hat, mag daran liegen, daß sowohl Attributionen als auch depressive Empfindungen in der Regel auf vergangene Ereignisse bezogen sind (z. B. Verluste oder Mißerfolge). Die Emotion der Angst tritt dagegen in der Regel im Zusammenhang mit der Antizipation zukünftiger (gefährlicher oder bedrohlicher) Ereignisse auf.

Ohne sich auf eine elaborierte theoretische Analyse bezüglich des Zusammenhangs von Attributionen und Angst berufen zu können, sind jedoch einige empirische Arbeiten durchgeführt worden, um zu untersuchen, ob hohe Ängstlichkeit mit einem typischen Attributionsstil einhergeht. So konnten Fend et al. (1976, zit. nach Helmke, 1983) nachweisen, daß hoch prüfungsängstliche Versuchspersonen Mißerfolg mehr auf mangelnde Fähigkeit und weniger auf mangelnde Anstrengung zurückführten als niedrig Ängstliche. Arkin, Detchon & Maruyama (1982) fanden, daß niedrig testängstliche Versuchspersonen mehr internale (Fähigkeit, Anstrengung) Attributionen für Erfolg bei Anagrammaufgaben vornahmen als Personen mit hohen Angstwerten. Ebenso berichteten Arkin, Appleman & Burger (1980), daß hoch (sozial) ängstliche Versuchspersonen mehr Verantwortung für ihre Mißerfolge und weniger Verantwortung für ihre Erfolge bei experimentellen Aufgaben übernahmen als Versuchsteilnehmer mit niedrigen Ängstlichkeits-Werten.

Arkin & Maruyama (1979) vermuten, daß die Beziehung zwischen Angst und Attributionen über Erfolgserwartungen vermittelt ist: führt man Erfolg auf stabile und Mißerfolg auf variable Faktoren zurück, kann man bei zukünftigen Leistungssituationen Erfolg erwarten (s. Kap. 4). Die Erfolgswahrscheinlichkeiten für eine zukünftige Leistungstätigkeit ist dagegen geringer, wenn man einen vorauslaufenden Mißerfolg auf stabile und einen vorauslaufenden Erfolg auf variable Faktoren zurückgeführt hat. Ferner sollen nach Arkin & Maruyama (1979) hohe Erfolgswahrscheinlichkeiten zu niedriger und niedrige Erfolgswahrscheinlichkeiten zu hoher Angst führen. Zur empirischen Überprüfung dieser Vermutung erfaßten sie sowohl Testängstlichkeit als auch Attributionen von

Collegestudenten für Erfolg und Mißerfolg bei Prüfungen während des Semesters. Wie erwartet fanden sie eine negative Korrelation zwischen der Stabilität von Erfolgsattributionen und Angstwerten, jedoch ergaben sich nicht die vermuteten positiven Korrelationen zwischen stabilen Attributionen für Mißerfolg und Ängstlichkeit.

Bezüglich der Verbindung der Emotion "Angst" mit Ursachenzuschreibungen ist noch eine weitere Serie von Forschungsarbeiten von Bedeutung, nämlich Studien, die zur Erkundung der mit unterschiedlichen Leistungsmotivausprägungen einhergehenden Attributionen durchgeführt worden sind. In diesen Untersuchungen wurde "Testängstlichkeit" als Komponente des Leistungsmotivs aufgefaßt. Das Leistungsmotiv wurde als Annäherungs - Vermeidungs - Konflikt konzipiert, in dem die Annäherungskomponente durch den Thematischen Apperzeptionstest (s. McClelland, Atkinson, Lowell & Clark, 1953) und die Vermeidungskomponente durch den Test Anxiety Questionnaire (TAQ von Mandler & Sarason, 1952) erfaßt wurde. Von einem eindeutig hohen Leistungsmotiv wurde gesprochen, wenn die durch den TAT gemessene Aufsuchetendenz hoch war und niedrige Ängstlichkeitswerte vorlagen. Niedrige Leistungsmotivation sollte sich dagegen durch hohe Testängstlichkeit und eine geringe Aufsuchetendenz (TAT - Werte) auszeichnen. Die zahlreichen Studien, die Leistungsmotivationskennwerte mit Voreingenommenheiten bei der Ursachenzuschreibung in Beziehung setzen, faßt Bar - Tal (1978, S. 236) wie folgt zusammen:

"individuals high in achievement needs...attribute their success to their ability and effort, and their failures to lack of effort or external factors ... individuals low in achievement needs tend to perceive themselves as low in ability, to ascribe their failures more to lack in ability and their success more to external factors".

Von diesen Studien ausgehend, postulieren Arkin et al. (1981), daß hohe Testängstlichkeit mit dem für niedrig Leistungsmotivierte charakteristischen Attributionsstil einhergeht und niedrige Testängstlichkeit mit Attributionen, die typisch für hoch Leistungsmotivierte sind (s. Kap. 4). In einer Feldstudie überprüften Arkin et al. (1981) diese Annahmen: Collegestudenten füllten zu Beginn des Semesters einen Testangst - Fragebogen aus; weiterhin wurden ihre Attributionen für Erfolge und Mißerfolge in einem Kurs erhoben. Es zeigte sich, daß Versuchspersonen mit niedriger Testängstlichkeit Erfolge mehr auf Fähigkeit und Anstrengung und weniger auf Aufgabenschwierigkeit und Zufall zurückführten als Hoch Ängstliche. Bezüglich der Zuschreibungen für Mißerfolg maßen die Versuchspersonen mit niedriger Testängstlichkeit dem Anstrengungsfaktor größere Bedeutung zu als Personen mit großer Ängstlichkeit. In einer ähnlichen Studie fand J. P. Meyer & Koebl (1982), daß Hoch-Ängstliche Leistungsergebnisse als weniger kontrollierbar empfanden als Niedrig-Ängstliche.

Zusammenfassend können die (leider oft unverbunden nebeneinanderstehenden) Studien zur Testängstlichkeit wie folgt bewertet werden: hohe Testangst geht mit internalen, stabilen Attributionen für Mißerfolg und mit externalen Zuschreibungen für Erfolg einher. Somit ergeben sich Ähnlichkeiten zwischen dem Attributionsstil von Depressiven und dem von Testängstlichen (s. Kap.5), die wahrscheinlich darauf zurückzuführen sind, daß sich beide Reaktionen (Angst, Depression) durch ein niedriges Konzept der eigenen Fähigkeit auszeichnen (s. Meyer, 1984).

6.5 Bewältigung negativer Ereignisse

Brewin (1982) betont, daß die attributionstheoretischen Analysen der bisher besprochenen Phänomene (Depression, Testängstlichkeit, Einsamkeit) vorwiegend nachteilige Auswirkungen von internalen Ursachenzuschreibungen für negative Ereignisse hervorheben. Einige Studien, die sich mit der Analyse von "Bewältigungsverhalten" (coping) nach negativen Lebensereignissen befassen, haben jedoch gezeigt, daß es unter bestimmten Bedingungen vorteilhaft sein kann, die eigene Person für ein negatives Ereignis verantwortlich zu machen (s. Brewin, 1982).

Bulman & Wortman (1977) untersuchten Personen, die nach schweren Unfällen aufgrund von Rückgratverletzungen gelähmt waren. Sie berichten, daß diejenigen Unfallopfer, die andere Personen oder externale Faktoren für den Unfall verantwortlich machten, weniger "angemessen" mit der Behinderung umgingen als solche, die die eigene Person als verantwortlich für den Unfall betrachteten ("angemessenes" Umgehen mit den Behinderungen wurde in dieser Untersuchung anhand von Beurteilungen durch das Personal einer Rehabilitationsklinik operationalisiert).

Einen ähnlichen Befund berichtet Brewin (1982). Er untersuchte Industriearbeiter, die durch einen Arbeitsunfall leichte Verletzungen (Knochenbrüche, Quetschungen) erlitten hatten. Als Maß für Coping-Verhalten betrachtete er den (mit einer ärztlichen Prognose gewichteten) Zeitraum des Fernbleibens von der Arbeitsstelle. Auch er fand, daß Arbeiter, die sich selbst für den Unfall verantwortlich machten, bessere Bewältigung zeigten (weniger Zeit von Arbeitsplatz fernblieben) als Individuen, die externale Faktoren für das negative Ereignis verantwortlich machten (natürlich ist die Operationalisierung von Coping-Verhalten in dieser Untersuchung recht willkürlich vorgenommen).

6.6 Exkurs: Kritik an Attributions-Ansätzen

Einige Kritikpunkte gegenüber Attributionstheorien sind schon in die Theorienbildung integriert und daher bereits in der vorliegenden Arbeit erwähnt worden. Andere Einwände sind dagegen noch ungeklärt oder strittig (s. dazu auch Krahé, 1984). Mittlerweile liegt eine Fülle von mitunter sehr detaillierten Kritikpunkten gegenüber attributionstheoretischen Grundannahmen und Forschungsarbeiten vor, so daß es im Rahmen der vorliegenden Arbeit nicht möglich ist, auf alle Einwände einzugehen; es können hier deshalb nur die wichtigsten kritischen Punkte knapp aufgeführt werden.

Ein erster Kritikpunkt, der bereits in Kap. 1 erwähnt wurde, besagt, daß Individuen offensichtlich nicht unter allen Umständen nach den Ursachen von Ereignissen suchen, sondern häufig "automatisch" oder "gedankenlos" reagieren. Der Zweifel daran, daß Individuen in ihrem alltäglichen Leben spontan Ursachenzuschreibungen vornehmen, hat wohl deshalb soviel Gewicht erhalten, weil die Mehrzahl der Attributionsstudien in der Regel Ursachenzuschreibungen der Versuchspersonen nicht frei erfaßt, sondern die Versuchpersonen explizit auffordert, Attributionen vorzunehmen. Daher können diese Untersuchungen nicht nachweisen, daß Attributionen außerhalb des Labors spontan vorgenommen werden (s. Försterling & Groeneveld, 1983; Krahé, 1984). Krahé (1984) meint, daß die Grundannahme der Attributionstheorien, wonach Personen in ihrem Alltagsleben spontan Ursachenerklärungen vornehmen, noch keine empirische Bestätigung erhalten habe. Gelegentlich wird der Einwand, daß unklar sei, ob Individuen sponatan Ursachenerklärungen vornehmen, – meines Erachtens fälschlicherweise – auch als Hinweis darauf betrachtet, daß Attrbutionen nicht verhaltenswirksam seien. So nimmt Kuhl (1983, S. 60) etwa an, daß Attributionen für leistungsbezogenes Handeln recht unbedeutend sein müssen, da sie von Versuchspersonen nur selten "spontan" geäußert werden. Wir wollen zunächst auf die Frage nach dem spontanen Auftreten von Attributionen eingehen und werden uns weiter unten mit der Frage der Verhaltenswirksamkeit von Attributionen befassen.

Daß sich Individuen nach Erfolg und Mißerfolg nicht ständig "Warum – Fragen" stellen, ist offensichtlich und Attributionsforscher haben bereits vor geraumer Zeit auf ein hier bestehendes Forschungsfeld hingewiesen. "One of my disappointments with attribution research thus far is that this question of when, the conditions under which attributions are made, has not been addressed" (Kelley, 1976, S. 3). In neuerer Zeit haben sich jedoch mehrere Autoren der Frage gewidmet, ob bzw. wann Individuen spontan "Warum – Fragen" stellen (s. zusammenfassend Weiner, 1985; Kap. 2). In einem Sammelreferat über die einschlägigen Arbeiten zeigt Weiner (1985), daß Studien über "frei geäußerte" Attributionen nachgewiesen haben, daß Individuen in ganz verschiedenen Lebensbereichen auch dann Ursachenzuschreibungen vornehmen, wenn sie nicht explizit dazu aufgefordert werden. Die Ursachensuche ist besonders ausgeprägt, wenn ein Handlungsergebnis negativ (Mißerfolg) oder unerwartet ist.

Ein zweiter Kritikpunkt, der bereits erwähnt wurde (s. Kap. 1), betrifft die Grundannahme der Attributionstheorien, daß Individuen motiviert seien, ein realistisches Verständnis von den Ursachen von Ereignissen zu gewinnen (s. z. B. Herkner, 1980). Diese Annahme ist besonders charakteristisch für das in Kap. 3 beschriebene Kovariationsprinzip von Kelley, welches zunächst davon ausgeht, daß Individuen wie "naive Wissenschaftler" zur Verfügung stehende Information rational für ihre kausalen Schlußfolgerungen heranziehen. Sowohl Alltagsbeobachtungen als auch Forschungsergebnisse weisen jedoch darauf hin, daß Individuen nicht – wie im Labor tätige Naturwissenschaftler – ständig alle zur Verfügung stehenden Informationen einholen, erinnern und rational auswerten, sondern auch Information falsch wahrnehmen, verzerren und sich bei ihren Schlußfolgerungen von irrationalen Annahmen leiten lassen (die einschlägigen Forschungsarbeiten können aus Platzgründen hier nicht dargestellt werden). Interessanterweise hat bereits Kelley (1967) auf viele Bedingungen hingewiesen, unter denen Individuen zu "unrealistischen" Ursachenzuschreibungen gelangen (s. auch Kap. 9) und betont (s. Kelley, 1976), daß sein "ANOVA" - Modell nicht als Beschreibung des alltäglichen Attributionsverhaltens von Personen verstanden werden sollte, sondern vielmehr als "idealisiertes" Modell, auf dessen Hintergrund die "Ausnahmen von der Regel" sinnvoll geordnet werden können. Der "Einwand", Individuen seien "nicht so rational wie es Attributionstheorien annehmen", hat zahlreiche Forschungsarbeiten über die Bedingungen unrealistischer Attributionen angeregt und stellt somit eher eine Bereicherung als eine Kritik von Attributions - Ansätzen dar.

Andere Kritikpunkte gegenüber Attributions - Ansätzen sind methodischer Natur und betreffen etwa eine Annahme, die vielen Attributionsstudien zugrunde liegt, wonach Individuen (Versuchspersonen) Zugang zu den Kognitionen (Attributionen) besitzen, die nach den attributionalen Modellen Verhalten und Erleben steuern. In einer vielbeachteten Arbeit haben Nisbett & Wilson (1977) gezeigt, daß man in vielen Attributions - Experimenten hypothesengemäß Wirkungen der (attributions - relevanten) unabhängigen Variablen auf Verhalten und Erleben nachweisen konnte. Demgegenüber sei es aber nicht gelungen nachzuweisen, daß sich durch diese experimentellen Manipulationen auch die Kognitionen (Attributionen) ändern, die nach den Theorien, die den Experimenten zugrunde liegen, Auswirkungen auf Verhalten und Erleben haben sollen: Storms & Nisbett (1970, s. auch Kap. 7) gaben Versuchspersonen mit Einschlafstörungen ein Placebo, welches angeblich die typischen bei Einschlafstörungen auftretenden Symptome (Erregung) hervorrufen sollte. Dadurch sollten die Versuchspersonen ihre Erregung, die sie während des Versuchs einzuschlafen erlebten, auf die Tablette attribuieren. Weil man durch die Tablette eine plausible, "beruhigende" Erklärung für seine Symptome bekommt, sollte man sich weniger über seine Erregung sorgen und daher schneller einschlafen. Erwartungsgemäß berichteten die Versuchspersonen, daß sie im Vergleich zu einer Kontrollgruppe, die keine vermeintlich symptomerzeugende Pille erhalten hatte, signifikant weniger Zeit zum Einschlafen benötigten.

Die nachträgliche Befragung erbrachte allerdings, daß keine der Versuchpersonen Gedanken über die Tablette oder innere Erregungszustände als verantwortlich für das bessere Einschlafen machte. Vielmehr gaben sie Ursachen für ihre "Besserung" an, die nicht mit der experimentellen Manipulation in Zusammenhang standen (z. B. "Ich hab mir weniger Sorgen um die Schule gemacht"). Die Versuchspersonen konnten also nicht über die Kognitionen, die ihren Verhaltensänderungen zugrunde lagen (Gedanken über das Placebo), Auskunft geben. Vielmehr erklärten sie ihre Verhaltensänderungen durch "Alltagsheuristiken", die mit der nachweislich wirksamen experimentellen Manipulation (dem Placebo) nichts zu tun hatten.

Nisbett & Wilson (1977) kommen aufgrund der Durchsicht der einschlägigen Literatur und eigener Experimente zu dem Urteil, daß Individuen nur unter sehr eingeschränkten Bedingungen Auskunft über die Kognitionen, die ihr Verhalten steuern, geben können und auf Befragen nicht das "tatsächlich abgelaufene" kognitive Geschehen schildern, sondern generalisierte "a priori" Annahmen über den Zusammenhang von Situationen, Denken und Verhalten. Diese Ergebnisse (deren Gültigkeit jedoch von einigen Autoren angezweifelt und relativiert wird, s. zusammenfassend Quattrone, 1985) weisen auf eine mögliche Problematik des Vorgehens vieler Attributionsstudien hin, in denen das Verhalten und Erleben von Versuchspersonen mit verbalen Berichten über Ursachenzuschreibungen in Zusammenhang gebracht wird: Wenn nicht angenommen werden kann, daß Versuchspersonen verhaltenssteuernde Kognitionen identifizieren können, ist zu befürchten, daß in vielen Attributionsstudien lediglich Alltagsphilosophien der Probanden über den Zusammenhang von Kognitionen und Verhalten erfaßt werden.

Zusätzlich zu der Frage, ob (bzw. unter welchen Bedingungen) Ursachenzuschreibungen dem Individuum zugänglich sind und ob (und wann) sie auftreten, haben andere Autoren eine zentrale Prämisse attributionaler Verhaltensmodelle bezweifelt, nämlich daß Attributionen das Fühlen und Verhalten von Individuen steuern. So liefert etwa Zajonc (1980) in seiner vielbeachteten Arbeit experimentelle Befunde, die konsistent mit seiner Ansicht sind, daß Individuen "erst fühlen und dann denken". Individuen reagieren danach oft affektiv auf Stimuli, ohne vorher eine kognitive Analyse der Stimulusgegebenheiten vorgenommen zu haben. Auch sind im Bereich der Depressionsforschung Zweifel an der attributionstheoretischen Hypothese, daß bestimmte Kausalkognitionen zu depressiven Gefühlen Anlaß geben, geäußert worden (s. z. B. Hautzinger 1985) und es befassen sich zunehmend mehr Arbeiten (z. B. Brown, 1984) mit der Frage, inwieweit unsere Emotionen unsere Gedanken steuern (und nicht umgekehrt).

Bezüglich der Frage, ob Kognitionen zu Reaktionen (Verhalten, Emotionen) oder Reaktionen zu Kognitionen führen, nimmt auch Bem (1972) eine den attributionalen Verhaltensmodellen entgegengesetzte Meinung ein. Bem zeigt, daß Individuen oft erst handeln und dann Kognitionen über ihre Handlungen herausbilden und - fälschlicherweise - diese als ursächlich für ihr Verhalten betrachten. In seiner Selbstwahrnehmungs-Theorie geht er davon aus, daß Individuen erst aufgrund ihres Handelns zu Schlußfolgerungen über ihre Einstellungen, Wünsche und Gedanken (Kognitionen) gelangen (z. B. "Da ich so viel gegessen habe, muß ich wohl sehr hungrig gewesen sein").

Im Moment ist die Frage nach der zeitlichen Abfolge von Attributionen und Reaktionen sicherlich nicht zu entscheiden. Wie in vielen anderen Bereichen psychologischer Forschung kann man auch bezüglich dieser Frage erwarten, daß sie nicht gänzlich zugunsten einer "Partei" entschieden werden wird und daß zukünftige Forschungsarbeiten der Frage nachgehen sollten, unter welchen Umständen Attributionen Verhalten und Affekten vorausgehen und wann der umgekehrte Fall besteht.

Ein weiterer Kritikpunkt an Attributions-Ansätzen betrifft die Frage, ob Ursachenzuschreibungen die Phänomene, die aus einer attributionstheoretischen Sicht betrachtet worden sind, umfassend und vollständig beschreiben oder nur reduktionistisch einen kleinen Ausschnitt der Phänomene erklären. So meint z. B. Heckhausen (1980, S. 555) bezüglich Weiners attributionstheoretischer Analyse leistungsbezogenen Verhaltens, daß es Weiner nicht gelungen sei, die für Leistungshandeln bedeutenden Variablen der Erwartung und des Anreizes vollständig innerhalb eines attributionstheoretischen Rahmens zu konzipieren. Ferner haben Forscher im Bereich der gelernten Hilflosigkeit und reaktiver Depression nahegelegt, daß es nicht hinreicht, allein die qualitativen Merkmale von Attributionen, die zu Hilflosigkeit und Depression führen können, zu untersuchen. In Anschluß an Diener & Dweck (1978) hat Kammer (1983b) gezeigt, daß sich z. B. Depressive von Nicht-Depressiven auch hinsichtlich quantitativer Aspekte ihres "Attributionsverhaltens" unterscheiden und nach Mißerfolg mehr Ursachenzuschreibungen für das Ergebnis suchen (als Nicht-Depressive). Schließlich hat Försterling (1984; 1982) gezeigt, daß sich affektive Reaktionen wie Ärger oder Depression neben Attributionen auch durch charakteristische bewertende Kognitionen auszeichnen.

Auch wir gehen in der vorliegenden Arbeit davon aus, daß Probleme der Klinischen Psychologie nicht vollständig durch die Konstrukte der Attributionstheorie erklärt werden können. Daß eine Person nach einem Verlust depressiv wird, kann neben den von der Person für den Verlust vorgenommenen Attributionen viele weitere Ursachen haben: biologische Prädispositionen, das Lebensalter oder die objektiven materiellen Bedingungen, in denen sich die Person befindet. Der Versuch, das Phänomen der Depression möglichst umfassend zu beschreiben und zu erklären, müßte daher viele verschiedene Variablen berücksichtigen. In der vorliegenden Arbeit beschränken wir uns jedoch auf Attributionsprozesse, da wir nicht primär daran interessiert sind, ein klinisches Phänomen möglichst vollständig zu beschreiben und zu erklären, sondern uns mit der Anwendung und Weiterentwicklung einer Theorie beschäftigen; dieses Vorgehen soll unter anderem klären helfen, auf welche Fragen der Klinischen Psychologie eine attributionstheoretische Sichtweise bezogen werden kann.

TEIL 3

VERÄNDERUNG VON ATTRIBUTIONEN

7. PROGRAMME ZUR BEEINFLUSSUNG VON URSACHENZUSCHREIBUNGEN

Als Folge der theoretischen und empirischen Fortschritte im Bereich der Attributionsforschung wurde in den vergangenen Jahren versucht, attributionale Prinzipien auf Probleme der Klinischen Psychologie und der Therapie zu übertragen. "Auf dem Weg zu einer Attributionstherapie" ("Toward an attribution therapy") betitelten Ross, Rodin & Zimbardo im Jahre 1969 ihr Experiment, in dem versucht wurde, kausale Kognitionen "therapeutisch" zu verändern. Die Autoren deuteten damit den möglichen Nutzen der Attributionsforschung für die Psychotherapie an. Seither wurden zahlreiche attributionstheoretische Studien veröffentlicht, die sich mit der Problematik psychologischer Fehlanpassung beschäftigen. Die diesbezügliche Forschung kann man in zwei Kategorien unterteilen: Missattributions-Trainings und Reattributions-Programme. In dem vorliegenden Kapitel wird zunächst analysiert, wie sich beide Ansätze konzeptuell unterscheiden. Danach werden Reattributionstrainings ausführlich dargestellt, analysiert und kritisiert, da sie für die weiteren Kapitel dieses Buches einen besonderen Stellenwert einnehmen.

7.1 Missattributions- und Reattributions-Ansätze

Missattributionsstudien wurden durch die Zweifaktorentheorie emotionalen Erlebens von Schachter & Singer (1962) angeregt. Die Zweifaktorentheorie geht davon aus, daß Emotionen aus einer Interaktion von physiologischer Erregung und kognitiven Prozessen resultieren (siehe Abbildung 7 – 1). Es wird angenommen, daß die Wahrnehmung (appraisal) einer Situation zu physiologischen Erregungszuständen führt (z. B. einer erhöhten Herzschlagfrequenz) und außerdem zu "emotionalen" Kognitionen Anlaß geben kann (z. B. "die Situation ist gefährlich").

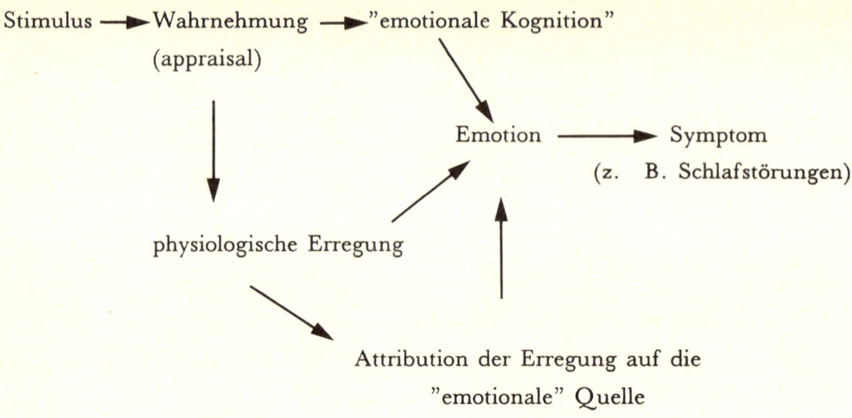

Abbildung 7 – 1. Theoretische Grundannahmen der Missattributions – Trainings (nach Reisenzein, 1983).

Wenn für das Individuum eine solche kognitive Erklärung für seine Erregung nicht unmittelbar aus der Situation folgt, soll es nach der Ursache für den eigenen Zustand suchen. Als Ergebnis des Zusammenspiels der beiden Faktoren "Erregung" und "Kognition" soll das Individuum Emotionen erleben. Dabei bestimmt das Ausmaß der Erregung die Intensität und die Art der Kognition die Qualität des Affektes. Demzufolge kann die gleiche physiologische Erregung einerseits zu freudigen Emotionen führen, wenn die Situation positiv interpretiert wird und andererseits zu Ärger, wenn das Individuum die Situation negativ erlebt. Klinische Anwendungen dieser Theorie basieren auf der Ableitung, daß negative emotionale Zustände wie z. B. Angst dadurch verändert werden können, daß Individuen in bisher angstauslösenden Situationen "unemotionale" kognitive Erklärungen für ihre Erregung nahegelegt werden (Reisenzein, 1983). So verabreichten etwa Storms & Nisbett (1970) Personen, die unter Einschlafstörungen litten, ein Plazebo mit dem Hinweis, daß die Einnahme der Tablette Erregungszustände erzeugen würde, die sie typischerweise erleben, wenn sie versuchen einzuschlafen (z. B. erhöhte Körpertemperatur). Mit Hilfe dieses Vorgehens sollten die Erklärungen der Versuchspersonen für ihre Erregung beim Versuch einzuschlafen von einer "emotionalen" (internalen), z. B. "mir ist heiß, weil ich ein nervlich labiler Mensch bin", zu einer "unemotionalen" (externalen) verändert werden; z. B. "ich schwitze, da ich eine Tablette genommen habe." Wie erwartet fanden Storms & Nisbett (1970), daß Individuen, die glaubten, eine erregende Pille bekommen zu haben, weniger Zeit zum Einschlafen benötigten als eine Vergleichsgruppe, der gesagt wurde, daß die Pille symptom-irrelevante Auswirkungen (z. B. ein taubes Gefühl in den Gliedmaßen) bewirken würde.

In einer zweiten Serie von Untersuchungen innerhalb des Missattributions-Paradigmas wird ein hervorstechender (salienter) "nicht-emotionaler" Stimulus, etwa ein lautes Geräusch, dargeboten, während Versuchspersonen sich in einer "emotionalen" Situation befinden (z. B. erwarten, einen Elektroschock zu erhalten). Durch diese Manipulation sollte den Versuchspersonen eine "nicht-emotionale" Erklärung für ihre Erregung nahegelegt werden, die sie während der Antizipation des Elektroschocks erlebten. Diese Erklärung sollte nach Schachter & Singer (1962) das Auftreten von Angst verhindern. Auch bei dieser experimentellen Anordnung zeigte sich, daß Versuchspersonen, denen glaubhaft gemacht wurde, daß das laute Geräusch angstbezogene Erregung verursacht ("unemotionale Kognition"), weniger furchtbezogenes Verhalten zeigten, während sie den Elektroschock erwarteten, als diejenigen Versuchsteilnehmer, die meinten, daß das Geräusch mit ihrer Angst nicht in Verbindung stehende Symptome erzeugt (Juckreiz).

Zusätzlich zu den klassischen Missattributionsstudien gibt es eine weitere Forschungsrichtung, die sich auf die theoretische Position von Schachter & Singer stützt und "therapeutische" Attributionsveränderungen herbeiführen will. In diesen Programmen wird versucht, Kognitionen über emotionale oder behaviorale Reaktionen positiv zu beeinflussen. In den relevanten Untersuchungen wird den Versuchspersonen beispielsweise gesagt, daß ihre unerwünschten emotionalen Reaktionen (z. B. Depression) nicht durch internale Faktoren, wie etwa ihre neurotische Persönlichkeit, bedingt sind, sondern vielmehr durch externale Ursachen (z. B. ihre momentane Lebenssituation). Es wird erwartet, daß dadurch zusätzliche, sekundäre Sorgen und Ängste der Versuchsteilnehmer über die ursprünglichen primären Probleme reduziert werden. Dies soll auch dazu führen, daß das ursprüngliche (primäre) Symptom gelindert wird, da es in dieser Analyse durch das sekundäre Problem verstärkt ("aufgeschaukelt") wird (z. B. Nisbett, Borgida, Crandall & Reed, 1976) (s. Abb. 7 - 2).

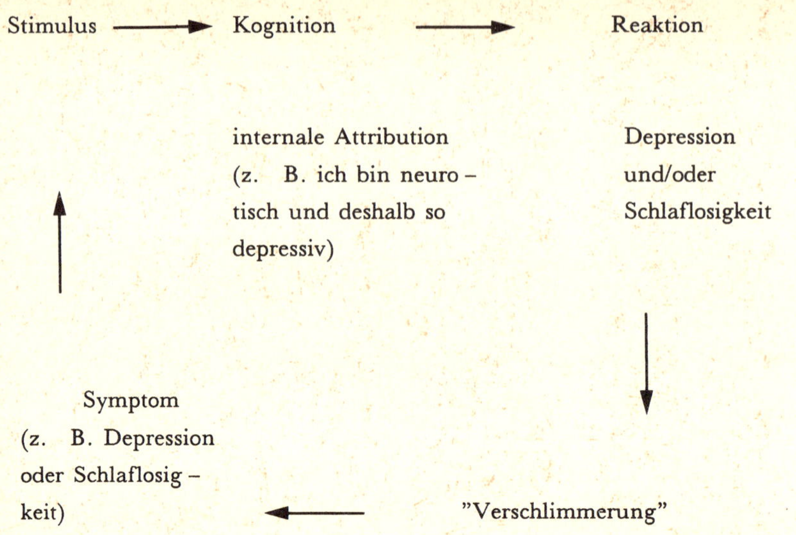

Abb. 7 – 2. Theoretische Annahmen der Missattributions (– "Aufschaukelungs" –) Ansätze

Missattributions – Studien haben sich mit einer Vielfalt klinisch relevanter Phänomene beschäftigt, z. B. Schlafstörungen (Brockner & Swap, 1983), herzneurotische Beschwerden (s. Liebhart, 1978), Schmerztoleranz (Davison & Valins, 1969), Sprechstörungen (Storms & McCaul, 1976), den möglichen Auswirkungen medikamentöser Behandlung psychischer Probleme (Valins & Nisbett, 1971) und Depression (Nisbett et al., 1976). Allerdings haben diese Studien keine konsistenten positiven Veränderungen herbeiführen können (s. Zusammenfassungen von Harvey & Galvin, 1984; Reisenzein, 1983 und Ross & Olson, 1981). Ross & Olson (1981, S. 434) schlußfolgern aus ihrer Analyse der einschlägigen Literatur: "Certainly, widespread application of misattribution therapies should await more encouraging data".

Neben diesen nicht so vielversprechenden Versuchen, Attributions – Konzepte klinisch anzuwenden, steht eine weitere Forschungsrichtung, die sich mit der Veränderung von Attributionen befaßt und relevant für die Klinische Psychologie und die Therapie ist. Diese Studien werden als "Reattributions – Trainings" bezeichnet. Sie basieren nicht wie die Missattributions – Programme auf der

Emotionstheorie von Schachter & Singer, sondern auf neueren Verhaltens-Konzeptionen, insbesondere der attributionstheoretischen Analyse des Leistungsverhaltens von Weiner (1979; Weiner et al., 1971; s. Kap. 2 und 4). Zusätzlich berufen sich Reattributions-Trainings auch auf Banduras Selbstwirksamkeits-Ansatz (Bandura, 1977a; b; 1982) und Seligmans Theorie der gelernten Hilflosigkeit (Seligman, 1975; Maier & Seligman, 1976, s. Kap. 5). Im Gegensatz zu der Zweifaktorentheorie von Schachter & Singer verzichten diese Konzeptionen auf das Konstrukt der Erregung. Die zentrale Annahme besteht darin, daß viele Verhaltensreaktionen, Emotionen und auch Kognitionen (z. B. phobische Vermeidungsreaktionen, Leistungsdefizite, Depression oder gering wahrgenommene Erfolgswahrscheinlichkeiten) infolge von Ursachenzuschreibungen auftauchen, die man über eigene Handlungsresultate (etwa Erfolg und Mißerfolg) in sozialen- und Leistungstätigkeiten vornimmt (s. Abbildung 7 - 3).

Stimulus →	Kognition →	Reaktion
z. B. Mißerfolg bei einer Prüfung	z. B. Attribution auf mangelnde Fähigkeiten	z. B. depressive Affekte mangelndes Ausdauerverhalten und Schlaflosigkeit

Abb. 7 - 3. Theoretische Grundannahmen der Reattributions-Trainings

In diesen Untersuchungen wird typischerweise in einem ersten Schritt eine Reaktion identifiziert (diagnostiziert), von der angenommen wird, daß sie nachteilig für das Individuum ist (z. B. Leistungsverschlechterungen nach Mißerfolgen) und auf bestimmten attributionalen Prädispositionen beruht, etwa einer Tendenz, Mißerfolge auf geringe Fähigkeiten zurückzuführen. In einer anschließenden Trainingsphase wird dann den Versuchsteilnehmern nahegelegt, "günstigere" Attributionen vorzunehmen, z. B. Mißerfolge nicht mehr durch mangelnde Fähigkeiten, sondern durch mangelnde Anstrengung zu erklären.

Zusammenfassend lassen sich verschiedene Unterschiede zwischen Missattributions - und Reattributionstrainings festhalten: Missattributions - Studien befassen sich typischerweise mit Kausalkognitionen über eigene innere Zustände (z. B. Erregung, Depression). Reattributions - Trainings versuchen dagegen, Kognitionen über externe Ereignisse bzw. Handlungsresultate (z. B. Erfolg und Mißerfolg) positiv zu beeinflussen. Desweiteren beziehen sich die Missattributions - Studien auf die theoretischen Überlegungen von Schachter & Singer, wohingegen Reattributions - Untersuchungen auf den Arbeiten von Bandura, Seligman und Weiner basieren. Darüber hinaus konzentrieren sich Missattributions - Ansätze auf die Kausaldimension der Lokation. Es wird lediglich danach unterschieden, ob die Ursache, die man für seine inneren Zuständlichkeiten verantwortlich macht, innerhalb (internal) oder außerhalb der Person (external) angesiedelt wird. Dagegen differenzieren Reattributions - Studien Kausalkognitionen auf zwei weiteren Dimensionen, nämlich der Stabilität über Zeit und der Kontrollierbarkeit (s. Kap. 2).

7.2 Attributions - Retrainings

Im folgenden Teil dieses Kapitels werden Studien beprochen, die bestimmte psychologische Zustände diagnostizieren (z. B. gelernte Hilflosigkeit, mangelnde Leistungsmotivation oder Leistungsdefizite) und versuchen, diese durch Veränderung von Attributionen positiv zu beeinflussen. Wenn es der Versuchsaufbau einer Studie nicht erlaubt, die Auswirkungen der Attributions - Interventionen zu bestimmen, etwa weil neben Kausalkognitionen noch weitere Variablen verändert wurden, wird die Studie hier nicht beschrieben (z. B. Gerling, Petry - Sheldrick & Wender, 1981).

7.3 Theoretische Modelle und Richtung der Attributions - Veränderung

Eine der wichtigsten Fragen im Bereich der therapeutischen Beeinflussung von Attributionen bezieht sich darauf, welche Attributionen wünschenswert sind und welche nicht. Aus Tabelle 7 - 1 ist ersichtlich, daß die Mehrzahl der Veränderungs - Programme ihren Versuchsteilnehmern nahelegen, leistungsbezogene Handlungsergebnisse durch die eigene Anstrengung zu erklären.

Tabelle 1

REATTRIBUTIONS-TRAININGS

Autoren	Theoretische Position und - Richtung der Veränderung	Problembereiche und - Auswahl der Teilnehmer	Reattributions-Techniken - Trainingsdauer	Abhängige Variablen und - Befunde
Anderson (1983)	Attributional - Veränderung zu Anstrengungs- (Strategie-) oder Fähigkeits- (Charakter-) Attributionen für Erfolg und Mißerfolg	Interpersoneller Bereich - Auswahl aufgrund von Kognitionen	Überredung - Einmalige Intervention	Die Charakter- (Fähigkeits-) Attributionen (sowohl die erfaßten als auch die manipulierten) führten zu niedrigeren Erwartungen, niedigerer Motivation und beeinträchtigter Leistung im Vergleich zu Verhaltens- (Anstrengungs-, Strategie-) Attributionen
Andrews & Debus (1978)	Attributional - Veränderung zu Anstrengungs- Attributionen für Erfolg und Mißerfolg	Anagramme - Auswahl aufgrund von Kognitionen	Operante Bekräftigung (verbal und verbal plus Token) - Bis zu 6 "Blocks"; jeder "Block" bestand aus 5 Erfolgs- und 5 Mißerfolgsdurchgängen	Die Versuchspersonen nahmen unmittelbar und 4 Monate nach dem Training mehr Anstrengungs- Attributionen für sowohl der Trainingsaufgabe ähnliche als auch unähnliche Aufgaben vor. Weiterhin zeigten sie zu allen Meßzeitpunkten erhöhte Persistenz. Keine Unterschiede ergaben sich auf dem IAR- Fragebogen und einer weiteren Attributionsskala. Beide Reattributionstechniken führten zu gleichen Ergebnissen
Chapin & Dyck (1976)	Gelernte Hilflosigkeit, Attributional - Veränderung zu Anstrengung für Erfolg und Mißerfolg	Leseleistungen - Auswahl aufgrund von Kognitionen	Überredung (der Experimentator verbalisierte die gewünschte Attribution nach jedem Ergebnis) - 3 Tage mit je 15 Durchgängen	Das Reattributions-Training erhöhte die Persistenz (Anzahl der Sätze mit schwierigen Wörtern, die die Versuchspersonen freiwillig vorlesen wollten)

Fortsetzung von Tabelle 1

Autoren	Theoretische Position und - Richtung der Veränderung	Problembereiche und - Auswahl der Teilnehmer	Reattributions-Techniken - Trainingsdauer	Abhängige Variablen und - Befunde
Dweck (1975)	Gelernte Hilflosigkeit, attributional - Veränderung zu Anstrengung für Mißerfolg	Arithmetik-Aufgaben - Auswahl aufgrund von Verhalten (es wurden Kinder, die von ihren Lehrern als hilflos eingestuft wurden, gewählt)	Überredung (der Experimentator attribuierte 2 bis 3 Mißerfolge während - ca. 15 Durchgängen auf mangelnde Anstrengung)	Die hilflosen Kinder nahmen nach dem Training mehr Anstrengungs-Attributionen vor als im Vortest und zeigten Leistungssteigerungen. Die Kennwerte auf dem IAR Fragebogen und einem Testängstlichkeitsmaß änderten sich nicht signifikant durch das Training
Fowler & Peterson (1981)	Gelernte Hilflosigkeit - Veränderung zu Anstrengung für Erfolg und Mißerfolg	Leseleistung - Auswahl aufgrund von Leistung (niedrige Lesefähigkeiten) und Kognitionen (IAR) und Lehrerurteil	Überredung (der Experimentator äußerte die gewünschte Attribution gegenüber der Versuchsperson) oder die Versuchsperson hörte aufgezeichneten Attributionen zu - 3 Sitzungen	Ausdauer (Anzahl der laut gelesenen Sätze) stieg an. Bezüglich des Gesamtkennwertes des IAR wurden keine Unterschiede gefunden, aber das Training beeinflußte Anstrengungs-Attributionen
Gatting-Stiller, Gerling, Stiller, Voß, (1979)	Attributional - Veränderung zu Anstrengung für Mißerfolg	Intelligenztest-Aufgaben - Auswahl aufgrund von Kennwerten eines Leistungsmotivationstests (Schmalt). Schüler der 5. und 6. Schulstufe mit geringem Leistungsmotiv wurden ausgewählt	Modellernen (eine gefilmte Stimulusperson attribuierte zunächst einen Mißerfolg auf mangelnde Begabung, änderte danach jedoch die Zuschreibung auf Anstrengungsmangel. In einer Bedingung zeigten die Stimuluspersonen Persistenz nach Mißerfolg, in der anderen nicht). - Einmalige Intervention	Die Persistenz an ähnlichen und unähnlichen Aufgaben wurde durch das Training nicht beeinflußt. Die Versuchspersonen nahmen mehr Anstrengungs-Attributionen vor (an ähnlichen, nicht jedoch bei unähnlichen Aufgaben). Effekte des Trainings auf Attributionsstile wurden nicht gefunden

Fortsetzung von Tabelle 1

Autoren	Theoretische Position und - Richtung der Veränderung	Problembereiche und - Auswahl der Teilnehmer	Reattributions-Techniken - Trainingsdauer	Abhängige Variablen und - Befunde
Medway & Venino (1982)	Attributional - Veränderung zu Anstrengung für Erfolg und Mißerfolg	Visuelle Diskriminationsaufgaben - Auswahl aufgrund von Kognitionen (Hauptschüler mit einer Tendenz, die eigenen Leistungen nicht auf Anstrengung zurückzuführen).	Überredung (der Experimentator äußerte die gewünschte Attribution gegenüber der Versuchsperson). - 8 Sitzungen mit je 6 Durchgängen	Die Persistenz (die Zeit, die die Versuchspersonen an der Aufgabe arbeiteten sowie die Anzahl der bearbeiteten Aufgaben) wurde durch das Training erhöht. Attributionen wurden nicht beeinflußt
Schunk (1981)	Selbst-Wirksamkeit - Veränderung zu Anstrengung für Mißerfolg	Arithmetik-Aufgaben - Auswahl aufgrund von Verhalten (es wurden Kinder mit schlechten Arithmetikleistungen ausgewählt)	Überredung (der Experimentator verbalisiert die gewünschte Attribution alle 5 bis 6 Minuten) - 3 Sitzungen	Persistenz (die Zeit, die die Versuchspersonen an Arithmetikaufgaben arbeiteten), Leistungsgüte und generelle arithmetische Fähigkeiten wurden nicht signifikant durch das Training beeinflußt
Schunk (1982)	Selbst-Wirksamkeit - Veränderung zu Anstrengung für Erfolg bei (a) der vergangenen oder (b) der anstehenden Aufgabe	Arithmetik-Aufgaben - Auswahl aufgrund von Verhalten (Lehrer identifizierten Kinder mit geringen Subtraktionsfähigkeiten)	Überredung (der Experimentator verbalisierte, daß die bisherige Leistung durch Anstrengung bedingt sei bzw. daß Anstrengung für Erfolge bei zukünftigen Aufgaben nötig wäre) - 3 Sitzungen zu je 40 Minuten	Lediglich die Reattribution von vergangenen Leistungen auf Anstrengung erhöhte die (Subtraktions-) Leistungen und die Selbst-Wirksamkeit. Persistenz (die Zeit, die die Versuchspersonen an ähnlichen und unähnlichen Aufgaben zubrachten) wurde nicht durch das Programm beeinflußt
Schunk (1983)	Selbst-Wirksamkeit - Veränderung zu Fähigkeit oder Anstrengung oder Fähigkeit und Anstrengung für Erfolg	Arithmetik-Aufgaben - Auswahl aufgrund von Verhalten (Lehrer identifizierten Schüler mit geringen Subtraktionsleistungen)	Überredung (der Experimentator äußerte die gewünschte Attribution gegenüber der Versuchsperson). - 3 Sitzungen zu je 40 Minuten	Leistung und Selbst-Wirksamkeit an Subtraktionsaufgaben verbesserten sich in allen Reattributions-Bedingungen. Persistenz veränderte sich nicht

Fortsetzung von Tabelle 1

Autoren	Theoretische Position und - Richtung der Veränderung	Problembereiche und - Auswahl der Teilnehmer	Reattributions-Techniken - Trainingsdauer	Abhängige Variablen und - Befunde
Schunk (1984)	Selbst-Wirksamkeit - Veränderung zu Fähigkeit oder Anstrengung	Arithmetik-Aufgaben - Auswahl aufgrund von Verhalten (Lehrer identifizierten Kinder mit geringen Subtraktionsfähigkeiten)	Überredung (der Experimentator äußerte die gewünschte Attribution gegenüber der Versuchsperson) - 4 Sitzungen zu je 40 Minuten	Leistung, Selbst-Wirksamkeit und Fähigkeits-Attributionen stiegen als Funktion des Trainings an. Fähigkeitsrückmeldung ergab gegenüber dem Anstrengungsattributionstraining überlegene Ergebnisse
Weiner & Sierad (1975)	Attributional - Veränderung auf eine angeblich leistungsmindernde Pille für Mißerfolg	Intelligenztest-Aufgaben - Auswahl aufgrund von (niedrigen) Kennwerten In einem (Mehrabian's) Leistungsmotivations-Fragebogen	Missattributions-Paradigma (die Versuchspersonen erhielten eine (Plazebo) Pille, von der gesagt wurde, sie wirke bei der Testaufgabe leistungsmindernd) - einmalige Intervention	Versuchspersonen mit niedriger Leistungsmotivation verbesserten die Leistungsgeschwindigkeit aufgrund der (Plazebo) Intervention an den Kriteriumsaufgaben
Wilson & Linville (1982; 1985)	Attributional - Veränderung zu variabel	Universitäts-Leistungen (College-Zensuren, Graduate Record Examination-Aufgaben) - Auswahl aufgrund (selbst berichteter) Unzufriedenheit mit den College-Leistungen und Besorgnis über die eigene Leistung	Informationen (Die Versuchspersonen erhielten - gefälschte - Informationen, dahingehend, daß sich Collegeleistungen in der Regel vom ersten bis vierten Jahr verbessern, indem sie auf Video aufgezeichnete Interviews mit anderen Studenten anschauten) - einmalige Intervention	Leistungen (GRE-Aufgaben), Persistenz (Studien-Abbrecher-Quote), Erwartungen (bessere Leistungen zu erzielen) und Emotionen wurden durch das Training positiv beeinflußt
Zoeller, Mahoney & Weiner (1983)	Attributional - Veränderung zu Anstrengung und Fähigkeit für Erfolg und mangelnder Anstrengung für Mißerfolg	Psychomotorische Koordinations-Aufgabe - Versuchspersonen (mental retardierte Erwachsene), die von ihrem Pflegepersonal als "motivationsgestört" bezeichnet wurden und nach Mißerfolg Leistungsverschlechterungen zeigten, wurden ausgewählt	Modellernen (die Versuchspersonen beobachteten einen anderen Heiminsassen im Film, der an der Aufgabe arbeitete. Ein Kommentator nahm Attributionen für die Leistungen der Stimulusperson vor. Eine zweite Gruppe erhielt "in vivo" Attributions-Training durch Überredung) - 3 Sitzungen	Beide Methoden des Attributions-Trainings erhöhten die Leistungen (benötigte Zeit für eine psychomotorische Koordinationsaufgabe)

Einige Studien fördern Anstrengungsattributionen sowohl für Erfolg als auch für Mißerfolg; andere Untersuchungen zielen lediglich darauf ab, daß die Teilnehmer für Mißerfolge Anstrengungsattributionen vornehmen. Darüber hinaus unterscheidet Schunk (1982), ob ein vergangenes oder ein zukünftiges Ergebnis mit Anstrengung in Zusammenhang gebracht wird. Die starke Ausrichtung auf internale, variable Zuschreibungen ergibt sich aus den folgenden theoretischen Modellen und hat unterschiedliche Implikationen in den verschiedenen Konzeptionen.

7.3.1 Der attributionale Ansatz (Weiner)

Wie bereits ausführlicher in Kap. 4 dargestellt wurde, postulieren Weiner et al. (1971) in ihrer attributionstheoretischen Analyse leistungsbezogenen Verhaltens, daß Mißerfolgszuschreibungen auf stabile Ursachen (z. B. Fähigkeitsmangel oder Aufgabenschwierigkeit) nachfolgende Erfolgserwartungen stark reduzieren. Ursachenzuschreibungen nach einem Mißerfolg auf internale Faktoren (Anstrengung und Fähigkeitsmangel) maximieren dagegen negative, selbstwertbezogene Affekte. Auf der anderen Seite erhöhen Erfolgsattributionen auf stabile Ursachen die Erwartungen zukünftiger Erfolge in stärkerem Maße als Zuschreibungen auf variable Faktoren. Darüber hinaus werden selbstwertbezogene positive Emotionen nach Erfolgen (z. B. Stolz) maximiert, wenn internale Attributionen vorgenommen werden. Da "Mangel an Fähigkeit" sowohl ein stabiler als auch ein internaler Faktor ist, sollten Attributionen auf diese Ursache besonders nachteilige Auswirkungen auf nachfolgendes Leistungsverhalten haben (Meyer, 1984; Weiner & Sierad, 1975). Auf der anderen Seite sollten nach Weiner et al. (1971) Erfolgsattributionen auf hohe Fähigkeit zu Stolz und hohen Erfolgserwartungen führen.

Abbildung 7 – 4 illustriert, daß aus der Perspektive des Weiner-Modells andere Attributionen für Erfolg als für Mißerfolg wünschenswert sind. Nach Erfolgen ist es vorteilhaft, internale Attributionen vorzunehmen, während nach Mißerfolgen variable Ursachen wünschenswert sind. Da jedoch das Konzept von Weiner keinen direkten Zusammenhang zwischen Attributionen und Verhalten (z. B. Persistenz und Leistungsgüte) postuliert, sondern weitere vermittelnde Variablen –

nämlich Erwartungen und Affekte (Anreize) – berücksichtigt, sind die Schlußfolgerungen aus dem Modell für Reattributionsbemühungen nicht ganz eindeutig:

Stimulus	Kognition	Intervenierende Variablen	Reaktion
		NACHTEILIG	
Erfolg →	Zufall →	mangelnder emotionaler Erfolgsanreiz (z. B. Gleichgültigkeit) und minimal erhöhte Erfolgserwartungen →	leistungsthematische Tätigkeiten werden nicht aufgenommen
Mißerfolg →	Begabungsmangel →	leistungsstörende Emotionen (z. B. Resignation) und reduzierte Erfolgswahrscheinlichkeiten →	mangelndes Ausdauerverhalten und Vermeiden von Leistungstätigkeiten
		VORTEILHAFT	
Erfolg →	Begabung, Anstrengung →	positive selbstwertbezogene Emotionen z. B. Stolz), erhöhte höhte Erfolgswahrscheinlichkeiten →	Aufnahme von Leistungstätigkeiten
Mißerfolg →	Mangel an Anstrengung, Pech →	motivierende negative Emotionen (z. B. Schuldgefühle), Aufrechterhaltung hoher Erfolgswahrscheinlichkeiten →	Ausdauer

Abb. 7 – 4. Nachteilige und vorteilhafte Attributionen nach dem Modell von Weiner.

Weiner (1980b, c) hat darauf aufmerksam gemacht, daß man Individuen nahelegen müßte, Mißerfolge durch mangelnde Anstrengung (und nicht durch den Zufall) zu erklären, wenn es allein die mit solchen Attributionen verbundenen Schuldgefühle sind, die die Person dazu motivieren, zukünftig fleißiger zu arbeiten. Bestimmen jedoch nur die Erfolgserwartungen, wieviel Energie man nach einem Mißerfolg aufwendet, das angestrebte Ziel doch noch zu erreichen, wären Zufallsattributionen aufgrund ihrer Variabilität ähnlich wünschenswert wie Anstrengungszuschreibungen.

7.3.2 Das Modell der gelernten Hilflosigkeit (Seligman)

Obwohl die in Kapitel 5 bereits dargestellte attributionstheoretische Analyse gelernter Hilflosigkeit (Abramson, Seligman & Teasdale, 1978) eine Fülle von Forschungsarbeiten angeregt hat (s. Coyne & Gotlib, 1983), sind Programme zur Veränderung der Attributionen, die Hilflosigkeit bedingen, bisher noch nicht publiziert worden (s. Peterson & Seligman, 1984).

NACHTEILIG

Stimulus		Kognition		Reaktion
Erfolg	→	unkontrollierbare Ursachenfaktoren (z. B. Zufall, Aufgabenleichtigkeit)	→	Hilflosigkeit (kognitive, motivationale und affektive Defizite)
Mißerfolg	→	unkontrollierbare Ursachenfaktoren (z. B. Zufall, Aufgabenschwierigkeit)		

VORTEILHAFT

Stimulus		Kognition		Reaktion
Erfolg	→	kontrollierbare Ursachenfaktoren (z. B. hohe Anstrengung)	→	keine Hilflosigkeit (Persistenz, unbehinderte Leistungsfähigkeit)
Mißerfolg	→	kontrollierbare Ursachenfaktoren (z. B. unzureichende Anstrengung)	↗	

Abb. 7 – 5. Nachteilige und vorteilhafte Attributionen nach dem (ursprünglichen) Modell der gelernten Hilflosigkeit nach Seligman.

Allerdings ist die vielzitierte Reattributionsstudie von Dweck (1975) in Anlehnung an die ursprüngliche Hilflosigkeit - Konzeption entstanden und hat in gewisser Weise die attributionstheoretische Reformulierung der Theorie der gelernten Hilflosigkeit vorweggenommen: Dweck & Repucci (1973) fanden, daß hilflose Schulkinder, die nach einem Mißerfolg schlechtere Leistungen erbrachten als vor dem Mißerfolg, sowohl für ihre Erfolge als auch für ihre Mißerfolge weniger Anstrengungsattributionen vornahmen als Kinder, die nicht hilflos waren. Durch diese Befunde und das Konzept der gelernten Hilflosigkeit geleitet, folgerte Dweck (1975), daß man Leistungsdefizite, die durch gelernte Hilflosigkeit bedingt sind, reduzieren kann, indem hilflose Personen lernen, Erfolge und Mißerfolge so zu erklären wie nicht - hilflose Individuen (durch Anstrengung) (s. Abb. 7 - 5).

7.3.3 Das Konzept der Selbst - Wirksamkeit (Bandura)

In der Selbst - Wirksamkeits - Theorie von Bandura (1977b; 1981; 1982) werden Ursachenzuschreibungen nicht als direkt verhaltenswirksam betrachtet. Jedoch können sie wichtige Informationen über die eigene Wirksamkeit liefern, die ihrerseits Denken, Fühlen und Verhalten beeinflussen soll. Wirksamkeits - Erwartungen bezeichnen die wahrgenommene Wahrscheinlichkeit, daß man die Fähigkeit besitzt, ein Verhalten zu zeigen, welches notwendig ist, um ein angestrebtes Ergebnis herbeizuführen. Diese Erwartungen werden von Ergebnis - Erwartungen unterschieden, die die Wahrscheinlichkeit bezeichnen, daß ein bestimmtes Verhalten zu dem erwünschten Ergebnis führt.

Selbstwirksamkeits - Erwartungen beeinflussen eine Reihe von psychologischen Variablen, z. B. die Aufgabenwahl, das Ausmaß an intendierter Anstrengung und die Ausdauer, mit der man an einer Aufgabe arbeitet, die dann ihrerseits das Leistungsergebnis mitbestimmen soll: Hohe Anstrengung und Ausdauer führen in der Regel zu guten Leistungen und zu effektiver Bewältigung der Anforderungen einer gegebenen Situation (s. Abb. 7 - 4).

NACHTEILIG

Stimulus		Kognition				Reaktion
Erfolg	→	hohe Anstrengung	→	niedrige Selbst - Wirksamkeit	→	geringe Anstrengung und Ausdauer, niedriges Leistungsniveau
Mißerfolg	→	mangelnde Fähigkeit	→	niedrige Selbst - Wirksamkeit	↗	

VORTEILHAFT

Erfolg	→	hohe Fähigkeit	→	hohe Selbst - Wirksamkeit		ausgeprägte Anstrengung und Ausdauer, hohes Leistungsniveau
Mißerfolg	→	geringe Anstrengung, Zufall	→	Aufrechterhaltung hoher Selbst - Wirksamkeit	↗	

Abb. 7 - 6. Nachteilige und vorteilhafte Attributionen nach dem Selbstwirksamkeits - Modell von Bandura.

Einschätzungen der eigenen Wirksamkeit entstehen aufgrund ganz verschiedener Faktoren; vergangene Handlungsergebnisse (Erfolge und Mißerfolge) stellen nach Bandura (1977b) eine besonders wichtige Determinante dar. Wiederholter Erfolg gibt zu hoher selbst - wahrgenommener Fähigkeit Anlaß, wohingegen kontinuierliche Mißerfolge zu niedrigen Einschätzungen der eigenen Fähigkeiten führen sollen. Allerdings ist die wahrgenommene eigene Wirksamkeit keine direkte Widerspiegelung vergangener Leistungen, sondern - zumindest teilweise - von Attributionen abhängig, die man für die eigenen Erfolge und Mißerfolge verantwortlich macht. Bandura entwickelt keine detaillierte Konzeption über den Einfluß von Attributionen auf Selbstwirksamkeits - Wahrnehmungen. Er sagt lediglich:

"Erfolge erhöhen die Selbst - Wirksamkeit mit größerer Wahrscheinlichkeit, wenn Leistungen als Resultat von Fähigkeiten wahrgenommen werden... Erfolg aufgrund minimaler Anstrengung fördert Fähigkeitszuschreibungen, die ihrerseits ein Bild einer starken Selbst - Wirksamkeit bekräftigen. Im Gegensatz dazu kann ein vergleichbarer Erfolg, der durch hohe Anstrengung erzielt worden ist, weniger Fähigkeiten nahelegen und daher einen schwächeren Effekt auf die wahrgenommene eigene Wirksamkeit haben. (Bandura, 1977b, S. 201, übersetzt vom Verfasser)".

Kritik und Ausblick. Es scheint uns wichtig festzuhalten, daß unterschiedliche, mitunter gegensätzliche Hypothesen aus den drei eben besprochenen Modellen für Attributionsveränderungen abgeleitet werden können. Die ursprüngliche Theorie der gelernten Hilflosigkeit (Seligman, 1975) betont z. B. persönliche Kontrolle. Deshalb wäre es konsistent mit diesem Modell, sowohl Erfolge als auch Mißerfolge mit der eigenen Anstrengung in Verbindung zu bringen, da Anstrengung ein kontrollierbarer Faktor ist (s. Kap. 2). Demgegenüber kann man aus der reformulierten Theorie der gelernten Hilflosigkeit, aus den Selbstwirksamkeits - Hypothesen und aus dem Weiner - Modell ableiten, daß die Zuschreibung von Erfolg auf hohe Anstrengung für den Handelnden implizieren kann, daß er von einer Person, die eine Attribution für seine Leistung vornimmt, als gering begabt wahrgenommen wird. Kelley (1972) hat darauf aufmerksam gemacht, daß speziell bei sehr leichten und mittelschweren Aufgaben multiple hinreichende kausale Schemata die Ursachenzuschreibung leiten (s. Kap. 2): Bei solchen Aufgaben wird das Vorliegen von entweder Anstrengung oder Fähigkeit als hinreichende Erklärung für Erfolg angesehen. Deshalb würde das Zurückführen von Erfolg (insbesondere bei leichten Aufgaben) auf hohe Anstrengung implizieren, daß man nur geringe Fähigkeiten besitzt. Diese Schlußfolgerung wäre jedoch aus der Sicht der Selbstwirksamkeits - Konzeption, des Weiner - Modells und der reformulierten Theorie gelernter Hilflosigkeit nicht wünschenswert.

Tabelle 7 - 1 zeigt, daß die hier beschriebenen Studien nicht untersuchen, ob Attributionen für Erfolg andere Auswirkungen haben als die für Mißerfolg. Auch werden nur in einigen Studien Attributionsrückmeldungen für beide möglichen Ergebnisse vorgenommen: Zoeller et al. (1983) trainierten ihre Versuchsteilnehmer, Erfolg auf Fähigkeit und Anstrengung zurückzuführen, dagegen Mißerfolg allein auf mangelnde Anstrengung. Die verbleibenden Studien versuchen entweder, Anstrengungsattributionen für sowohl Erfolg als auch Mißerfolg zu induzieren (Anderson, 1983; Andrews & Debus, 1978; Chapin & Dyck, 1976; Medway & Venino, 1982; Schunk, 1982) oder lediglich für Mißerfolg (Dweck,

1975; Gatting-Stiller et al., 1979), beziehungsweise nur für Erfolg (Schunk, 1982; 1983; 1984).

Mit dem Weiner-Modell und der reformulierten Hilflosigkeit-Konzeption wäre es konsistent, den Versuchsteilnehmern nahezulegen, Mißerfolge auf Zufall zurückzuführen, da dieser externale, variable Faktor weder negative Affekte hervorruft noch drastische Verringerungen der Erfolgswahrscheinlichkeiten bewirkt. Demgegenüber würde aus der Perspektive des ursprünglichen Modells der gelernten Hilflosigkeit "Pech" eine unvorteilhafte Attribution darstellen, da dieser Faktor vom Individuum in der Regel als unkontrollierbar wahrgenommen wird.

Keine der hier geschilderten Untersuchungen wurde als Experiment zur Überprüfung der unterschiedlichen Voraussagen der verschiedenen Konzeptionen, die den Trainings zugrunde liegen, konzipiert. Wollte man Reattributions-Trainings zu solchen Zwecken heranziehen, wäre es notwendig, diejenigen Ableitungen aus den Theorien zu überprüfen, die sich zwischen den unterschiedlichen Positionen unterscheiden und nicht solche, die bei allen Modellen identisch sind. Alle der hier referierten Konzeptionen betrachten Attributionen für Mißerfolg auf mangelnde Anstrengung als wünschenswert und legen in den Trainings ihren Versuchspersonen nahe, diese Attribution vorzunehmen. Bestätigungen dafür, daß diese Ursachenzuschreibung positive Konsequenzen hat, hilft allerdings nicht, eine Entscheidung zwischen den verschiedenen theoretischen Modellen zu treffen.

Neuere Reattributions-Programme konzentrieren sich nicht mehr so eindeutig auf Anstrengungs-Attributionen. Wilson & Linville (1982; 1985) meinen, daß es unter bestimmten Bedingungen, etwa bei der Erklärung von nicht zufriedenstellenden universitären Leistungen, unvorteilhaft sein könnte, die bisherigen Leistungen auf Anstrengungsmangel zurückzuführen. Anstrengungsattributionen könnten nämlich zu Gefühlen Anlaß geben, die nachteilige Auswirkungen auf die Leistungen des Individuums haben und es dazu bewegen mögen, die Tätigkeit abzubrechen. Von dieser Annahme geleitet, informieren Wilson & Linville (1982; 1985) ihre Versuchsteilnehmer, die unzufrieden mit ihren akademischen Leistungen waren, daß sich bei den meisten College-Studenten die Leistungen und Zensuren in den ersten Jahren verbessern. Die Autoren nahmen an, daß diese Information die Erwartungen der Versuchspersonen erhöhen würde, in

Zukunft bessere Leistungen zu erbringen und sie dazu veranlassen würde, die gegenwärtigen Mißerfolge auf variable Faktoren zurückzuführen. Dies sollte zu verminderten negativen Gefühlen in der gegenwärtigen Situation führen. In ähnlicher Weise versuchte Anderson (1983), einigen Versuchspersonen nahezulegen, daß Mißerfolge bei der im Experiment zu bearbeitenden Aufgabe auf fehlerhafte Strategien zurückgehen (eine variable Ursache). Das Zurückführen von Mißerfolgen auf falsche Strategien bedeutet, daß man die Ursache des Mißerfolges ändern kann, etwa indem man andere Strategien anwendet. Somit handelt es sich um eine variable Attribution, die jedoch einen wichtigen Unterschied zu Anstrengungs-Attributionen aufweist: Führt man Mißerfolg auf mangelnde Anstrengung zurück, bedeutet dies, daß man erneut Energie investieren müßte, um das Ziel doch noch zu erreichen; demgegenüber implizieren Strategie-Attributionen, daß es noch einen "bequemen" Weg zum Erfolg gibt.

7.4 Problemgebiete und Auswahl der Versuchspersonen

In Tabelle 7 - 1 ist zusammengefaßt, auf welche Problembereiche Programme zur Veränderung von Attributionen bezogen wurden. Desweiteren geht aus der Tabelle hervor, unter welchen Gesichtspunkten die Versuchspersonen ausgewählt ("diagnostiziert") wurden. Die Programme sind vorwiegend darauf angelegt, Hypothesen aus attributionalen Konzeptionen leistungsbezogenen Verhaltens zu überprüfen. In den Trainings dominieren daher Probleme aus dem intellektuellen, akademischen Leistungsbereich. Innerhalb dieses Bereichs sind allerdings eine ganze Reihe von Phänomenen untersucht worden. Dweck (1975) und Schunk (1981; 1982; 1983; 1984) haben Leistungen bei Arithmetikaufgaben untersucht. Chapin & Dyck (1976) und Fowler & Peterson (1981) beeinflußten mit ihrem Training die Leseleistungen ihrer Versuchspersonen positiv. Wilson & Linville (1982; 1985) untersuchten universitäre Resultate (Grade Point Average), die Abbrecher-Quote am College (dropout-rate) und die Zufriedenheit mit den eigenen Studienergebnissen. Zoeller et al. (1983) befaßten sich mit den Leistungen von geistig retardierten Erwachsenen bei psychomotorischen Aufgaben, Medway & Venino (1982) erhoben Persistenz bei einer visuellen Diskriminationsaufgabe, während Anderson (1983) Persistenz, Leistungen, Motivation und Erwartungen bei einer interpersonellen ("Überredungs-") Aufgabe als abhängige Variablen erhob.

Aus der Tabelle 7 – 1 geht hervor, daß in den Studien in einem Vortest (einer "diagnostischen Phase") zunächst festgestellt wird, welche Versuchspersonen von dem Attributions-Programm profitieren könnten. Dazu werden zwei unterschiedliche Vorgehensweisen gewählt: 1. Es werden Verhaltensweisen erfaßt, von denen angenommen wird, daß sie durch bestimmte Attributionen gesteuert werden; Versuchspersonen, die das Verhalten in hohem Maße zeigen, werden dem Training zugeteilt. Z. B. wird in einem Vortest erkundet, welche Versuchspersonen nach Mißerfolgen Leistungsverschlechterungen zeigen (Hilflosigkeit), ein Phänomen, von dem man annimmt, daß es durch Mißerfolgsattributionen auf stabile Ursachen zustande kommt. 2. Eine zweite Gruppe von Arbeiten erfaßt nicht das zu modifizierende Verhalten selbst, sondern mißt zunächst diejenigen Variablen, welche zu dem relevanten Verhalten führen sollen. So identifiziert Anderson (1983) z. B. die Attributions-Voreingenommenheiten seiner Versuchspersonen mit Hilfe eines Attributionsstil-Fragebogens. Andrews & Debus (1978) und Medway & Venino (1982) wählen Versuchspersonen aus, die während einer Vortest-Aufgabe nur selten Anstrengungsattributionen vornahmen, Weiner & Sierad (1975) und Gatting-Stiller et al. (1979) selektieren Versuchspersonen mit niedrigen Leistungsmotivations-Kennwerten.

Einige Studien ziehen sowohl kognitive als auch behaviorale Parameter heran, um ihre Versuchsteilnehmer auszuwählen. Zum Beispiel benutzen Wilson & Linville (1982) eine Vielzahl von Maßen, unter anderem die von den Versuchspersonen selbst angegebene Besorgnis über ihre akademischen Leistungen, ihren Notendurchschnitt und ihre Ansicht, ob sie im College besser abgeschnitten haben könnten oder nicht.

7.5 Techniken der Reattribution

Die Techniken, die in den Trainings verwendet wurden, um Attributionen zu verändern, unterscheiden sich ganz erheblich voneinander. Einige Studien benutzen operante Methoden, andere "überreden" ihre Versuchsteilnehmer, bestimmte Attributionen vorzunehmen und wiederum andere geben den Versuchspersonen attributions-relevante Informationen, um attributionale Veränderung herbeizuführen. Schließlich verwendet eine Studie ein Missattributions-Paradigma (Weiner & Sierad, 1975) (s. Tab. 7 – 1). Eine <u>operante</u>

Methode benutzen z. B. Andrews & Debus (1978). Sie ließen Kinder Attributionen für die Ergebnisse bei der Bearbeitung der Trainingsaufgabe vornehmen, indem die Kinder nach Erfolg oder Mißerfolg auf einen von vier Knöpfen drückten und dadurch angaben, ob Fähigkeit, Anstrengung, Aufgabenschwierigkeit oder Zufall maßgeblich für den Handlungsausgang war. Der Experimentator bekräftigte die Versuchspersonen verbal, wenn sie Anstrengungsattributionen vornahmen.

Die meisten Trainingsprogramme benutzen die Methode der "Überredung". Ohne nähere Begründung wird den Versuchspersonen gesagt, daß eine bestimmte Attribution verantwortlich für ein Ergebnis ist. Überredungs-Methoden werden entweder innerhalb des Paradigmas des Modellernens oder in vivo angewandt. Zum Beispiel zeigen Zoeller et al. (1983) geistig retardierten Erwachsenen, die in Werkstätten arbeiteten, einen Videofilm, der einen anderen Heiminsassen bei der Arbeit an der Kriteriumsaufgabe darstellt. Die Aufgabe bestand darin, Muttern auf Schrauben zu drehen. Nach jedem Erfolg oder Mißerfolg des Darstellers verbalisiert ein Kommentator (der Versuchsleiter) die erwünschten Attributionen gegenüber dem Akteur. Zusätzlich zu dieser "modellierten Überredung" schließen die Autoren eine "in vivo Überredungsgruppe" in ihren Versuchsplan mit ein. Die Teilnehmer an dieser Gruppe sahen keinen Film, sondern arbeiteten selbst an der Kriteriums-Aufgabe. Nach jedem Erfolg oder Mißerfolg verbalisiert der Versuchsleiter die gewünschten Ursachenzuschreibungen. In ähnlicher Weise teilt Anderson (1983) einigen Versuchspersonen mit, daß Erfolge und Mißerfolge bei der Kriteriumsaufgabe (andere Studenten zum Blutspenden zu gewinnen) von stabilen Faktoren, wie der eigenen Fähigkeit oder Charaktereigenschaften, abhängig seien. Die verbleibenden Versuchspersonen werden instruiert, daß Erfolg und Mißerfolg bei dieser Aufgabe von variablen Faktoren abhängig sei, etwa der eigenen Anstrengung oder der Strategien, die man benutzt. Demgegenüber verwenden Wilson & Linville (1982) eine Informations-Methode: Die Versuchsteilnehmer erhalten Konsensus- und Distinktheits-Informationen sensu Kelley (1967; s. Kap. 3), die so ausgewählt wurden, daß sie bei den Versuchspersonen zu den angestrebten Attributionen führen sollten. Bei den Teilnehmern handelte es sich um Studenten, die mit ihren akademischen Leistungen unzufrieden waren und meinten, daß sie in der Lage gewesen wären, bessere Leistungen zu erzielen. Ihnen wurde mitgeteilt, daß die meisten Studenten in späteren Jahren weniger Probleme mit ihren akademischen Leistungen und bessere Zensuren hätten. Diese Information sollte dazu führen, daß die Versuchspersonen ihre gegenwärtige mißliche Lage auf variable und nicht mehr auf stabile Faktoren zurückführen.

Schließlich verwenden Weiner & Sierad (1975) ein Missattributions - Paradigma. Sie geben Versuchspersonen, bei denen zuvor niedrige Leistungsmotivations - Kennwerte festgestellt waren, ein Plazebo, welches angeblich negative Auswirkungen auf die Fähigkeit zur Lösung der experimentellen Aufgabe hatte. Dies geschah, um die (unerwünschte) Mißerfolgsattribution der Versuchsteilnehmer auf mangelnde Fähigkeit zugunsten einer Ursachenzuschreibung auf die Pille zu reduzieren, denn Zuschreibung von Mißerfolg auf mangelnde Fähigkeit soll nach Weiner zu leistungsstörenden Affekten führen.

Kritik und Ausblick. Da Reattributions - Trainings unterschiedliche Techniken zur Attributions - Veränderung heranziehen, die beträchtlich in ihrer zeitlichen Aufwendigkeit variieren (s. Tab. 7 - 1), wäre es interessant, zu erfahren, welche Technik die effektivste ist. Leider beziehen nur zwei der relevanten Studien unterschiedliche Modifikationstechniken in ihren Versuchsplan mit ein, um deren Wirksamkeit zu vergleichen. Zoeller et al. (1983) teilte eine Versuchsgruppe der Methode des "Überredens durch Modellierung" zu. Diese Gruppe sah einen Videofilm, in dem der Kommentator die gewünschten Attributionen gegenüber den Akteuren verbalisierte. Die verbleibenden Versuchsteilnehmer befanden sich in einer "in - vivo - Modellierungs" - Bedingung, in der der Versuchsleiter direkt die erwünschten Attributionen für Erfolg und Mißerfolg verbalisierte, nachdem die Versuchsperson selbst an der Aufgabe gearbeitet hatte. Beide Methoden unterschieden sich nicht bezüglich ihrer Effektivität. Die zweite Studie, in der Reattributions - Techniken verglichen werden, stammt von Andrews & Debus (1978). Diese Autoren unterschieden, ob die Versuchspersonen soziale Bekräftigung für das Äußern der erwünschten Zuschreibungen erhielten oder zusätzlich einen "Token" bekamen. Wiederum erzielten beide Methoden gleiche Resultate bezüglich der abhängigen Variablen.

Zu beachten ist allerdings, daß die Techniken, die in diesen Studien verglichen wurden, einander sehr ähnlich waren. Bei Zoeller et al. (1983) wurden zwei unterschiedliche Überredungs - Methoden untersucht und Andrews & Debus (1978) verglichen zwei operante Techniken. Interessanter wäre sicherlich, innerhalb einer Studie zwei unterschiedliche Reattributions-Techniken zu vergleichen. Aus diesem Grund ist die Frage noch unbeantwortet, welche Technik unter welchen Umständen am effektivsten zur Veränderung von Attributionen herangezogen werden kann.

7.6 Abhängige Variablen und Ergebnisse

Aus der Tabelle 7 - 1 ist ersichtlich, daß Reattributions-Trainings eine ganze Anzahl von abhängigen Variablen (Kognitionen, Verhalten) in der erwarteten Weise beeinflussen. Mit einer Ausnahme (Schunk, 1981) berichten alle Arbeiten signifikante Resultate ihrer Trainingsinterventionen. Bezüglich kognitiver Veränderungen besteht die interessanteste Frage darin, ob die Trainings wirklich zu den angestrebten Veränderungen von Ursachenzuschreibungen führen. Zwei Studien, welche die Intellectual Achievement Responsibility Scale (IAR; Crandall, Katkovski, & Crandall, 1965) benutzt haben, legen nahe, daß hoch generalisierte Kausalkognitionen nicht signifikant durch die Programme beeinflußt werden (Andrews & Debus, 1978; Dweck, 1975). Allerdings ergibt sich in diesen beiden Studien und auch bei Gatting-Stiller et al. (1979), daß Ursachenzuschreibungen für Erfolg und Mißerfolg an speziellen Aufgaben, die mit der Trainingsaufgabe Ähnlichkeit hatten, signifikant in der erwarteten Richtung beeinflußt wurden. Diese Befundlage ist nicht überraschend, da sich die im IAR dargestellten Situationen stark von den Trainingsaufgaben unterscheiden. Es besteht kein Grund anzunehmen, daß Versuchspersonen hoch generalisierte Kausalüberzeugungen verändern, nachdem sie zum Beispiel bei einer Konzeptlernaufgabe dafür belohnt worden waren, Mißerfolge auf mangelnde Anstrengung zurückzuführen.

Eine zweite Klasse von Kognitionen, die in den Programmen erfaßt wird, sind Erfolgswahrscheinlichkeiten, Veränderungen von Erfolgswahrscheinlichkeiten sowie Selbstwirksamkeits-Wahrnehmungen. Auch bezüglich dieser Variablen kann man zusammenfassend feststellen, daß Attributions-Trainings diese Kognitionen positiv beeinflussen. Konsistent mit der attributionalen Vorhersage fand etwa Anderson (1983), daß Versuchspersonen, die glaubten, daß Ergebnisse bei der experimentellen Aufgabe durch variable Faktoren bestimmt werden (Anstrengung, Strategie), höhere Ausgangswahrscheinlichkeiten und geringere

Abnahmen der Erfolgserwartung nach Mißerfolg angaben als Versuchspersonen, die glaubten, daß Mißerfolge durch stabile Faktoren (Fähigkeit, Charakter) bedingt sind. Ebenso fanden Wilson & Linville (1982; 1985), daß Versuchspersonen, die attributionsrelevante Informationen erhalten hatten, langfristig einen besseren Zensurendurchschnitt erwarteten als Individuen in einer Kontrollbedingung. Schließlich erfaßte Schunk (1982; 1983; 1984) ein erwartungsbezogenes Konzept, nämlich die wahrgenommene Selbstwirksamkeit ("wie sicher bist du, daß du fähig bist, die Aufgabe zu lösen?"). Er berichtet, daß Versuchspersonen, deren Leistung bei der Trainingsaufgabe auf Anstrengung zurückgeführt wurde, erhöhte Selbstwirksamkeits-Erwartungen angaben.

Um festzustellen, ob die Attributions-Trainings auch Auswirkungen auf Verhalten haben, hat man insbesondere Ausdauer und Leistungsgüte untersucht. Für beide Maße zeigt sich, daß die angestrebten Veränderungen eintraten. So fand Anderson (1983), daß Versuchspersonen, denen glaubhaft gemacht wurde, daß das Ergebnis an der experimentellen Aufgabe (Studenten zu überzeugen, an einer Blutspendeaktion teilzunehmen) durch instabile Ursachenfaktoren bestimmt ist, bessere Leistungen erbrachten als Versuchspersonen, die instruiert waren, ihre Ergebnisse auf stabile Faktoren zurückzuführen. In ähnlicher Weise wurden positive Einflüsse auf Leistungsparameter in den folgenden Studien erzielt. Die von Dweck (1975) trainierten Versuchspersonen lösten mehr Arithmetikaufgaben als die Kontrollgruppe. Schunk (1982; 1983; 1984) fand, daß sich die Leistungen bei Subtraktionsaufgaben verbesserten. Die Trainingsteilnehmer von Wilson & Linville (1982; 1985) erreichten einen höheren Notendurchschnitt und gesteigerte Leistungen an Zulassungstests für Universitäten. Zoeller et al. (1983) berichten, daß mental retardierte Erwachsene verbesserte Leistungen bei einer psychomotorischen Aufgabe nach Mißerfolg zeigten. Schließlich erhöhten Weiner & Sierad (1975) die Leistungsgeschwindigkeit ihrer Versuchspersonen, bei denen ein geringes Leistungsmotiv diagnostiziert worden war, durch ihr Missattributions-Verfahren.

Auch sind signifikante Einflüsse der Reattributions-Trainings auf das Ausdauerverhalten nachgewiesen worden. Wilson & Linville (1982; 1985) fanden, daß weniger Trainingsteilnehmer ihre College-Ausbildung abbrachen als Studenten in der Kontrollbedingung (ein Jahr nach dem Training). Chapin & Dyck (1976) und Fowler & Peterson (1981) berichten, daß ihre Trainingspersonen versuchten, mehr Sätze, die ein schwieriges Wort enthielten, laut vorzulesen als Individuen in der Kontrollgruppe. Medway & Venino (1982) erreichten, daß ihre Teilnehmer länger an postexperimentellen Aufgaben arbeiteten und auch eine größere Anzahl dieser Aufgaben lösten als Versuchspersonen ohne Attributionstraining. Schließlich konnten Andrews & Debus (1978) zeigen, daß Versuchspersonen in der Reattributionsbedingung längere Zeit an einer Konzeptlernaufgabe arbeiteten als diejenigen in der Kontrollbedingung. Demgegenüber gelang es Gatting - Stiller et al. (1979) nicht, die Persistenz ihrer Trainingsteilnehmer zu erhöhen.

Nur wenige Arbeiten haben emotionale Veränderungen im Zusammenhang mit den Trainings erfaßt. Wilson & Linville (1982) fragten ihre Versuchspersonen nach ihrer Stimmung aufgrund des Trainings. Dabei ergab sich als einziger signifikanter Effekt, daß die Versuchspersonen, die die Attributionsinterventionen erhalten hatten und darüber hinaus angehalten wurden, über die attributionalen Informationen nachzudenken, sich während der ersten Woche nach dem Training besser fühlten als die Kontrollgruppenmitglieder. Dweck (1975) verwendete eine Testangstskala vor und nach der Attributions - Intervention. Jedoch ergab sich auf diesem Maß kein signifikanter Unterschied aufgrund des Trainings.

Kritik und Ausblick. Attributionale Verhaltensmodelle, wie beispielsweise die Theorie des Leistungsverhaltens von Weiner, postulieren im allgemeinen keinen direkten Zusammenhang zwischen Ursachenzuschreibungen und Verhalten, sondern beziehen zusätzliche Variablen wie Affekte und Erwartungen mit ein. So beeinflußt die Attribution auf "mangelnde Anstrengung", die von den meisten Trainings angestrebt wird, im Weiner - Modell sowohl die Erwartungen als auch die Affekte. Um zu klären, ob nun Emotionen, Erwartungen oder deren Interaktion Verhalten beeinflussen, wäre es notwendig, beide intervenierende Variablen zu messen. Darüber hinaus wäre es auch hilfreich zur Überprüfung der Ableitungen aus den verschiedenen theoretischen Modellen, diejenigen unterschiedlichen intervenierenden Variablen zu erfassen, die von den einzelnen Konzeptionen als bedeutsam betrachtet werden (z.B. sowohl Selbstwirksamkeits - Wahrnehmungen als auch Affekte nach einem Mißerfolg).

Keine der hier besprochenen Studien hat diese Beziehungen detailliert untersucht. In den Arbeiten, in denen sowohl Affekte als auch Erfolgserwartungen nach den Trainingsprogrammen erfaßt wurden, gibt es einige konzeptuelle und methodologische Schwierigkeiten. Zum Beispiel macht Weiner (1979) Vorhersagen bezüglich der Wirkungen von sehr spezifischen Emotionen (z. B. Schuldgefühlen) auf Verhalten (z. B. Ausdauerverhalten). Wilson & Linville (1982), die sich auf Weiners Konzeption berufen, verwenden aber sehr globale Emotions – Indikatoren (positive versus negative Stimmungen), die nicht differenziert die verschiedenen Affekte, die im Weiner – Modell aufgeführt sind, erfassen.

Es besteht auch keine Klarheit über den Zeitpunkt, zu dem Emotionen im Weiner – Modell verhaltensbestimmend sind und erfaßt werden sollten: Weiner führt nicht aus, ob etwa Schuldgefühle, die unmittelbar nach einem Erfolg erlebt werden, das Individuum sofort zu vermehrter Anstrengung bewegen und daher die Leistungen verbessern würden. Eine andere Möglichkeit des Zusammenhanges zwischen Emotionen und Leistungen bestünde darin, daß die Antizipation von Schuldgefühlen nach einer zukünftigen Aufgabe das Individuum motiviert, sich immer dann anzustrengen, wenn es an den zukünftigen Mißerfolg denkt. Einige der hier beschriebenen Studien haben die langfristigen Effekte ihrer Interventionen (bis hin zu einem Jahr) untersucht (z. B. Andrews & Debus, 1978). Da es jedoch genauso unwahrscheinlich wie unangemessen wäre, daß die Versuchspersonen über das ganze Jahr hinweg Schuldgefühle erlebt hätten, sind weitere Spezifikationen notwendig, wann das Erleben von Schuldgefühlen positive Auswirkungen auf das Ausdauerverhalten hat, bzw. ob es das eigentliche Erleben der Emotion oder lediglich die Antizipation des affektiven Zustandes ist, der das Verhalten bestimmt. Weiterhin hat es den Anschein, daß differenziertere Methoden zur Erfassung von Emotionen verwendet werden müssen, um diese Frage zu beantworten.

Auf einer etwas allgemeineren Ebene kann festgehalten werden, daß die positiven Ergebnisse der hier besprochenen Veränderungsstudien einen großen theoretischen Wert für die Verhaltensmodelle, die ihnen zugrunde liegen, aufweisen (s. dazu auch Kelley, 1976). Anders als die in diesem Gebiet häufig benutzten Korrelationsstudien, Simulationsexperimente und Analysen kritischer Lebensereignisse (s. Teil 1 und 2) lassen die Attributions – Veränderungs – Programme auch Aussagen zu über Kausalbeziehungen, die zwischen Attributionen und den abhängigen Variablen bestehen. Findet man etwa in einer Korrelationsstudie, daß Depressions-Kennwerte mit einer Tendenz, stabile Attributionen für Mißerfolg vorzunehmen, korrelieren, sagt dies noch nichts darüber aus, ob Depressivität zu stabilen Attributionen führt oder umgekehrt. Kann man jedoch zeigen, daß die Veränderung von stabilen Attributionen zu variablen zu einer Linderung der Depressivität oder zu vermehrtem Ausdauerverhalten führt, ist dies ein gewichtiges Argument für Modelle, die postulieren, daß Emotionen und Verhalten durch Kognitionen gesteuert werden. Natürlich ist auch bei den Reattributions-Trainings - wie bei anderen Experimenten - nicht auszuschließen, daß die Wirkung, die die Manipulation von Attributionen auf das Verhalten zeigte, durch eine dritte Variable vermittelt ist, die sowohl mit Attributionen als auch mit dem zu verändernden Verhalten zusammenhängt.

TEIL 4

ANWENDUNGEN IN DER KLINISCHEN PSYCHOLOGIE

8. GRUNDLAGEN EINER TAXONOMIE ATTRIBUTIONALER INHALTE DYSFUNKTIONALER REAKTIONEN

Das vorausgehende Kapitel hat gezeigt, daß in Experimenten zur Veränderung von Attributionen die angestrebten kognitiven und Verhaltensänderungen in der Regel erzielt wurden. Offensichtlich können zeitlich und finanziell wenig aufwendige experimentelle Interventionen, die aufgrund allgemeinpsychologisch geleiteter Analysen veränderungswürdigen Verhaltens eingesetzt werden, effektiv zur Verhaltensmodifikation herangezogen werden. Reattributions-Trainings stellen kontrollierte Experimente dar, die die zentralen Aspekte moderner Therapieverfahren simulieren: es wird ein Problem identifiziert (Diagnose), anschließend wird theoriegeleitet eine Intervention vorgenommen (Therapie) und schließlich wird die Effektivität der Intervention überprüft (Evaluation). Daher liegt die Frage nahe, inwieweit attributionale Ansätze umfassender im Rahmen von Verhaltens- und Psychotherapien eingesetzt werden können. Um diese Frage zu beleuchten, werden zunächst die Forschungsvoraussetzungen, auf denen die Reattributions-Trainings beruhen, herausgearbeitet.

8.1 Forschungsvoraussetzungen für Reattributions-Programme

Programme zur Veränderung von Attributionen beruhen auf Forschungsergebnissen der Allgemeinen und der Differentiellen Psychologie. Die für die Trainings maßgeblichen allgemeinpsychologischen Erkenntnisse bestanden in dem Nachweis, daß verschiedene Attributionen für Erfolg und Mißerfolg zu unterschiedlichem Verhalten und emotionalen Reaktionen auf das Handlungsergebnis führen. So zeigt man nach einem Mißerfolg, den man auf mangelnde Fähigkeiten zurückführt, weniger Ausdauer als nach Mißerfolg, den man mit mangelnder Anstrengung erklärt (s. Kap. 4). Aus diesen allgemeinpsychologischen Befunden wurden differentiell-psychologische Hypothesen abgeleitet. Personen mit unterschiedlichen Voreingenommenheiten bei der Kausalattribuierung reagieren unterschiedlich auf Handlungsergebnisse: Individuen mit einer Disposition, Mißerfolge durch internale, stabile Faktoren zu erklären, zeigen nach einem Mißerfolg weniger Ausdauer als solche mit einer "Vorliebe" für Attributionen auf mangelnde Anstrengung. Aus diesen differentialpsychologischen Befunden kann man nun Klinisch - Psychologische Fragestellungen ableiten: wie kann man Individuen, die nach Mißerfolg sehr rasch aufgeben, helfen, ausdauernder zu werden? Inwieweit bewirken Veränderungen der Tendenz, Mißerfolge mit internalen, stabilen Faktoren (mangelnde Fähigkeit) zu erklären, zugunsten von Attributionen auf mangelnde Anstrengung, Änderungen im Ausdauerverhalten? Natürlich wäre es auch möglich, allein aufgrund der Kenntnis interindividueller Differenzen Veränderungsprogramme zu gestalten. Dieses Vorgehen ist allerdings nicht charakteristisch für die bisherigen Reattributions - Programme, vielleicht, weil in psychologischen Theorien interindividuelle Unterschiede in der Regel erst untersucht werden, wenn die betreffenden allgemeinpsychologischen Sachverhalte bekannt sind.

8.1.1 Einschränkungen der Programme bezüglich der Störungen

Dem eben herausgearbeiteten Vorgehen folgend, kann man also versuchen, durch Veränderung von Attributionen, unangemessenes Verhalten zu modifizieren, wenn dessen attributionale Determinanten bekannt sind. Die bisherigen Reattributions - Trainings haben sich jedoch nur mit wenigen der Reaktionen beschäftigt, für die diese Voraussetzungen zutreffen, nämlich mit mangelnder Ausdauer und Leistungsdefiziten. Attributionstheoretische Forschung hat sich aber mit zahlreichen weiteren klinisch relevanten Phänomenen befaßt. Hierzu zählen insbesondere Depression, Angst, Ärger und Einsamkeit (s. Kap. 5 und 6). So hat etwa die Analyse gelernter Hilflosigkeit und reaktiver Depression von Abramson et al. (1978; Kap. 5) gezeigt, daß man auf Mißerfolge mit depressiven Affekten reagiert, wenn das Ergebnis durch internale, stabile und globale Ursachenfaktoren erklärt wird (allgemeinpsychologischer Befund). Korrelationsstudien haben gezeigt (s. zusammenfassend Peterson & Seligman, 1984), daß Depressive ihre Mißerfolge mehr als Nicht - Depressive durch internale, stabile und globale Faktoren erklären (differentialpsychologischer Befund). Man könnte daher Reattributionstrainings für Depressive entwerfen, in denen externale, variable und spezifische Attributionen für Mißerfolg gefördert werden.

Bezüglich eines anderen Affektes, nämlich Ärger, zeigten Weiner, Graham, Lawson & Stern (1982), daß das Zurückführen eines negativen Ereignisses (z. B. eine geplante Verabredung kommt nicht zustande) auf Faktoren, die unter der Kontrolle einer anderen Person stehen (z. B. sie hat sich nicht genügend Mühe gegeben, pünktlich zu sein), zu Ärgerreaktionen führen können. Kann der andere jedoch das Verhalten, das für die eigene Person negative Konsequenzen hat, nicht kontrollieren (z. B. sie hat sich verspätet, weil sie einen Unfall hatte), reagiert man in der Regel nicht ärgerlich, sondern erlebt Mitleid und Besorgnis. Durch diesem allgemeinpsychologischen Befund geleitet, untersuchte Försterling (1984) interindividuelle Unterschiede bezüglich der Attributionen von Personen mit unterschiedlicher Bereitschaft, ärgerlich zu reagieren. Es zeigte sich, daß Versuchspersonen mit hohen Werten auf einem Ärger - Fragebogen negative Ereignisse in einem Attributionsstil - Fragebogen (z. B. man verpaßte die Straßenbahn) mehr auf externale und kontrollierbare Faktoren zurückführten (z. B. der Fahrer hatte keine Lust zu warten) als Individuen mit niedrigen Ärger - Werten.

Diese Befunde zeigen, daß die zuvor herausgearbeiteten Voraussetzungen (allgemeinpsychologische sowie differentialpsychologische Befunde) für die Entwicklung attributionstherapeutischer Interventionen zur Modifikation von Ärger - Problemen erfüllt sind. Analog zu den in Kap. 7 beschriebenen Reattributions - Trainings würden in solchen Programmen Personen, die sich unangemessen häufig oder stark ärgern, lernen, weniger kontrollierbare Attributionen für das (mißliche) Verhalten anderer vorzunehmen. Eine "Attributionstherapie des Ärgers" würde sich also mit anderen Ereignissen, über die Attributionen vorgenommen werden, beschäftigen als bisherige Reattributionstrainings, nämlich mit Ursachenzuschreibungen für das Verhalten <u>anderer</u> und nicht mit Attributionen über <u>eigene</u> Erfolge oder Mißerfolge. Weiterhin würden diese Attributionen auch in eine andere Richtung beeinflußt werden: Individuen, die sich unangemessen stark ärgern, müßte man aus einer attributionalen Perspektive nahelegen, weniger kontrollierbare Zuschreibungen (für das Verhalten anderer) vorzunehmen.

8.1.2 Einschränkungen der Programme bezüglich der Ereignisse

Untersuchungen zur "therapeutischen" Veränderung von Attributionen beschäftigen sich lediglich mit Ursachenzuschreibungen von zwei Klassen von Ereignissen: Erfolg und Mißerfolg (Reattributions - Trainings) und (negative) innere Zuständlichkeiten (Missattributions - Trainings). Man müßte sich aber mit Attributionen über eine weitere Klasse von Ereignissen befassen, wollte man den Gegenstandsbereich von attributionalen Veränderungs - Programmen um das Problemfeld "Ärger/Wut" erweitern. Die Ursachenzuschreibungen von Personen mit einer hohen Ärgerbereitschaft unterscheiden sich nicht nur hinsichtlich ihrer dimensionalen Merkmale von denen, die z. B. typisch für Depression zu sein scheinen, sondern beziehen sich auch auf eine andere Klasse von Ereignissen, nämlich nicht auf eigenen Erfolg und Mißerfolg, sondern auf das Verhalten anderer.

Da verschiedene Verhaltens - und Emotionsphänomene durch Attributionen über unterschiedliche Ereignisse gekennzeichnet sind, müssen attributionale Analysen und deren therapeutische Anwendungen nicht nur fragen, welche dimensionalen Merkmale einer Attribution zu einer bestimmten Reaktion führen, sondern es muß darüber hinaus festgestellt werden, über welche Klasse von Effekten die Attribution vorgenommen wird.

Es ist naheliegend, daß Reaktionen nach Erfolg und Mißerfolg wie Persistenz und Freude über die eigene Leistung durch die Ursachenerklärungen, die man für Erfolg oder Mißerfolg vornimmt, gesteuert sind. Wie man sich jedoch bezüglich seiner inneren Zuständlichkeiten verhält, ob man sich aufgrund des Erlebens von Schmerz ärgert, ängstigt oder ruhig bleibt oder ob man aufgrund innerer Erregung stottert oder flüssig redet, hängt wahrscheinlich davon ab, wie man seine inneren Zuständlichkeiten erklärt. Schließlich sind Verhaltensweisen und emotionale Reaktionen, die man gegenüber anderen Personen zeigt bzw. empfindet, wahrscheinlich davon abhängig, wie wir das Handeln der betreffenden Individuen erklären und bewerten. So gehen Harvey & Galvin (1984) davon aus, daß interpersonelle Probleme in Partnerbeziehungen durch die Attributionen, die ein Partner bezüglich des Verhaltens des anderen vornimmt, bedingt sind. Ihre Vermutung wird durch Befunde von Fincham & O'Leary (1983) gestützt, wonach Personen, die sich in "gestörten" Partnerbeziehungen befanden, unterschiedliche Attributionen über das Verhalten ihrer Partner vornahmen als Individuen in harmonischen Beziehungen.

8.2 Begrenzung der Programme bezüglich der Attributions-Dimensionen

Da Programme zur Veränderung von Attributionen unterschiedliche Ursachenzuschreibungen als wünschenswert bzw. veränderungswürdig ansehen, kann man zunächst die Frage stellen, welche "Richtung" der Veränderung zu den "günstigsten" Ergebnissen führt.

In Kap. 7 ist gezeigt worden, daß das Hauptziel von Reattributions-Trainings darin besteht, durch Fördern von Anstrengungsattributionen Ausdauerverhalten zu maximieren und Leistungen zu verbessern. Demgegenüber wollen Missattributions-Trainings Verhalten positiv beeinflussen, indem sie Erklärungen innerer Erregung von internalen zugunsten von externalen verändern. Eine mögliche Erklärung für die in Kap. 7 berichteten inkonsistenten Ergebnisse dieser beiden Klassen von Programmen besteht darin, daß die von den Reattributions-Trainings angestrebten Veränderungen von Ursachenzuschreibungen für negative Ereignisse zu günstigeren Konsequenzen führt als die in Missattributions-Experimenten angestrebten Veränderungen auf der Lokationsdimension. Vielleicht sind für die Probleme, die sich aus der Interaktion der Erregung mit deren kognitiver Erklärung ergeben sollen - ähnlich wie bei Reattributions-Trainings - Attributionsveränderungen auf der Stabilitäts- und der Kontrollierbarkeitsdimension effektiver als Veränderungen von internal zu external. Wenn man negative innere Zuständlichkeiten durch stabile Faktoren erklärt, bedeutet dies, daß sie auch in der Zukunft andauern werden. Diese Antizipation kann wiederum zu Furcht und Resignation führen, also zu Emotionen, die das ursprüngliche Symptom verstärken können.

Als Beispiel mag ein junger Mann dienen, der nach dem Einzug in eine neue Wohnung feststellt, daß er aufgrund des starken Straßenlärms (eine externale Attribution) nicht einschlafen kann (Effekt). Er glaubt auch, in der nächsten Zeit die Wohnung nicht wechseln zu können (die Ursache für die Schlaflosigkeit wird als stabil wahrgenommen). Dieser Mann mag nun Angst oder Depression im Zusammenhang mit seiner Annahme entwickeln, daß er in Zukunft stets schlecht schlafen wird. Er würde eventuell weniger Ängste und depressive Gefühle bezüglich seiner Schlafstörungen erleben, wenn er eine internale, variable und kontrollierbare Attribution, wie sie von Reattributions - Trainings angestrebt wird, für seine Probleme vornähme, etwa vorübergehende nervöse Probleme, die er durch Entspannungsübungen positiv beeinflussen kann. Somit ist es vorstellbar, daß Missattributions - Trainings ähnlich erfolgreich wie Reattributions - Programme sein könnten, wenn sie nicht Attributionsveränderungen von internal zu external anstreben würden, sondern von stabil zu variabel. Selbst wenn sich die Vermutung bestätigen sollte, daß viele "Störungen" durch Reattributionen auf variable Faktoren gelindert werden können, ist es sehr wahrscheinlich, daß bei anderen Störungen gänzlich andere Attributionsveränderungen sinnvoll sind. Dies ist bereits am Beispiel der Ärger - Emotion gezeigt worden. Es scheint aber neben unangemessenen Ärger - Reaktionen noch weitere Störungen zu geben, bei denen es unangemessen wäre, die von Reattributions - Trainings und dem Modell von Abramson et al. (1978) vorgeschlagenen Attributionsveränderungen anzustreben. Es ist sogar möglich, daß sich gewisse Fehlanpassungen gerade dadurch auszeichnen, daß Individuen in nicht hinreichendem Maße mangelnde eigene Fähigkeit für Mißerfolg verantwortlich machen und Therapie demzufolge darin bestehen sollte, Mißerfolgsattributionen auf Anstrengung oder Zufall zu reduzieren.

Auf die "Pathologie" eines hohen Konzeptes der eigenen Fähigkeit haben bereits Försterling (1980a) und Janoff - Bulman & Brickman (1982) hingewiesen. Es ist nicht schwer, Beispiele zu finden, bei denen der von Attributions - Trainings typischerweise angestrebte Wandel der Ursachenzuschreibungen von "mangelnder Fähigkeit" zu "unzureichender Anstrengung" zu unangemessenen Konsequenzen führt. Ein Individuum, welches unrealistische Ziele im Leistungsbereich verfolgt, sich überarbeitet und dadurch seine Gesundheit gefährdet, mag die wiederholten Mißerfolge, seine hohen Ziele noch nicht erreicht zu haben, auf mangelnde Anstrengung zurückführen. Unter bestimmten Bedingungen, etwa wenn die Fähigkeiten des Individuums bezüglich des Ziels objektiv gering sind, mag diese Attribution auf mangelnde Anstrengung extrem dysfunktional sein, weil die Person dadurch versäumt, realistische Ziele zu setzen.

Individuen mit einem hohen Herzinfarktrisiko ("Typ - A" - Persönlichkeiten) setzen sich häufig sehr hohe Ziele und verfolgen diese mit großer Ausdauer. Sie sind oft nicht bereit zu akzeptieren, daß sie ihr Anspruchsniveau nicht erreichen können, ohne ihre Gesundheit zu gefährden (s. Grimm & Yarnold, 1984). Solche Individuen könnten von einer Veränderung ihrer Überzeugung profitieren, alle denkbaren Ereignisse in ihrem Arbeitsbereich steuern und kontrollieren zu können (bzw. zu müssen). Einsicht in die Grenzen ihrer Fähigkeiten und ihrer Belastbarkeit mag für sie die Grundlage einer gesünderen Lebensführung darstellen.

Neben "Typ-A" Individuen scheinen sich auch bipolar depressive Individuen in ihren manischen Phasen durch überhöhte Einschätzungen der eigenen Fähigkeiten und den resultierenden externalen, variablen Attributionen für Mißerfolge auszuzeichnen. Dies führt oft zu dramatischen negativen Konsequenzen, etwa daß sie ihr eigenes und das Vermögen der Familie in risikoreiche Unternehmen investieren oder verspielen.

8.3 Zur Funktionalität von Attributionen

Der Vergleich unterschiedlicher Störungen und theoretischer Orientierungen zeigt also, daß eine Veränderung von Ursachenzuschreibungen, die von einem Modell als wünschenswert betrachtet wird, aus einer anderen Perspektive für eine dysfunktionale Reaktion verantwortlich gemacht werden kann. Würde man dem Modell von Abramson et al. (1978) folgen und einem depressiven Klienten nahelegen, seine Mißerfolge in der Schule nicht mehr durch mangelnde Fähigkeiten (internal, global und stabil), sondern durch einen launischen Lehrer zu erklären (external, variabel und spezifisch), wird sich der Klient nach einem schulischen Mißerfolg zwar weniger depressiv fühlen, eventuell aber unangemessen stark wütend auf den Lehrer werden. Ebenso kann es nachteilige Auswirkungen haben, dem depressiven Klienten nahezulegen, er habe den Mißerfolg aufgrund mangelnder Anstrengung erlitten – eine Attributionsveränderung, die von Reattributions-Modellen angestrebt wird. Dies könnte dazu führen, daß der Depressive zusätzlich Schuldgefühle entwickelt, weil er sich nicht hinreichend angestrengt hat. Die Unsicherheit, welche Attributionen unter welchen Bedingungen wünschenswert bzw. veränderungswürdig sind, kann vielleicht darauf zurückgeführt werden, daß im Rahmen von attributionalen Veränderungs-Programmen nicht geklärt wird, zu welchen Reaktionen (Verhalten und Emotionen) die angestrebten (neuen) Ursachenzuschreibungen führen. Es wird lediglich davon ausgegangen, daß die ursprüngliche Reaktion (mangelnde Persistenz, Depression oder Ärger) seltener oder weniger stark auftritt, wenn andere Attributionen vorgenommen werden. Daß nach Attributionsveränderungen dieser Art neue Reaktionen auftauchen (z. B. Manie oder Schuldgefühle anstatt depressiver Gefühle), die ihrerseits nachteilige Konsequenzen für das Individuum beinhalten können, wird nicht berücksichtigt.

Um ein über Depression und mangelnde Persistenz hinausgehendes Spektrum psychischer Probleme attributionstheoretisch zu konzeptualisieren und durch Attributions-Programme modifizieren zu können, müssen Modelle entwickelt werden, aufgrund derer man entscheiden kann, wann bestimmte Attributionen wünschenswert sind und unter welchen Bedingungen eine Attribution veränderungswürdig ist. Bisherige Attributions-Veränderungs-Programme sind bezüglich der Frage, wann eine Attribution veränderungswürdig ist, allein durch die Konsequenzen, die Attributionen auf Gefühle und Verhalten ausüben, geleitet. Eine Attribution wird als veränderungswürdig bezeichnet, wenn sie zu einer Konsequenz führt, die – relativ willkürlich – als unangemessen betrachtet wird: z. B. zu depressiven Gefühlen, Ärger oder geringer Ausdauer. Mit dieser Betonung der Konsequenzen von Ursachenzuschreibungen (C – – R) verlassen diese Modelle eine für die Attributionstheorie charakteristische Grundannahme, nämlich daß Menschen bestrebt sind, ein "realistisches" Bild von der kausalen Wirklichkeit zu entwickeln, und daß dieses realistische Bild funktionales Verhalten leitet (s. Kap. 1). Attributionsansätze unterscheiden sich gerade durch die Betonung rationaler Prozesse der Informationsverarbeitung (S – – – C) von anderen Persönlichkeitskonzeptionen wie etwa hedonistischen Theorien (s. Weiner, 1980a). Um diesen, für die Attributionstheorie bezeichnenden Grundannahmen, im Rahmen von therapeutischen Anwendungen dieser Ansätze Rechnung zu tragen, müßte man entscheiden können, wann eine Ursachenzuschreibung realistisch ist und wann nicht. Es ist aber sicherlich nicht möglich, die "Realität" einer Attribution nach ihren emotionalen oder behavioralen Konsequenzen zu beurteilen: Daß man vor einer Person Angst hat und vor ihr wegläuft beweist natürlich nicht, daß der andere die Intention hat, der eigenen Person zu schaden. Der Realitätsgehalt solcher (Intentions-) Zuschreibungen kann allein aufgrund der vorauslaufenden Bedingungen, etwa durch das Ver–

halten der Person in der Vergangenheit, nicht aber der Konsequenzen, erschlossen werden.

8.3.1 Die Verarbeitung vorauslaufender Informationen als Voraussetzung für realistische Attributionen und funktionale Reaktionen

Wir wollen nun die Perspektive, mit der attributionstheoretische Überlegungen auf Fragen der Klinischen Psychologie angewandt werden, erweitern, indem wir Modelle über die vorauslaufenden Bedingungen von Attributionen mit solchen verbinden, die sich mit den Konsequenzen von Ursachenzuschreibungen beschäftigen. Wir knüpfen dazu an die Grundannahme der Attributionstheorien an, die besagt, daß Individuen bestrebt seien, ein weitgehend "zutreffendes" Bild von der Wirklichkeit zu entwerfen und möglichst genau über ihre Eigenschaften und Fähigkeiten informiert sein wollen, und daß zutreffende kausale Schlußfolgerungen funktionale, situationsangemessene Verhaltensweisen und Affekte zur Folge haben, also zu Fühlen und Handeln Anlaß geben, welches zweckmäßig für das Erreichen wichtiger Ziele und das Überleben ist (s. Kap. 1).

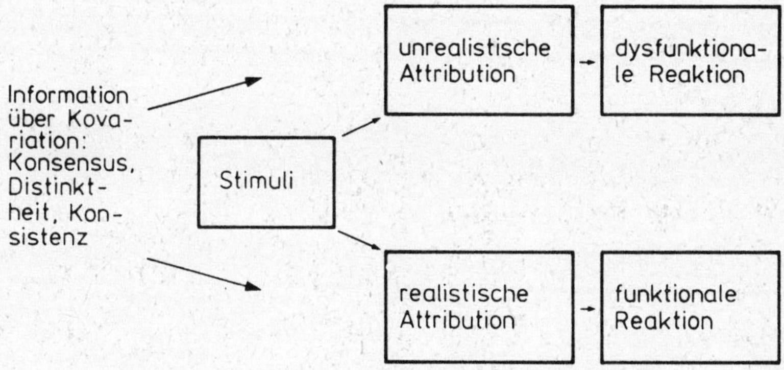

Abb. 8 – 1. Darstellung der angenommenen Beziehung zwischen realistischen und unrealistischen Attributionen und funktionalen bzw. dysfunktionalen Reaktionen.

Abbildung 8 – 1 stellt schematisch die Annahme dar, daß realistische Attributionen die Wahrscheinlichkeit erhöhen, daß ein Individuum in einer gegebenen

Situation ein zweckmäßiges, situationsangepaßtes Verhalten zeigt und situationsangemessene Affekte erlebt. Mit "realistischen" Ursachenzuschreibungen meinen wir solche, die nicht durch Wunschdenken zustandekommen oder durch das Bestreben geleitet sind, Ursachen für ein Ereignis heranzuziehen, die möglichst positive Affekte zur Folge haben oder negative Emotionen nach Mißerfolg reduzieren. Ob eine Zuschreibung realistisch ist oder nicht, kann aufgrund der vorauslaufenden Bedingungen von Attributionen bestimmt werden. Hierbei stützen wir uns insbesondere auf das Kovariations - Prinzip von Kelley (1967; s. Kap. 3) und definieren eine Attribution als "realistisch", wenn sie mittels rationaler Verarbeitung und Gewichtung der vorauslaufenden Kovariations - Informationen vorgenommen wird. Von einer realistischen Attribution kann also gesprochen werden, wenn ein Effekt derjenigen Ursache zugeschrieben wird, die vorhanden ist, wenn der Effekt auftritt und die nicht vorliegt, wenn der Effekt nicht vorhanden ist. (Diese Definition soll allerdings nicht implizieren, daß Kovariationsinformation über Konsensus, Distinktheit und Konsistenz unter allen Umständen zu eindeutigen Ursachenzuschreibungen führt; s. dazu auch Kap. 9)

Daß eine sinnvolle, funktionale Beziehung zwischen der Verarbeitung vorauslaufender Information, den resultierenden Attributionen und den durch die Zuschreibungen geleiteten Konsequenzen (Emotionen und Verhalten) besteht, soll anhand eines - bereits von Heider (1958) angeführten - Beispiels verdeutlicht werden:

Ein Mann geht in einem Tal spazieren und bemerkt, daß in seiner Nähe Steine aufschlagen. Er kommt zu dem Schluß, daß ein anderes Individuum seine Gefährdung absichtlich herbeiführt, wird ärgerlich und setzt sich zur Wehr. Man kann nun fragen, welches in diesem Beispiel die vorauslaufenden Bedingungen der Ursachenzuschreibung sind, also wie es dazu kommt, daß der Spaziergänger das Aufschlagen der Steine in seiner Nähe durch die böswillige Absicht eines anderen Menschen erklärt. Heider (1958, s. Kap. 3) nimmt an, daß man Verhalten auf zugrundeliegende Intentionen zurückführt, wenn Äquifinalität, also Invarianz des Ziels und Variabilität der Mittel, vorliegt. In unserem Beispiel bestünde "Invarianz des Ziels", wenn, ganz gleich an welchem Ort sich der Spaziergänger befindet (im Tal oder auf dem Hang), Steine in seiner Nähe aufschlagen und zwar <u>nur</u> dort. Auf "Variabilität der Mittel" würde man schließen, wenn in Abhängigkeit von dem Standort des Spaziergängers viele verschiedene Methoden angewandt werden müßten, um Steine in seiner Nähe fallen zu lassen (z. B. Steine hochwerfen, herunterstoßen oder ablenken).

Ferner ist bezüglich der Auswirkungen von Ursachenzuschreibungen bekannt, daß "Ärger" entsteht, wenn wir die für uns negativen Verhaltensweisen anderer Menschen auf Faktoren zurückführen, die von ihnen kontrolliert werden können. Kontrollierbarkeit ist in unserem Beispiel gegeben, da der Spaziergänger aufgrund der Äquifinalitäts-Information meint, ein anderer habe absichtlich (und nicht zufällig) Steine auf ihn geworfen. Darüber hinaus ist im Bereich der Emotionspsychologie demonstriert worden, daß Ärger den Organismus aktiviert, Gefahren zu begegnen und kampfbereit zu sein (Avrill, 1983; Izard, 1977).

Ärger scheint in der vorgegebenen Situation eine funktionale affektive Reaktion zu sein, die durch die kognitive Analyse der Situation ausgelöst wurde. Läge in der Situation jedoch keine Äquifinalität und somit keine Kontrollierbarkeit vor und wäre der Spaziergänger lediglich zufällig in einen Steinschlag geraten, wäre es nicht zweckmäßig, Ärger zu erleben, denn "... dann kann (er sich) aus dem Gefahrenbereich bringen und Schutz suchen. Die Steine werden ihren Weg nicht ändern, um (ihn) hinter dem Schutz zu finden" (Heider, 1958; deutsch, 1977 S. 124).

Das Beispiel zeigt, daß in der gegebenen Situation die genaue Verarbeitung der zur Verfügung stehenden Informationen (Äquifinalität) zu realistischen Ursachenzuschreibungen führt (Absichts-Attributionen); diese wiederum geben Anlaß zu funktionalen Reaktionen (Ärger), die dem Individuum helfen, sich optimal an die Anforderungen der Situation anzupasen. Die "Angemessenheit" der Reaktionen wird also in hohem Maße durch die situativen Bedingungen bestimmt (s. auch Abb. 8 - 1).

An dem Beispiel von Heider kann man ferner die in Abbildung 8 - 1 schematisch dargestellte Annahme verdeutlichen, daß unrealistische Attributionen die Wahrscheinlichkeit von dysfunktionalen Reaktionen erhöhen (dies ist der Umkehrschluß aus der attributionstheoretischen Grundannahme, daß realistische Attributionen in der Regel zu funktionalen Reaktionen führen). Wären in dem Beispiel des Spaziergängers die Steine nicht absichtlich von einem Individuum geworfen, sondern durch einen Steinschlag verursacht, wären auch Kontrollierbarkeits-Attributionen und die Emotion des Ärgers nicht hilfreich oder funktional: wer während eines Steinschlags nicht Schutz, sondern einen (nicht existierenden) Schuldigen sucht, hat wahrscheinlich reduzierte Überlebenschancen. Ebenfalls wäre es nicht funktional, in einer Situation, in der Äquifinalität vorliegt, keinen Ärger zu erleben und die kausale Quelle der Bedrohung zu ignorieren. Dann könnte nämlich ein feindliches Individuum ungehindert angreifen.

Offensichtlich sind in Abhängigkeit von den vorausgehenden situativen Bedingungen ganz unterschiedliche Emotionen und Reaktionen funktional. Das bedeutet, daß "fehlangepaßte" Emotionen nicht nur negativ sein müssen, wie etwa Angst, Depression und Ärger, sondern daß in bestimmten Situationen auch positive Emotionen unangemessen sein können: etwa wenn man mit Belustigung auf einen Mißerfolg bei einer wichtigen Aufgabe reagiert oder nach Erfolg bei einer zufallsbedingten Aufgabe Stolz erlebt (z. B. beim Glücksspiel) und damit rechnet, zukünftig wieder erfolgreich zu sein. Auch die Abwesenheit von negativen Emotionen kann vor dem Hintergrund der eben vorgenommenen Überlegungen dysfunktional sein; z. B. wenn man sich keine Sorgen um die Vergiftung der Umwelt macht oder gefährliche Situationen aufsucht und sich dabei so verhält, als wären sie ungefährlich.

Es ist daher nicht sinnvoll, bestimmte Reaktionen a priori als unangemessen zu bezeichnen. Erst wenn man sich unter vorauslaufenden Bedingungen, die eigentlich zu einer bestimmten Attribution (C1) Anlaß geben (z. B. es liegt weder Äquifinalität noch Variabilität der Mittel vor, somit wären Absichts-Attributionen nicht angemessen), so verhält, als wäre eine andere Attribution (C2) zutreffend (z. B. Absichtsattributionen, aufgrund derer man wütend auf den Steinschlag wird und vergißt, Schutz zu suchen), kann man von dysfunktionalem Verhalten sprechen.

Daß unrealistische Attributionen langfristig zu Verhalten und zu Emotionen führen, die für die Erreichung wichtiger Ziele und für das Überleben nicht hilfreich sind, ist leicht nachzuweisen. Unrealistische Einschätzungen von eigenen Attributen können dazu führen, daß das Individuum die Gefahren in einer gegebenen Situation über- oder unterschätzt: Überschätzt man etwa eigene

Kenntnisse, Fähigkeiten oder zur Verfügung stehende Strategien, dann kann dies zu massiven Mißerfolgen und unter bestimmten Bedingungen zu Unfällen, Verletzungen oder zum Tod führen (z. B. bei leichtsinnigem Autofahren). Eine zu geringe Einschätzung der eigenen Fähigkeiten bzw. Möglichkeiten kann dazu führen, daß man sich unterfordert, z. B. Aufgaben wählt, die für die eigenen Möglichkeiten zu einfach sind (s. Meyer, 1983; 1984). Dies kann Unzufriedenheit zur Folge haben, weil die eigenen Betätigungen oder Ziele nicht mit den objektiven Fähigkeiten oder Möglichkeiten übereinstimmen.

Kurzfristig können unrealistische Ursachenzuschreibungen allerdings zur Abschwächung von negativen emotionalen Reaktionen nach unerwünschten Ereignissen und zur Maximierung positiver Affekte nach Erfolg führen. So hat etwa eine kürzlich erschienene Studie (Carlston & Shovar, 1983) gezeigt, daß Individuen, die selbstwerterhöhende Attributionen (diese sind häufig unrealistisch) für Erfolge vornehmen, als weniger liebenswert und bescheiden wahrgenommen wurden als Personen, die realistische Attributionen vornahmen. Die kurzfristig vielleicht wohltuende Fehlattribution (Erfolg etwa unrealistischerweise auf hohe eigene Fähigkeiten zurückführen) kann also unter Umständen längerfristig zu unangenehmen Konsequenzen führen (z. B. Mißbilligung und Sanktionierung durch andere).

Die Funktionalität realistischer Attributionen läßt sich auch im klinischen Bereich zeigen: Herzinfarktpatienten können z. B. durch die Einsicht, daß sie in hohem Maße durch ihre Lebensführung selbstverantwortlich für ihren Gesundheitszustand sind, durch die Veränderung ihrer Lebensgewohnheiten ihr zukünftiges Wohlbefinden positiv beeinflussen. Langfristig wäre ihnen wenig durch die Überzeugung geholfen, daß sie aufgrund externaler Faktoren (eine schnellebige Umwelt) gesundheitliche Schwierigkeiten haben (eine von den Missattributions-Trainings vielleicht favorisierte Attribution), obwohl eventuell kurzfristig Schuldgefühle - z. B. darüber, daß man in der Vergangenheit versäumt hat, Sport zu treiben oder nichts gegen sein Übergewicht zu tun - durch eine externale Attribution gelindert werden können. Ebenso mag es auch z. B. für einen manisch-depressiven Kranken sinnvoll sein, sich zuzugestehen, daß seine Stimmungen zumindest teilweise auf biologischen Grundlagen (und nicht externalen Faktoren) beruhen und bestimmten Gesetzmäßigkeiten folgen. Durch diese Einsicht mag er die Voraussetzungen schaffen, sich von anderen z. B. in seinen manischen Phasen schützen zu lassen und sich auch in der Zeit außerhalb seiner Stimmungsschwankungen ohne Schuldgefühle zu akzeptieren.

Den in Abb. 8 – 1 schematisch dargestellten Überlegungen liegt die Annahme zugrunde, daß Kognitionen in sinnvoller Weise Emotionen und Verhalten leiten. Diese Überlegung steht im Gegensatz zu Denktraditionen, die betonen, daß ein Konflikt zwischen Gedanken (Ratio) und Gefühlen (Emotio) besteht. Das hier postulierte Modell geht nicht von einer Diskrepanz zwischen Denken und Fühlen aus, sondern von einer "Vernunft der Gefühle" (s. Zimmer, 1981): Denken und Fühlen werden zwar als unterschiedliche Phänomene angesehen, stehen aber dennoch in einem engen Bezug zueinander. Tomkins (1962, S. 112) drückt dies wie folgt aus: "Out of the marriage of reason with emotions there issues clarity with passion. Reason without emotion would be impotent, emotion without reason would be blind". Ähnliche Annahmen über das Verhältnis von Kognitionen und Emotionen bestehen auch in der humanistischen Psychologie. So vertritt Maslow (1954, zit. nach Zimmer, 1981, S. 253) die Auffassung, daß "bei gesunden Menschen ... Kognitionen (Erkenntnis), Konative (Wille) und Affekte (Gefühle) viel mehr zusammen (wirken) als sie antagonistisch oder wechselseitig ausschließend sind".

Aus den eben dargestellten Überlegungen läßt sich für die therapeutische Anwendung attributionaler Prinzipien ableiten, daß Reattributionsbemühungen darauf abzielen sollten, durch Nahelegen realistischer Attributionen funktionale Reaktionen zu fördern (s. Kap. 9). Die folgenden Beispiele schildern klinische Fälle, in denen sich Veränderungen von unrealistischen zu realitischen Attributionen als therapeutisch sinnvoll erwiesen haben.

<u>Beispiel 1: Attributionsveränderung von external, variabel zu internal, variabel für eine Ursachenzuschreibung eines inneren Zustands</u>. (Nach Davison, 1966; zit. nach Brehm, 1976)

Ein 44jähriger Klient, bei dem eine Schizophrenie diagnostiziert war, beklagt sich über Druckstellen oberhalb seines rechten Auges. Er behauptet, diese Stellen wären durch einen Geist verursacht worden (externale, variable Attribution). Der Therapeut legt diesem Klienten nun eine andere Attribution nahe: Diese Druckstellen, so brachte Davison diesem Klienten bei, kovariierten mit den

Gefühlen der Anspannungen des Klienten, sie wurden unter Anspannung stärker und unter Entspannung schwächer. Er schrieb somit die Druckstellen seinen Gefühlslagen zu (internale, variable Attribution) und nicht mehr einem Geist. Er war daraufhin erleichtert, eine "ganz normale" Erklärung für die Druckstellen zu haben.

Beispiel 2: Attributionsveränderung für einen Mißerfolg im zwischenmenschlichen Bereich von internal, stabil zu external, variabel.

Eine Klientin, die nach dem Verlust ihres Partners (sozialer Mißerfolg) ängstlich und depressiv reagiert, beginnt soziale Kontakte zu meiden und wird einsam. Die Analyse der Erklärungen für ihre Situation zeigt, daß sie einen internalen, stabilen und globalen Faktor zu Erklärung des Verlustes ihres Partners heranzieht, nämlich ihre mangelnde Fähigkeit, Beziehungen aufrechtzuerhalten. Aus unserer attributionstheoretischen Sicht können wir ihre depressiven und ängstlichen Reaktionen auf ihre Attribution zurückführen. Die Analyse der Kovariations - Informationen ergibt, daß die Attribution auf globale soziale Fähigkeiten nicht gerechtfertigt ist. Zunächst ist sie nicht die einzige Frau, die von ihrem Mann verlassen wurde (Konsensus - Information) und darüber hinaus hat sie andere soziale Beziehungen, mit denen sie zufrieden ist (Distinktheit). Weiterhin liegen auch keine Anzeichen dafür vor, daß sie ständig von ihren Ehepartnern verlassen wird (da es sich um ihre erste Ehe handelt, liegt Konsistenzinformation nicht vor). Aufgrund dieser Informationen wäre eine Ursachenzuschreibung auf ungünstige Umstände, die Eigenarten des Ehemannes und/oder Zufallsgegebenheiten eher naheliegend.

Wenn die Klientin sich diese "neuen" Zuschreibungen zu eigen macht und sich in geringerem Maße mangelnde soziale Fähigkeiten vorwirft, kann man erwarten, daß sie sich weniger depressiv und ängstlich, sondern lediglich enttäuscht fühlt. Darüber hinaus sollte sie aufgrund der Attributions - Veränderung gesteigerte Erfolgserwartungen haben, neue Partner kennenzulernen und sich wieder anderen Personen zuwenden.

Im folgenden Kapitel werden weitere Beispiele für die Anwendung attributionstheoretischer Prinzipien in der Therapie gegeben.

9. ATTRIBUTIONSTHEORETISCH GELEITETE THERAPEUTISCHE INTERVENTIONEN

Bisher haben wir attributionale Konzeptionen auf theoretische Fragen der Klinischen Psychologie bezogen. In dem vorliegenden Kapitel werden sie darüber hinaus auf Aspekte der klinischen und therapeutischen Praxis angewandt. Wir beschreiben zunächst die kognitive Therapie von Beck (1976; Beck, Rush, Shaw & Emery, 1979) und die Rational-Emotive Therapie (RET) nach Ellis (1962, Ellis & Grieger, 1977; Wessler & Wessler, 1980), um dann zu zeigen, daß attributionstheoretische Analysen klinischer Phänomene große Ähnlichkeiten mit denen kognitiver Therapien aufweisen, und daß kognitive Therapie-Theorien durch die Attributionsforschung gestützt und bereichert werden können.

9.1 Grundlagen kognitiver Therapie-Ansätze

Unabhängig voneinander entwickelten während der fünfziger Jahre der Psychiater Aaron T. Beck und der klinische Psychologe Albert Ellis kognitive Therapieverfahren. Beide Autoren, die zuvor psychoanalytisch arbeiteten, postulierten, daß neurotische Störungen wie Angst und Depression nicht direkt aufgrund äußerer Gegebenheiten entstehen, sondern davon abhängig sind, wie diese Gegebenheiten verarbeitet und bewertet werden. Bei der Analyse der gedanklichen Prozesse, die zu neurotischen Störungen führen, gingen beide Autoren recht unterschiedlich vor. Beck konzentrierte sich auf die empirische Analyse von Kognitionen reaktiv depressiver Patienten, während sich Ellis bei seiner Analyse ganz verschiedener therapiebedürftiger Emotionen und Verhaltensweisen auf philosophische Schulen (die Stoiker, Bertrand Russell) beruft und sich nicht auf ein bestimmtes Störungsbild eischränkt. Er geht von dem Grundgedanken Epiktets aus, der vertrat, daß "Man are disturbed not by things but by the views they take of them" (zit. nach Ellis, 1962, S. 54).

Trotz der unterschiedlichen Vorgehensweise bei der Analyse kognitiver Prozesse, die dysfunktionalen Reaktionen zugrunde liegen, gelangen Beck und Ellis zu ähnlichen Schlußfolgerungen. Sie nehmen an, daß neurotische Zustände durch verzerrte, unrealistische, antiempirische (Beck) bzw. sogenannte "irrationale" Gedanken (Ellis) entstehen und aufrechterhalten werden. Diese dysfunktionalen Kognitionen sollen durch Informationsmangel oder durch unwissenschaftliches, ungenaues oder unlogisches Verarbeiten von Informationen bedingt sein. Ziel von Therapie ist es daher, die unrealistischen und irrationalen Kognitionen "wissenschaftlich" zu hinterfragen und dem Individuum realistische bzw. rationale Gedanken nahezulegen, die zu funktionalen Reaktionen führen.

9.1.1 Die Theorie der Kognitiven Therapie von Beck

Beck (1967; 1976) verwendet in seiner Analyse der kognitiven Bedingungen reaktiver Depression folgende Konstrukte: die kognitive Triade, kognitive Schemata und fehlerhafte Prozesse der Informationsverarbeitung. Mit "kognitiver Triade" ist die Tendenz des Depressiven gemeint, unrealistische negative Betrachtungen der eigenen Person, Situation und der Zukunft vorzunehmen. Die eigene Person wird als unzulänglich und wertlos angesehen (z. B. "Ich bin ein Versager"), die Situation und die Umwelt werden als unfair und schlecht wahrgenommen (z. B. "Alles ist furchtbar"), und die Zukunft soll als unveränderbar negativ interpretiert werden (z. B. "Alles ist hoffnungslos").

Daß Depressive die unrealistische Sichtweise ihrer eigenen Person, der Situation und der Zukunft entgegen widersprechender positiver Informationen aufrechterhalten, erklärt Beck mit dem Konzept des kognitiven Schemas. Darunter versteht er relativ stabile kognitive Repräsentationen vergangener Erfahrungen (z. B. die Überzeugung, daß man besondere Leistungen erbringen muß, um von anderen Menschen geschätzt zu werden), die bewirken, daß Umweltinformationen fehlerhaft und in der Regel zu Ungunsten des Depressiven verarbeitet werden. Aufgrund der unflexiblen kognitiven Schemata entstehen nun systematische "Denkfehler" bzw. Information wird falsch verarbeitet, was dazu führt, daß die kognitive Triade und die kognitiven Schemata aufrechterhalten werden. Beispiele für fehlerhafte Informationsverarbeitungs-Prozesse sind etwa "Schwarz-Weiß-Malerei", d. h. eine Tendenz, in Extremen zu denken, ("Entweder ist meine Leistung total gut oder absolut schlecht") oder "Übergeneralisierung", d. h., aufgrund spezifischer Ereignisse werden globale negative Schlußfolgerungen gezogen ("Die Tatsache, daß mich mein Arbeitskollege nicht mag, zeigt, daß ich keine wirklichen Freunde habe"). Willkürliche Schlußfolgerungen - ein weiterer Denkfehler von Depressiven - bezeichnet die Tendenz, aus Ereignissen Einzelaspekte herauszugreifen und daraufhin eine negative Schlußfolgerung zu ziehen ("Da mein Chef heute unfreundlich zu mir war, plant er, mich zu entlassen").

9.1.2 Die Theorie der Rational-Emotiven Therapie (RET) von Ellis

Anders als Beck, der sich vorwiegend für die kognitiven Bedingungen von Depression interessiert, ist es Anliegen von Ellis (1962; Ellis & Grieger, 1977), Überzeugungen zu identifizieren, die zu ganz verschiedenen psychopathologischen ("unangemessenen") Reaktionen führen; hierunter fallen Ängste, übermäßige Ärgerreaktionen, Partnerprobleme und Störungen der Leistungsfähigkeit. Er vertritt die Ansicht, daß dysfunktionale Emotionen und Verhaltensweisen durch sogenannte "irrationale Überzeugungen" bedingt sind. Als "irrational" bezeichnet Ellis absolutistische, rigide bewertende Lebensregeln oder Prämissen, wie etwa die Annahme, daß es nicht nur extrem wünschenswert sei, kompetent und leistungsfähig zu sein, sondern daß man unbedingt kompetent sein muß. Oder die Überlegung, daß man - etwa, weil es einem sehr wichtig ist, zufriedenstellende soziale Beziehungen zu haben - diese zwischenmenschlichen Kontakte unbedingt braucht. Diese irrationalen Kognitionen (z. B. "Ich muß bzw. sollte unbedingt kompetent sein") haben gewisse Ähnlichkeiten mit den kognitiven Schemata nach Beck. Auch sie sind relativ überdauernde kognitive Strukturen, die trotz widersprechender Information rigide beibehalten und neuen Beobachtungen nicht angepaßt werden. Ellis geht weiterhin davon aus, daß mit irrationalen Prämissen eine Anzahl von unrealistischen Schlußfolgerungen einhergehen (s. Försterling, 1980c; 1983). Denkt man "irrational" bezüglich wichtiger Ziele (z. B. "Ich muß unbedingt Erfolge in meiner Arbeit haben"), ist man geneigt, es als "katastrophal" und "schrecklich" (und nicht nur als sehr unangenehm) anzusehen, wenn man diese Ziele nicht erreicht. Weiterhin sollen irrationale Philosophien zu Selbstwertzweifel und geringer Frustrationstoleranz führen. Selbstwertprobleme können entstehen, wenn die Bewertung der eigenen

Person oder ihre Selbstdefinition aufgrund vereinzelter Ereignisse oder Leistungen vorgenommen wird (z. B. "Dieser Mißerfolg zeigt, daß ich ein Versager bin"). Geringe Frustrationstoleranz meint, daß die Bedeutung und Konsequenzen unangenehmer Ereignisse unrealistisch stark gewichtet werden (z. B. "Da Mißerfolg unangenehm ist, kann ich Mißerfolg nicht ertragen"). Diese Ableitungen haben wiederum Ähnlichkeit mit der kognitiven Triade nach Beck, da auch sie negative Aspekte der Person, der Situation und der Zukunft zum Thema haben. Wie bereits angedeutet, stellt Ellis den irrationalen Gedanken, die zu dysfunktionalen Reaktionen führen, sogenannte "rationale" Kognitionen gegenüber, die angemessenes, funktionales Fühlen und Handeln bewirken sollen.

Rationale Kognitionen sind – wenn man Ellis folgt – subjektive Präferenzen (z. B. "Ich möchte erfolgreich sein und zufriedenstellende soziale Beziehungen haben") und keine absoluten Forderungen, wie sie für irrationale Gedanken charakteristisch sind. Rationale Gedanken sollen sich weiterhin durch Anerkennungen der Realität auszeichnen (z. B. "Es wäre zwar schön, wenn man mich an meinem Arbeitsplatz fair behandelte, im Moment aber werde ich unfair behandelt") und werden nicht – wie irrationale Überzeugungen – starr unter wandelnden Bedingungen beibehalten (z. B. "Da ich fair behandelt werden muß, kann x gar nicht ungerecht sein"). Denkt man rational über ein wichtiges Ziel, soll man nach der Theorie der Rational-Emotiven Therapie realistische Schlußfolgerungen vornehmen, wenn man seine Ziele nicht erreicht und Wünsche unerfüllt bleiben: Das heißt, daß z. B. Mißerfolge als unangenehm und enttäuschend – nicht jedoch als Weltuntergang – betrachtet werden, daß man Fähigkeiten realistisch einschätzt und nicht global negativ bewertet, dabei Konsequenzen des Mißerfolges zwar als störend, nicht jedoch als unerträglich betrachtet.

Ähnlich wie Beck, der die zu Depression führenden Kognitionen als Fehlwahrnehmungen der Wirklichkeit bzw. als Denkfehler betrachtet, also als Verstöße gegen wissenschaftliches Verarbeiten von Daten und logisches Schlußfolgern, definiert Ellis "Irrationalität" und "Rationalität" nicht nur aufgrund semantischer Aspekte (z. B. "Muß" versus "Möchte"). Vielmehr sei es charakteristisch für irrationale Gedanken, daß sie rigide, trotz widersprechender Daten aufrechterhalten und der wissenschaftlichen Überprüfung nicht ausgesetzt werden: Irrationale Kognitionen nehmen nach Ellis den Status von dogmatischen, absolu–

tistischen Setzungen ein, die man – ähnlich wie Becks Schemata – unflexibel und unter Außerachtlassung seiner Erfahrungen und Beobachtungen beibehält. Dazu gehört etwa die Überzeugung, Mißerfolg nicht ertragen zu können (obwohl man vielleicht ständig Mißerfolg erlebt und sich somit bewiesen hat, daß es keineswegs unerträglich ist, erfolglos zu sein). Rationale Gedanken haben dagegen den Status von Hypothesen. Dabei ist es nicht entscheidend für die Definition von "Rationalität", ob die Hypothese "richtig" oder "falsch" ist, sondern daß man sie der Überprüfung aussetzt. Nach der Theorie der Rational-Emotiven Therapie sind "rationale" Kognitionen bewertende Hypothesen, die man so lange aufrechterhält, wie sie mit den Beobachtungen und Erfahrungen übereinstimmen (z. B. die Annahme eines Individuums, daß es für ihn angenehm und deshalb wünschenswert und wichtig ist, beruflichen Erfolg zu haben), die man jedoch revidiert oder relativiert, wenn widersprechende Daten vorliegen (z. B. mag es diesem Individuum im Rentenalter angenehmer und deshalb wichtiger sein, einen schönen Garten als beruflichen Erfolg zu haben, da die Ausübung seines Berufes seine Kräfte übersteigen würde).

9.1.3 Die Beziehung zwischen Kognitionen und Emotionen in Modellen kognitiver Therapie

Nach Beck können unrealistische Kognitionen zu maladaptiven Emotionen (insbesondere Depression) und zu Verhaltensdefiziten führen. Realistische Gedanken über die eigene Person, die Situation und die Zukunft sollen dagegen mit angemessenen Reaktionen einhergehen. Ganz ähnlich nimmt Ellis an, daß rationale und irrationale Kognitionen unterschiedliche emotionale Befindlichkeiten und Verhaltensweisen bedingen. Irrationale Gedanken über ein wichtiges Ziel sollen zu übermäßig starken Affekten Anlaß geben, die Individuen daran hindern können, ihre Ziele zu erreichen (z. B. Angst) oder sie davon abhalten, angemessen mit Mißerfolgen umzugehen (z. B. Depression oder übermäßige Wut). Die emotionalen Konsequenzen von negativen Ereignissen sollen weniger ausgeprägt und angemessen sein, wenn Individuen rational über ihre Ziele denken. Die RET nimmt an, daß rationale Kognitionen zu Emotionen führen, die dem Individuum helfen, wichtige Ziele zu erreichen (z. B. soll angemessene Besorgnis oder Furcht das Individuum aktivieren, Gefahren abzuwehren) bzw. ihm dabei helfen, angemessen mit Mißerfolgen umzugehen (z. B. indem man Enttäuschung und Traurigkeit erlebt und dadurch etwa seinen Mitmenschen mitteilt, daß man über einen Verlust sehr betroffen ist).

Sowohl Beck als auch Ellis gehen davon aus, daß die Modifikation von unrealistischen Kognitionen durch die "wissenschaftliche" Überprüfung dieser Gedanken geschehen kann. In der Therapie nach Beck haben die Klienten beispielsweise "Hausaufgaben" auszuführen, um "Daten" zur Überprüfung der dysfunktionalen Gedanken zu sammeln. Darüber hinaus wird in kognitiven Therapien analysiert, ob die Schlußfolgerungen, die Klienten aus ihren Beobachtungen ziehen, logisch sind. In der Rational - Emotiven Therapie nach Ellis soll der Therapeut mit dem Klienten in einem Sokratischen Dialog die irrationalen Gedanken, die zu unangemessenen Emotionen führen, hinterfragen. Zusätzlich werden verhaltenstherapeutische Übungen mit dem Klienten entworfen, um Gegenbeweise für die irrationalen Überzeugungen zu sammeln; etwa genau das zu tun, von dem man (fälschlicherweise) meint, es nicht tun zu können oder auf Dinge zu verzichten, von denen man meint, daß man sie unbedingt braucht.

9.2 Gemeinsamkeiten von kognitiven Therapie - Theorien und Attributions - Modellen

Die eben beschriebenen Modelle kognitiver Therapien weisen in wichtigen Punkten Gemeinsamkeiten mit attributionstheoretischen Analysen klinischer Phänomene auf (s. Kap. 8.). Es handelt sich bei beiden Ansätzen um kognitive Modelle menschlichen Verhaltens und Fühlens (s. Kap. 1). Nicht Stimuli, sondern deren kognitive Verarbeitung sollen Verhalten und Emotionen steuern. Weiterhin geht sowohl der attributionstheoretische als auch der kognitiv - klinische Ansatz davon aus, daß unrealistische und verzerrte Kognitionen zu dysfunktionalen Reaktionen führen können, während realistische, "wissenschaftliche" Gedanken funktionale Konsequenzen bewirken, die dem Individuum eine angemessene Auseinandersetzung mit den Umweltgegebenheiten erlauben (s. auch Kap. 1).

Zu realistischen Kognitionen (Attributionen) über die Ursachen von Ereignissen gelangt man nach der Attributionstheorie aufgrund "wissenschaftlichen Vorgehens" (Kovariationsprinzip). In der kognitiven Therapie wird genau dieses Vorgehen angewandt, um unrealistische Kognitionen zu hinterfragen, zu prüfen und zu revidieren und um rationale, realistische Gedanken zu fördern. (Im Verlauf des vorliegenden Kapitels wird gezeigt, daß die therapeutischen Interventionen der kognitiven und der Rational-Emotiven Therapie weitgehend mit dem Kovariationsprinzip beschrieben und erklärt werden können).

Neben Gemeinsamkeiten in den Grundannahmen ergeben sich auch Ähnlichkeiten bezüglich der Gegenstandsbereiche (Störungsbilder), denen sich Attributions-Ansätze und kognitive Therapien zuwenden. Sowohl die Attributionsforschung als auch die kognitiven Therapie-Theorien analysieren die kognitiven Determinanten von neurotischen Zuständen, z. B. Depression, Ärger oder Schuldgefühlen, und nicht die von psychotischen Erkrankungen. Von den neurotischen Störungen wurden in allen Modellen die reaktiven Depressionen am eingehendsten untersucht. Bezüglich der Kognitionen, die zu depressiven Verstimmungen führen, kommen Beck, Ellis und die attributionstheoretische Analyse (s. Kap. 5) zu übereinstimmenden Aussagen (s. auch Seligman, 1981). Die von Beck für reaktive Depressionen verantwortlich betrachtete kognitive Triade, wonach der Depressive seine Person, seine Umwelt und Zukunft als negativ wahrnimmt, ist gleichbedeutend mit der Tendenz, internale, stabile und globale Attributionen für Mißerfolg vorzunehmen. Die Tendenz des Depressiven, internale Zuschreibungen für Mißerfolg vorzunehmen, ist charakteristisch für seine negative Sicht der eigenen Person; die Stabilität der Zuschreibungen von Mißerfolg bewirkt, daß er auch die Zukunft als hoffnungslos negativ wahrnimmt und die Globalität seines Kausaldenkens spiegelt wider, daß er viele Aspekte der Situation als negativ ansieht. Ganz ähnlich postuliert auch Ellis, daß sich Depressive als Versager bezeichnen und meinen, ihre Schwierigkeiten in der Zukunft nicht meistern und ertragen zu können.

Kognitive Therapien und attributionale Modelle haben nicht nur bezüglich der Analyse der kognitiven Inhalte reaktiver Depression Ähnlichkeiten, sondern gelangen auch bezüglich anderer emotionaler Zustände zu übereinstimmenden Aussagen: So weisen Ellis & Abrahms (1978) darauf hin, daß Individuen, die sich unangemessen stark oder oft ärgern, häufig anderen Personen (unrealistische) Intentionen zuschreiben, der eigenen Person zu schaden (externale, kontrollierbare Attributionen). Demzufolge wird in der RET versucht, solchen Klienten die situativen Determinanten des Verhaltens anderer vor Augen zu führen (externale, unkontrollierbare Attributionen), z. B. indem sie instruiert werden, die Perspektive anderer zu übernehmen. Aufgrund der Ähnlichkeiten der attributionalen Analyse gelernter Hilflosigkeit und Depression und der Analyse dieser Störung seitens der Kognitiven Therapie – Theorien meint Seligman (1981), kognitive Therapien vollständig innerhalb attributionstheoretischer Konzepte fassen zu können:

"cognitive therapy and indeed cognitive theory, which can be seen as unsystematic and diffuse, receives systematic and parsimonious underpinnings ... cognitive therapy and rational – emotive therapy boil down to a variety of tactics of attibution retrainings and resignation trainings" (S. 129).

Daß man – wie Seligman (1981) annimmt – Theorien und Techniken kognitiver Therapien durch das reformulierte Modell der gelernten Hilflosigkeit erklären kann, trifft jedoch nur für die Analyse (und noch nicht einmal für die Therapie) reaktiver Depression zu. Denn kognitive Therapien – nicht aber Seligman – spezifizieren, über die gedanklichen Inhalte von Depression hinausgehend, die Determinanten von vielen weiteren psychischen Störungen, wie etwa Angst, Schuldgefühlen, Ärger (Beck) oder sexuellen Funktionsstörungen, Arbeitsstörungen oder Drogenabhängigkeit (Ellis). Ferner besteht ein zentraler Aspekt von Theorien kognitiver Therapie in der Bereitstellung von Möglichkeiten zur therapeutischen Veränderung von Kognitionen; auch diese werden von Seligman nicht explizit aus seinem Modell abgeleitet. Aussichtsreicher, den von kognitiven Therapien abgedeckten Phänomenbereich attributionstheoretisch zu konzipieren, erscheinen uns demgegenüber die in Kap. 8 geschilderten Überlegungen. Sie können einen Weg eröffnen, weitere Störungsbilder attributionstheoretisch zu analysieren und Hypothesen über das Zustandekommen und die Veränderung dysfunktionaler Gedanken aufzustellen. Im folgendem wollen wir dies tun, indem wir Modelle über die vorauslaufenden Bedingungen von Attributionen (Kelley, 1967) dazu benutzen, die Interventionen der kognitiven Therapien von Beck und Ellis attributionstheoretisch zu konzipieren.

9.3 Wann können Attributions – Interventionen vorgenommen werden?

Bevor wir uns mit den Möglichkeiten attributionaler Veränderung befassen, wollen wir eingrenzen, wann solche Veränderungen sinnvoll erscheinen. Auf–

grund der Ähnlichkeiten zwischen kognitiven Therapien und den attributionalen Analysen klinischer Phänomene gehen wir davon aus, daß Attributionsinterventionen bei Störungen angewandt werden können, bei denen sich kognitive Therapieverfahren erfolgreich erwiesen haben. Demnach wäre es naheliegend, die Wirksamkeit attributionaler Veränderungen bei neurotischen Störungen, etwa reaktiven Depressionen, Phobien, Ängsten, Süchten, psychosomatischen Erkrankungen und übermäßigem Ärger zu untersuchen. Psychotische, neurologische oder hirnorganische Dysfunktionen entziehen sich nach den bisherigen Erfahrungen einer Behandlung durch kognitive Methoden (s. Ellis, 1962; Beck, 1970). Diese Einschränkung des attributionalen Geltungsbereichs auf "neurotische" Störungen spiegelt sich auch in der Auswahl der klinischen Phänomene wider, die bisher attributionstheoretisch analysiert worden sind - s. Kap. 6 und 7. Es handelt sich hier durchgängig um neurotische und nicht um psychotische Störungen.

Die erste Voraussetzung für die Anwendung attributionstheoretischer Interventionen ist - wie auch für andere Therapien - das Vorhandensein einer dysfunktionalen (neurotischen) Reaktion (s. Abb. 9 - 1). Die Frage, wann eine Reaktion neurotisch (dysfunktional oder maladaptiv) ist, hat zahlreiche Kontroversen in der Literatur ausgelöst und kann in der vorliegenden Arbeit nicht geklärt werden. Wir gehen vereinfachend davon aus, daß Erscheinungen, die traditionellerweise den Gegenstandsbereich der Klinischen Psychologie bzw. der Psychopathologie ausmachen (s. Davison & Neale, 1978; Schulte - Tölle, 1975), tatsächlich veränderungswürdig sind. Anknüpfend an die in Kap. 1 und 8 dargestellten Grundannahmen der Attributions - Theorie wären darüber hinaus aus einer attributionstheoretischen Sichtweise Verhaltensweisen und affektive Reaktionen als "unangemessen" zu bezeichnen, wenn sie Individuen daran hindern, möglichst lange zu leben und (oder) selbstgesetzte Ziele zu erreichen. Somit wären nicht nur die "klassischen" psychopathologischen Zustände (z. B. Depression und Angst) als "maladaptiv" zu bezeichnen, sondern auch - unter bestimmten Umständen - die Abwesenheit von negativen Emotionen, z. B. wenn sich jemand, der von anderen ungerechtfertigterweise in seinen Interessen behindert wird, nicht ärgert und zur Wehr setzt (s. Kap. 8).

Diejenigen Reaktionen, die lediglich aufgrund einer attributionstheoretischen Betrachtungsweise "veränderungswürdig" wären, werden hier nicht weiter erörtert, da sonst der Rahmen der vorliegenden Arbeit gesprengt würde. Bei unseren weiteren Versuchen, attributionale Überlegungen auf Probleme der Klinischen Psychologie zu beziehen, gehen wir von dem in Abb. 9 – 1 dargestellten Fall aus, daß ein Individuum unter einer dysfunktionalen Reaktion leidet, von der in der Psychopathologie gezeigt worden ist, daß sie unvorteilhaft für das Individuum (therapiebedürftig) ist (die Fälle b und d). Um attributionale Interventionen vornehmen zu können, muß jedoch zusätzlich zu der dysfunktionalen Reaktion eine unrealistische Attribution vorliegen (Fall b).

		REAKTION	
		funktional	dysfunktional
ATTRIBUTION	unrealistisch	a	b
	realistisch	c	d

A – Keine Attributionstherapie oder Prävention, B – Attributionstherapie wäre sinnvoll, C – Therapie wäre nicht indiziert, D – eine andere Therapie wäre indiziert.

Abb. 9 – 1. Voraussetzungen für die Anwendung attributionaler Interventionen

Etwa, daß eine Person unter depressiven Gefühlen leidet (dysfunktionale Reaktion), weil sie ungerechtfertigterweise einen Mißerfolg auf mangelnde Begabung zurückführt (unrealistische Attribution). Attributionale Interventionen können in der Regel auch nicht allein durch unrealistische Ursachenzuschreibungen gerechtfertigt werden (Fall a), denn unrealistische Attributionen haben häufig keinen negativen Einfluß auf Verhalten und Fühlen. Einer Person, der sportliche Aktivitäten gänzlich unwichtig sind, mag es gleichgültig sein, ob sie annimmt, zu wenig sportliches Talent zu besitzen oder die falschen Strategien zu benutzen, um eine bestimmte schlechte Leistung im Sport zu erklären. Sie wird sich aufgrund der niedrigen Wichtigkeit nicht depressiv nach dem Mißerfolg fühlen.

Allerdings können unter bestimmten Bedingungen gewisse attributionale Voreingenommenheiten Risikofaktoren darstellen, die nicht aktuell, aber vielleicht zukünftig zu dysfunktionalen Reaktionen führen (s. Abramson et al., 1978). Eine Mutter, die keine Schwierigkeiten mit der Erziehung ihrer Kinder hat, antizipiert, eventuell auftauchende Problemen ihres Nachwuchses wären durch ihre Unfähigkeit zur Erziehung bedingt. Obwohl sie sich unter den gegebenen Umständen wohl fühlt, mag sie emotionale Beschwerden bekommen, sobald Schwierigkeiten mit ihren Kindern auftauchen (da sie diese auf ihre Unfähigkeit zurückführen würde). Man könnte nun dieser Frau im Rahmen von "Präventionsmaßnahmen" nahelegen, daß variable Ursachen für zukünftige Schwierigkeiten in diesem Bereich verantwortlich wären. Attributionsveränderungen in Abwesenheit von dysfunktionalen Reaktionen sollten jedoch nur in Ausnahmefällen durchgeführt werden. Andernfalls würde man riskieren, aus theoretischen Modellen abgeleitete Techniken als "Selbstzweck" zu betrachten ohne zu prüfen, ob sie die definierten Ziele (Symptomerleichterung) erreichen.

Auf eine weitere Möglichkeit der Attributions – Veränderung weist Sektor "d" in Abb. 9 – 1 hin: Ein Individuum zeigt dysfunktionale Reaktionen, wird etwa depressiv nach der Diagnose einer unheilbaren Krankheit, nimmt jedoch gänzlich realistische Attributionen vor, nämlich, daß die Krankheit andauern wird, in ihm liegt und viele Lebensbereiche beeinflussen wird (internal, stabil, global). In diesem Fall könnten Attributionsveränderungen nicht vorgenommen werden, außer man wollte den Patienten belügen, damit er sich besser fühlt, indem man ihm sagt, er würde wieder gesund werden. In diesem Fall wären andere therapeutische Ansätze vorzuziehen, die nicht auf Veränderungen von Attributionen zurückgreifen. Schließlich würde man Attributionen natürlich nicht verändern, wenn sie realistisch sind und zu funktionalen Verhaltensweisen und Emotionen führen (s. Sektor "c" in Abb. 9 – 1).

9.4 Techniken zur Veränderung von Attributionen

Wenn die bisher erörterten Voraussetzungen für attributionale Interventionen erfüllt sind, stellt sich die Frage nach Techniken zur therapeutischen Veränderung von Ursachenzuschreibungen. Diese können sowohl aus der Attributions-Forschung als auch aus der Theorie und Praxis der kognitiven Therapien abgeleitet werden. Attributionstheorien spezifizieren die vorauslaufenden Bedingungen von Ursachenwahrnehmungen (s. Kap. 3), und in den Reattributions-Trainings werden konkrete Techniken zur Veränderung von Ursachenerklärungen beschrieben (s. Kap. 7). Darüber hinaus schildert auch die Literatur zu kognitiven Therapien Methoden zur Veränderung von Kognitionen. Wir kommen aufgrund der Analyse dieser Quellen zu drei Möglichkeiten der Attributionsveränderung: (a) Durch Information; die Arbeiten über die vorauslaufenden Bedingungen von Attributionen legen nahe, daß Ursachenzuschreibungen durch das Einholen und Umbewerten von Informationen verändert werden können. (b) Weiterhin können operante Methoden, Überredungsversuche und Modellernen zur Veränderungen herangezogen werden und (c) zeigen die in Kap. 3 beschriebenen Studien Möglichkeiten auf, Ursachenzuschreibungen durch indirekte Kommunikation zu beeinflussen.

9.4.1 Die Veränderung unrealistischer Ursachenzuschreibungen durch Information

Veränderung von Attributionen durch Information stellt sicherlich auf dem Hintergrund attributionstheoretischer Grundannahmen die naheliegendste Methode dar. Der Therapeut kann versuchen, unrealistische, dysfunktionale Attributionen des Klienten zu verändern, indem er sie - ähnlich wie Beck und Ellis - an der Wirklichkeit überprüft. Dazu kann er sich wissenschaftlicher Methoden bedienen, vergleichbar mit denen zur Überprüfung einer Hypothese in einer empirischen Untersuchung. Dabei kann angenommen werden, daß es (mindestens) zwei Möglichkeiten gibt, aufgrund derer Individuen zu unrealistischen Attributionen kommen: Einmal kann der Klient wichtige Informationen nicht besitzten und "Therapie" müßte darin bestehen, diese Informationen einzuholen; zum anderen kann der Klient die attributionsrelevanten Daten bereits kennen, aber Fehler bei der "Auswertung" und Interpretation vornehmen. In diesem Fall müßten ihm "methodische" Fertigkeiten zur Verarbeitung und Interpretation von Daten vermittelt werden. Bei der weiteren Systematisierung der Attributionsveränderungen ziehen wir wiederum das Kelley-Modell (s. Kap. 3) heran und gehen davon aus, daß die Überprüfung dysfunktionaler Attributionen anhand der Informationsdimensionen "Konsensus", "Distinktheit" und "Konsistenz" geschehen kann.

Konsensus-Information. Hinweise darauf, wie sich andere Personen verhalten, die sich in ähnlichen Situationen befinden wie man selbst, sind für die Entscheidung wichtig, ob eine bestimmte Reaktionsweise an einem selbst oder der Situation bzw. den Umständen liegt. Denkt man z. B., man sei der einzige, der unter Angst, sexuellen Problemen oder Arbeitslosigkeit leidet, könnte man Minderwertigkeitsgefühle oder Depressivität über seine Probleme entwickeln (im Sinne von "Symptomstreß"). Häufig sind Individuen in tabuisierten Lebensbereichen wie denen der Sexualität und der Emotionalität unzureichend über das Verhalten und Erleben anderer informiert; vielleicht weil es in diesen Bereichen nicht üblich oder peinlich ist, relevante Informationen auszutauschen. Freizügiger Informationsaustausch etwa in Selbsthilfe- oder Therapiegruppen kann dazu führen, daß Personen ihre Attribution aufgrund der neuen Konsensus-Information ändern. Frauen, die mit dem "Problem" in Therapiegruppen kommen, keine "vaginalen Orgasmen" zu bekommen und sich deshalb minderwertig fühlen, sind häufig erleichtert zu hören, daß viele andere Frauen keinen Orgasmus während des Koitus haben (hoher Konsensus). Diese Information führt dazu, daß sie nicht mehr persönliche Defizite für ihre "Anorgasmie" verantwortlich machen, was sie mitunter ermutigt, ihre sexuellen Wünsche gegenüber ihrem Partner zu äußern. Dadurch kann sich wiederum die Qualität der sexuellen Beziehung des Paares verbessern.

Natürlich kann auch die Erkenntnis, daß niedriger Konsensus vorliegt, positive attributionale- und Verhaltensänderungen bewirken. Eine Mutter erfährt, daß sich wenige Menschen ähnlich viel um ihre Kinder kümmern wie sie selbst und entscheidet deshalb, ihren eigenen Interessen mehr Zeit zu widmen.

Unrealistische Attributionen, die auf mangelnde Information zurückzuführen sind, können durch das Einholen von Konsensus-Information überprüft werden, indem Klienten z. B. andere Individuen fragen, wie sie sich in bestimmten

Situationen fühlen und verhalten. Themenzentrierte Therapiegruppen, die aus Mitgliedern mit ähnlichen Problemen bestehen, sind besonders geeignet, problemrelevante Konsensus - Information zu vermitteln: In einer Gruppe junger Eltern findet man heraus, daß nicht nur das eigene, sondern auch die Kinder anderer Eltern aggressiv sind; in einer "Gewichts - Kontroll - Gruppe" lernt man, daß es auch für andere schwierig, aber dennoch möglich ist, weniger zu essen; in einer Selbsthilfegruppe macht man die Erfahrung, daß auch andere Individuen unzufrieden mit ihren Beziehungen zum anderen Geschlecht sind.

Gelegentlich sind Psychologen und Therapeuten "Fachleute" für Konsensus - Informationen: Klienten können Erleichterung erfahren, wenn der Therapeut ihnen berichtet, daß andere Personen ähnliche Probleme hatten und lösen konnten. Für jemanden, der aufgrund mangelnder Konsensus - Information emotionale Schwierigkeiten hat, mag es auch sinnvoll sein, Literatur über den betreffenden Lebensbereich zu lesen, um die relevanten Informationen zu erhalten (manche Sexualtherapeuten schlagen ihren Klienten vor, den Hite - Report zu lesen) (s. Ellis, 1984 a).

Konsistenzinformationen betreffen das gemeinsame Auftreten eines Ereignisses zu verschiedenen Zeitpunkten (Konsistenz über Zeit) und in verschiedenen Situationen und Umständen (Konsistenz über Modalitäten). Im Unterschied zu Konsensus - Daten haben Klienten in der Regel mehr Konsistenzinformationen über ihr Verhalten als der Therapeut; deshalb ist es in der Therapie schwierig, ganz neue Konsistenzinformationen zu vermitteln, aufgrund derer Klienten ihre Kausalgedanken verändern. So sagt z. B. ein Klient, der aufhören möchte zu rauchen, er kann nicht aufhören und begründet diese Attribution durch den Hinweis, in den letzten Jahren und in fast allen Situationen (konsistent) geraucht zu haben. Dies nimmt er als Beweis, daß er nicht aufhören kann zu rauchen.

Nehmen wir an, es sei therapeutisches Ziel, dem Klienten nahezulegen, daß er aufhören kann zu rauchen, wenn er sich hinreichend anstrengt und einige Zeit der Unannehmlichkeiten des "Abgewöhnens" in Kauf nimmt. Es könnte hier Konsistenzinformation eingeführt werden, indem man in der Vorstellung oder in der Praxis neue Situationen schafft. So werden in kognitiven Therapieverfahren Raucher, die meinen, nicht mit dem Rauchen aufhören zu können, gefragt, ob sie einen Tag auf Zigaretten verzichten könnten, wenn sie dafür 10.000 Mark bekämen oder ob sie sterben würden, wenn sie keine Zigaretten hätten. Die Erkenntnis, daß er nicht unter allen Umständen rauchen würde (Konsistenz-informationen), mag dem Raucher nahelegen, daß er bisher noch nicht aufhören wollte, daß er aber könnte, wenn er wollte.

Neue Konsistenzinformationen können weiterhin durch das Ausprobieren von Verhaltensweisen gesammelt werden. Jemand, der meint, er "kann nicht" allein sein (weil er immer Angst bekommen hatte, wenn er allein war), könnte die Hausaufgabe erhalten, das auszuführen, von dem er meint, es nicht zu können (z. B. allein in den Urlaub fahren). Mit der Zielsetzung, neue Daten für die persönlichen Hypothesen zu sammeln, werden in der kognitiven Therapie der Depression Hausaufgaben vergeben:

"Wiederholter Erfolg untergräbt meistens die Überzeugung des Patienten, daß er "es nicht kann". Wenn der Patient kontinuierlich weitere Probleme meistert, werden Einstellungen wie "ich kann nicht" oder "es ist alles sinnlos" schrittweise abgebaut" (Beck et al., 1979; deutsch, 1981 S. 174).

Neben der Möglichkeit, einem Klienten neue Konsistenz-Informationen, etwa durch Experimente, zu verschaffen, kann man in der Therapie auch der Frage nachgehen, ob bereits vorhandene Konsistenz-Information realistisch verarbeitet worden ist. Beck et al. (1979; deutsch, 1981) demonstrieren den "Denkfehler der selektiven Abstraktion" (aus einer Anzahl zur Verfügung stehender Information wird nur eine negative Information zu der Schlußfolgerung herangezogen) anhand des folgenden Beispiels: Eine Klientin, die während einer Diät Süßigkeiten gegessen hatte, kommt zu der Attribution, daß sie überhaupt keine Selbstkontrolle habe (internal, stabil, global). Der folgende therapeutische Dialog besteht nun darin, Konsistenz- Informationen realistisch zu würdigen (s. Beck et al., 1979, S. 105).

P: Ich habe überhaupt keine Selbstkontrolle.

T: Warum sagen Sie das?

P: Mir hat jemand Süßigkeiten angeboten, und ich konnte nicht ablehnen.

T: Haben Sie jeden Tag Süßigkeiten gegessen?

P: Nein, nur das eine Mal.

T: Haben Sie in der letzten Woche etwas dazu getan, um die Diät einzuhalten?

P: Ja, ich habe jedesmal, wenn ich Süßigkeiten im Laden sah, der Versuchung widerstanden, sie zu kaufen ... Außerdem habe ich nie Süßigkeiten gegessen bis auf das eine Mal, als sie mir angeboten wurden und ich glaubte, sie nicht ablehnen zu können.

T: Wenn Sie die Häufigkeit der Situationen, in denen Sie sich unter Kontrolle hatten mit der Anzahl der Gelegenheiten vergleichen, in denen Sie schwach wurden, welches Verhältnis würde sich ergeben?

P: Ungefähr 100 zu 1.

T: Wenn Sie sich 100 mal beherrschen konnten und nur einmal über die Stränge schlugen, ist das ein Zeichen dafür, daß Sie durch und durch schwach sind?

P: Ich glaube, nein – nicht durch und durch (lächelt).

In diesem therapeutischen Dialog wird der Klientin gezeigt, daß sie vorhandene Konsistenzinformationen unrealistisch gewichtet. Sie nimmt eine Attribution vor, als ob niedrige Konsistenz vorläge (daß sie in der Vergangenheit ihre Diät nicht eingehalten hätte und deshalb keine Selbstkontrollfähigkeit besäße), obwohl sie das erwünschte Verhalten mit hoher Konsistenz gezeigt hat (sie hat in der Regel auf Süßigkeiten verzichtet), was auf hohe Selbstkontrollfähigkeiten hinweist. Ein wichtiger Aspekt der kognitiven Therapie besteht im Aufdecken und Korrigieren solcher logischen Denkfehler. Weiterhin betrachten Beck und seine Mitarbeiter (1979) mit ihren Klienten, die depressogene Kognitionen äußern wie "mir gelingt nichts mehr", "ich habe an nichts mehr Freude", Konsistenzinformationen. Sie lassen die Patienten zwischen den Therapiesitzungen aufzeichnen, wann sie sich gut gefühlt haben und wann sie Erfolge hatten.

"Die tabellarische Erfassung von Tätigkeiten (per Wochenplan) und die entsprechenden Beurteilungen von Erfolg und Vergnügen liefern demnach Daten zur Identifizierung und Korrektur der kognitiven Verzerrungen" (deutsch, 1981, S. 170).

Distinktheits – Information bezieht sich auf das gemeinsame Auftreten von Effekten mit ähnlichen und unähnlichen Entitäten, mit denen ein Individuum interagiert. In gleicher Weise wie Konsensus – und Konsistenz – Information in der Therapie eingeholt oder umbewertet werden können, können zu dysfunktio–

nalem Verhalten führende Attributionen auch durch Distinktheits-Informationen geprüft werden. Ein Schüler fühlt sich z. B. nach einem Mißerfolg bei einer wichtigen Klassenarbeit depressiv, weil er denkt, er sei gänzlich unbegabt (internale, stabile, globale Attribution). Wollte man diese globale Attribution durch eine spezifische (z. B. für das spezielle Fach unbegabt zu sein) ersetzen, kann Distinktheits-Information überprüft werden: Man könnte fragen, ob der Schüler (in der Regel) auch in anderen Fächern Mißerfolge hat (niedrige Distinktheit) oder bei anderen Aufgaben erfolgreicher ist (hohe Distinktheit). Hohe Distinktheit wäre mit seiner globalen Attribution nicht vereinbar und es mag für den Schüler hilfreich sein, sich zu vergegenwärtigen, daß er in anderen Tätigkeitsbereichen erfolgreicher ist. Ein solches Vorgehen wäre konsistent mit der Praxis der Kognitiven Verhaltenstherapien, in denen oft die Hausaufgabe gestellt wird, diejenigen Lebensbereiche aufzulisten, in denen man Erfolge zu verbuchen hat, um Übergeneralisierungen negativer Einschätzungen der mangelnden Fähigkeiten nach Mißerfolg entgegenzuwirken.

Distinktheits-Information ist nicht immer - wie in dem letzten Beispiel - bereits vorhanden, sondern muß mitunter erst eingeholt werden. Eine Frau ohne außer- oder voreheliche sexuelle Erfahrungen ist mit ihrem Sexualleben unzufrieden und fragt sich, ob dies an ihr oder an ihrem Partner liegt. Hätte sie lediglich mit ihrem Partner, nicht aber mit anderen Männern sexuelle Probleme (hohe Distinktheit), wäre die Unzufriedenheit durch ihren Partner oder durch besondere Umstände zu erklären. Ergäben sich jedoch auch mit anderen Männern Schwierigkeiten (niedrige Distinktheit), wäre eine Attribution auf eigene Handlungen oder Merkmale realistischer.

In diesem Fall wäre es vielleicht unmöglich oder unangemessen, Distinktheits-Information einzuholen, weil dies bedeutete, der Klientin nahezulegen, mit anderen Männern sexuelle Kontakte aufzunehmen. Dies könnte wiederum Schwierigkeiten in ihrer bisherigen Ehe verursachen. Unter anderen Gegebenheiten wäre es jedoch problemlos, Distinktheits-Information zu sammeln: Ein Mann denkt, er sei gänzlich wertlos, da er beruflich nicht erfolgreich ist und fühlt sich depressiv. Es wäre wahrscheinlich uneingeschränkt sinnvoll, ihm nahezulegen, andere Tätigkeiten - wie etwa Hobbies - aufzunehmen; der Erfolg in anderen Lebensbereichen könnte ihm helfen, eine positivere Sicht seiner selbst aufzubauen.

Um globalen negativen Bewertungen der eigenen Person nach Mißerfolgen entgegenzuwirken, wird in der Rational - Emotiven Therapie nach Ellis häufig eine Technik angewandt, mit der bereits vorhandene Distinktheits - Information umbewertet wird. Klienten, die sich nach Mißerfolgen als "vollständige" Versager bezeichnen (globale Attribution) und daraufhin Minderwertigkeitsgefühle erleben, wird gezeigt, daß sie in der Regel zur Definition ihrer Person willkürlich ausgewählte unvorteilhafte (Distinktheits -) Informationen heranziehen und andere - positivere - Informationen vernachlässigen. Durch die in Abb. 9 - 2a dargestellte Graphik, die mitunter in der Rational - Emotiven Therapie verwendet wird, soll dem Klienten demonstriert werden, daß er lediglich eine unter vielen Distinktheits - Informationen heranzieht, wenn er sich wegend eines einzelnen Mißerfolgs global als Versager bezeichnet. Weiterhin soll sie Klienten zeigen, daß eine differenziertere Sichtweise der vergangenen Erfolge und Mißerfolge in der Regel zu weniger generalisierten Einschätzungen der eigenen Fähigkeiten führt (9 - 2b).

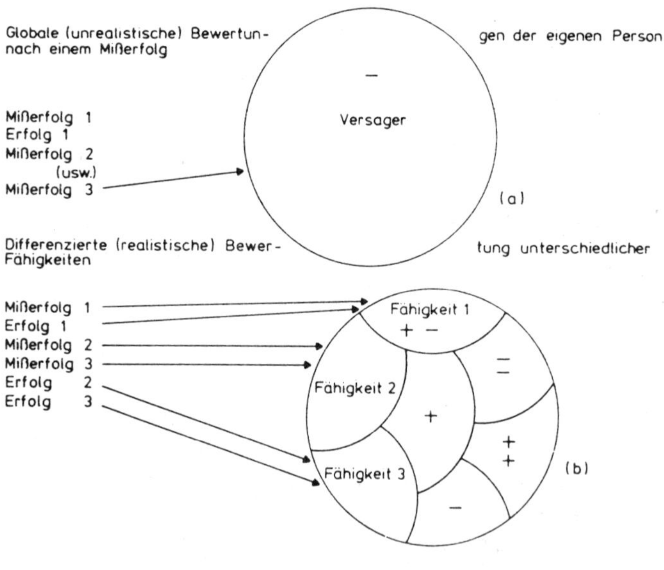

Abb. 9 - 2. Graphische Darstellung einer übergeneralisierenden (a) und differenzierten (b) Bewertung von Aspekten der eigenen Person.

Anstatt sich global als Versager zu bezeichnen, wäre es sinnvoller und realistischer, seine Fähigkeiten bezüglich vieler unterschiedlicher Tätigkeiten getrennt zu beurteilen.

Ebenso macht Beck (s. Beck et al., 1979) darauf aufmerksam, daß Depressive sich häufig als "gänzlich gestört" bezeichnen (eine globale Attribution für ihre Probleme), weil sie Schwierigkeiten in einigen Lebensbereichen haben. Er schlägt vor, daß der Therapeut mit dem Klienten zunächst bespricht, welche Lebensbereiche problematisch sind und welche nicht (Distinktheits-Informationen), um die negative Sicht des Depressiven bezüglich der eigenen Situation zu relativieren.

Festzuhalten ist hier, daß mit Hilfe des Kovariations-Modells von Kelley (1967; s. auch Kap. 3) therapeutische Interventionen kognitiver Therapien systematisiert werden können, und daß sich das Modell zur Ableitung "attributionstherapeutischer" Techniken eignet. Es kann desweiteren zur Spezifikation von Informationen, die zur Attributionsveränderung dienen und neu eingeholt werden müssen, benutzt werden und Hinweise liefern, welche Informationen verzerrt wahrgenommen bzw. falsch gewichtet werden. Durch kognitive und verhaltenstherapeutische Methoden können dann in der Therapie Kovariations-Informationen eingeholt oder neu gewichtet werden.

Das folgende Therapie-Transkript einer Sitzung in RET (nach Wessler & Wessler, 1980, S. 74ff.) veranschaulicht zusätzlich die attributionstheoretische Konzeptualisierung kognitiver Interventionen. Der Dialog zeigt, wie mit Hilfe der Kelley-Informationen (Konsensus und Konsistenz) einem Klienten, der sein Problem (Sprechangst) durch äußere, unkontrollierbare Faktoren verursacht sieht (der Gruppe), eine internale, kontrollierbare Attribution nahegelegt wird (seine eigenen kognitiven Bewertungen der Gruppe).

T 1: Kennen Sie andere Menschen, die nicht so ängstlich vor Gruppen sind wie Sie?

K 1: Ja, ich glaube schon.

T 2: Ist das nicht ein Anzeichen dafür, daß es nicht die Gruppe ist, die bei Ihnen Angst erzeugt, sondern vielmehr die Art und Weise, wie man die Gruppe sieht?

K 2: Das bedeutet, daß diese Menschen erfolgreicher sind als ich. Diese Leute haben halt viel Selbstvertrauen, das habe ich nicht.

T 3: Gab es Zeiten, in denen Sie nicht soviel Angst in Gruppen gehabt haben?

K 3: Ja, als ich noch zur Schule ging.

T 4: Was war damals denn anders?

K 4: Ich war wahrscheinlich nicht so besorgt, ob mich meine Mitschüler mögen oder nicht.

T 5: Und jetzt sind Sie sehr besorgt. Sehen Sie, damals waren Sie weniger besorgt darüber, was andere von Ihnen denken und jetzt sind Sie besorgter und haben mehr Angst.

T 6: Gibt es Situationen, in denen Sie nicht so ängstlich in Gruppen sind?

K 6: Ja, manchmal scheint es nicht so schlimm zu sein.

T 7: Wissen Sie, was anders in den Situationen ist, wenn es nicht so schlimm ist?

K 7: Ja, manchmal bin ich wirklich müde, dann denke ich, zum Teufel, ich will das hier hinter mich bringen und nach Hause gehen.

T 8: Ja, dann denken Sie etwas anderes als in den Situationen, in denen Sie ängstlich werden.

In diesem Reattributionsversuch konzentriert sich der Therapeut darauf, Konsensus-, Distinktheits- und Konsistenzinformationen, die der Klient bereits gesammelt hat, zu überprüfen und in Beziehung zu seinen Schlußfolgerungen zu setzen. Anfangs wird mit der Frage des Therapeuten (T1), ob der Klient andere Menschen kenne, die weniger Angst vor Gruppen haben als er, Konsensus-Informationen betrachtet. Der Klient gibt an, daß kaum andere Menschen außer ihm Angst vor Gruppen hätten, also daß niedriger Konsensus besteht. Dies legt nahe, daß nicht die Gruppe, sondern Eigenarten seiner Person verantwortlich für die Ängstlichkeit sind (T2). Hätte der Klient die Hypothese vertreten, daß hoher Konsensus bestünde und viele Menschen Angst vor dem Reden in Gruppen haben, könnte man diese Angabe überprüfen, z. B. indem man andere fragt, ob sie auch unter Sprechangst leiden. Es stellt sich heraus, daß der Klient die geringe Angst der anderen Individuen auf ihr höheres "Selbstvertrauen" zurückführt (eventuell wird dieses Attribut von dem Klienten als stabil und unkontrollierbar betrachtet). Um die Stabilität der Attributionen zu hinterfragen, überprüft der Therapeut Konsistenzinformationen. Er fragt, ob der Klient immer

Angst vor Gruppen hätte; dabei stellt sich heraus, daß niedrige Konsistenz vorliegt: In der Schule habe er keine Angst gehabt, vor Gruppen zu reden. Dies legt nahe, daß es nicht überdauernde Persönlichkeitseigenschaften des Klienten sind, die seine Sprechangst bewirken, denn sonst hätte er sie auch in der Vergangenheit erlebt. Der Therapeut fragt nun (T4), was damals anders gewesen sei und zeigt dadurch dem Klienten, daß seine Angst mit Gedanken über seine Mitmenschen kovariiert. Um diese Einsicht zu unterstreichen, fragt er, inwieweit die emotionale Reaktion des Klienten konsistent über Modalitäten ist (T6), d.h., ob es Situationen gibt, in denen er weniger ängstlich ist. Der Klient antwortet, daß er weniger ängstlich wird, wenn er (z. B. aufgrund von Müdigkeit) die Gruppe weniger wichtig nimmt. In diesem Therapie-Transkript wird Distinktheits-Information nicht herangezogen. Hätte der Klient jedoch geäußert, daß er "total neurotisch" sei (globale Attribution), wäre es sinnvoll gewesen zu fragen, ob er nur Angst vor der Gruppe hat (hohe Distinktheit) oder auch vor anderen Situationen (niedrige Distinktheit).

<u>Variationen bei der Informationseinholung</u>. Mitunter kann es auch mühsam sein, neue Informationen zur Überprüfung "unrealistischer" Attributionen einzuholen. Es reicht oft nicht, sich relevante Daten von einem Fachmann lediglich verbal mitteilen zu lassen, und eigene Verhaltensänderungen sind für die "Datensammlung" notwendig. Für eine Person, die etwa Angst vor Mäusen hat und Situationen vermeidet, in denen sie mit Mäusen rechnet, weil sie annimmt, unfähig zu sein, die negativen Gefühle, die der Anblick einer Maus hervorruft, zu ertragen, mag eine "Reizüberflutung" aus kognitiver Sicht die "effektivste" Methode der Attributionsveränderung sein. Durch die Ausführung des Verhaltens, von dem sie denkt, es nicht zeigen zu können (etwa eine Maus in die eigene Hand zu nehmen), schafft sie sich einen wirkungsvollen Beweis gegen ihre dysfunktionale Attribution (s. auch Bandura, 1977a). Wie in den kognitiven Therapien von Beck und Ellis würden auch attributionstheoretisch geleitete Therapieinterventionen solche Verhaltenstechniken nicht als Ziel, sondern als Mittel zum Ziel der kognitiven Veränderung betrachten. Anders als die klassische Verhaltenstherapie, für die eine Verhaltensänderung das eigentliche Ziel darstellt, betonen kognitive Ansätze den informativen Aspekt von Verhaltensänderungen. Dazu sagen Beck et al. (1979, deutsch, 1981, S. 158):

"Indem (der Therapeut) dem Patienten bei der Änderung bestimmter Verhaltensweisen hilft, kann er die Unrichtigkeit seiner negativen übergeneralisierten Schlußfolgerungen aufzeigen. Nach der Veränderung bestimmter Verhaltensweisen kann der Therapeut dem Patienten zeigen, daß er in Wirklichkeit nicht (seine) Fähigkeit(en) verloren hat..."

Attributionstheoretisch geleitete therapeutische Interventionen können zwei unterschiedliche Ziele verfolgen. Zum einen kann der Therapeut versuchen, die dysfunktionalen Attributionen von Klienten zu "reduzieren", indem er etwa falsifizierende Informationen gegen diese Zuschreibungen sammelt: Eine sehr attraktive Klientin fühlt sich depressiv, weil sie ihr momentanes Alleinsein auf ihr "Häßlichsein" zurückführt. Man kann nun in der Therapie nach Informationen suchen, die ihr nahelegen, daß sie nicht unattraktiv ist (ihre unrealistische Attribution "angreifen"). Eine andere Möglichkeit bestünde jedoch darin, Daten und Informationen für eine alternative Attribution zu sammeln; also im Aufbau einer funktionalen (etwa, daß sie sich in der jüngsten Zeit sozial isoliert hatte und deshalb keine Bekanntschaften geschlossen hat) und nicht im Abbau einer dysfunktionalen Attribution. Vielleicht kennt der Therapeut die Lebensbedingungen der Klientin hinreichend, um z. B. die Hypothese aufzustellen, daß sie sich momentan nicht in Situationen begibt, in denen sie andere Menschen kennenlernen kann. Man könnte mit ihr die Hausaufgabe vereinbaren, sich häufiger in solche Situationen zu begeben. Erhielte sie daraufhin mehr Einladungen, wäre die "funktionale" (situative) Attribution gestützt.

Um sich für eine Veränderungs - Methode zu entscheiden, ist es wichtig, die Bedingungen unrealistischer Attributionen zu kennen. Kelley (1967) vermutet in Anlehnung an Heider (1958), daß folgende Mechanismen zu unrealistischen Attributionen führen können:

"Like all other perceptual and cognitive systems, attribution processes are subject to error...(these) errors can be traced to instances in which, first, the relevant situation is ignored, second, egocentric assumptions are made; third, the relevant effects have affective significance for the observer and fourth, the surrounding situation is misleading" (S. 219).

1. Werden unrealistische Attributionen vorgenommen, weil relevante Informationen (in einer neuen Situation) ignoriert werden, wäre es sinnvoll, diese Daten zu sammeln. Ein junger Student, zum Beispiel, zweifelt an seiner Begabung zum Studium, weil er an der Universität mehr Zeit zur Vorbereitung

braucht als an der Schule. Ihm könnte die Hausaufgabe nützen, von seinen Studienkollegen situationsrelevante Informationen zu erfragen. Dadurch erfährt er vielleicht, daß die vermehrte Vorbereitungszeit durch die Umstände an der Universität und nicht durch eigene Fähigkeitsdefizite bedingt ist, da wohl die meisten seiner Kommilitonen über ähnliche Erfahrungen berichten würden. 2. Individuen können hinreichende Informationen für eine realistische Attribution besitzen, jedoch aus diesen "Daten", z. B. aufgrund "egozentrischer Annahmen", falsche Schlüsse ziehen. In diesem Fall bestünde Attributionstherapie nicht darin, neue attributionsrelevante Informationen zu sammeln, sondern es müßten die Fehler, die bei der "Dateninterpretation" und Analyse, z. B. durch egozentrische Annahmen, entstehen, aufgedeckt und korrigiert werden. Vertritt zum Beispiel ein depressiver Klient die Ansicht, daß er von <u>allen</u> Menschen, die ihm wichtig sind, geschätzt werden muß, um sich als liebenswert zu erleben, könnte ihm nahegelegt werden, daß wahrscheinlich niemand dieses Ziel erreichen könnte, und daß er die bisherige Zuneigung, die er erfährt, als hinreichenden Beweis für seinen persönlichen Wert betrachten kann. 3. Erhalten jedoch emotionale (selbstwertschützende) Mechanismen eine Fehlattribution aufrecht, muß der Therapeut mit (affektiven) "Widerständen" bei der Veränderung der Zuschreibung rechnen. Eine Studentin, die sämtliche Mißerfolge während des Studiums auf unfaire Prüfer zurückführt und dadurch versäumt, neue Vorbereitungsstrategien zu erproben, reagiert ängstlich und verärgert, als der Therapeut andeutet, daß sie für ihre bisherigen Mißerfolge mitverantwortlich sei. Bevor attributionsrelevante Informationen gesammelt werden können, müßten in diesem Fall die aversiven emotionalen Konsequenzen einer internalen Attribution für die eigenen Mißerfolge analysiert und vielleicht reduziert werden. 4. Daß irreführende Informationen in neuen Situationen zu dysfunktionalen Reaktionen führen können, spiegelt sich im Aufbau des Therapie-Programms für Flugängstliche der Deutschen Lufthansa wider (s. Liersch, 1983). Es wird angenommen, daß flugängstliche Personen eine Reihe von Fehlattributionen vornehmen und ganz normale Flugvorgänge - wie etwa das Einfahren der Landeklappen - als Anzeichen für technische Schwierigkeiten bewerten. In der Therapie werden diese Individuen daher über die verschiedenen Flugphasen genau informiert und sie lernen, einzelne Geräusche zu identifizieren und diese auf "normale" Flugverläufe zurückzuführen. Es wird erwartet, daß die Flugangst nachläßt, wenn die verschiedenen Stimuli (Geräusche und Bewegungen während des Flugs) realistischer verarbeitet und interpretiert werden.

Neben Informations - Methoden können operante und Modellern - Techniken zur Attributionsveränderung benutzt werden. Ein Individuum, welches viel Zeit mit Personen verbringt, die unter dem gleichen Problem leiden (z. B. mehrere "underachiever" bilden eine Freizeitgruppe), mag positiv durch Personen, die in dem entsprechenden Bereich erfolgreicher sind, beeinflußt werden, indem es - etwa durch Modellernen - deren Attributionen übernimmt. Wenn eine Bezugsgruppe des Klienten die dysfunktionalen Attributionen verstärkt (etwa die Eltern), mögen durch operante Methoden Attributionen am besten modifiziert werden. Darüber hinaus wird im folgendem gezeigt, daß auch indirekte attributionale Mitteilungen seitens des Therapeuten unter bestimmten Bedingungen für die Bildung und Veränderung von Ursachenzuschreibungen des Klienten verantwortlich sein können.

9.4.2 Veränderungen von Attributionen durch operante Methoden, Überredung und Modellernen

Obwohl die rationale wissenschaftliche Überprüfung von dysfunktionalen Attributionen anhand von Informationen aufgrund des Menschenbildes der Attributionstheorie (s. Kap. 1) die naheliegendste Methode zur Reattribution darstellt, können auch Verfahren, die weniger auf kognitiven "Einsichtsprozessen" beruhen, angewandt werden. Nicht jede Attribution und Attributionsveränderung ist das Produkt ausgiebiger rationaler Informations - Verarbeitungsprozesse. Ursachenzuschreibungen können auch von anderen Personen unkritisch übernommen bzw. zufällig geäußert und durch positive Konsequenzen aufrechterhalten werden. In einigen Reattributions - Trainings (s. Kap. 7) kommen z. B. operante Attributionsveränderungs - Methoden zur erfolgreichen Anwendung. Andrews & Debus (1978) bitten ihre Versuchspersonen, nach einem Mißerfolg Attributionen zu äußern und bekräftigen ihre Versuchsteilnehmer verbal, wenn sie die gewünschte Ursachenzuschreibung vornehmen. Solche operanten Techniken können auch in kognitiven Therapien angewandt werden, z. B. indem Therapeuten ihre Klienten verbal bekräftigen, wenn sie erwünschte Attributionen vornehmen oder mit ihnen Programme erstellen, in denen Strafreize für unerwünschte (kausale) Selbstgespräche gesetzt werden (s. auch Cautela, 1966; Meichenbaum, 1977).

Reattributionsprogramme (Kap. 7) und die klinische Praxis haben gezeigt, daß auch Imitationsprozesse (Lernen am Modell, s. Bandura, 1977) Attributionsveränderungen bewirken können. Zoeller et al. (1983) fanden, daß Versuchspersonen, die eine Stimulusperson beobachteten, die nach Mißerfolgen bei einer Kriteriumsaufgabe Attributionen für den Handlungsausgang vornahm, nachfolgend eigene Mißerfolge ähnlich wie das Modell erklärten. In der Literatur über kognitive Therapien (s. z. B. Ellis & Grieger, 1977) wird darauf hingewiesen, daß der Therapeut für den Klienten ein Modell darstellen sollte, indem er vermeidet, unrealistische und irrationale Bewertungen in der Therapiesitzung zu verbalisieren (etwa von sich selbst als völligem Versager zu reden). Ebenso sollte der "Attributionstherapeut" diejenigen Ursachenzuschreibungen, die er in bezug auf eine bestimmte Situation dem Klienten nahelegen will, auch selbst vornehmen und gegebenenfalls in der Therapie verbalisieren.

Neben dem Therapeuten können auch andere Individuen, die ein problematisches Verhalten, an dem der Klient arbeiten möchte, bereits positiv verändert haben, als Modell dienen. Der Erfolg von Selbsthilfegruppen mag dadurch bedingt sein, daß Patienten von anderen Gruppenmitgliedern funktionale Attributionen lernen. Attributionselevante Informationen und Erfahrungen können dem Klienten auch über unterschiedliche Medien - wie etwa Video-Aufnahmen oder Literatur - nähergebracht werden. Den erfolgreichen Einsatz solcher Technologien haben Zoeller et al. (1983) und Wilson & Linville (1982; 1985) beschrieben und innerhalb der kognitiven Therapien ist es üblich, durch "Bibliotherapie" (Selbsthilfebücher), Kognitionen zu beeinflussen (s. z. B. Ellis & Harper, 1975). Waters (1979) z. B. erstellte Bildergeschichten für Kinder, in denen diese an Modellen, die in Problemsituationen angemessene Kognitionen (gelegentlich auch Attributionen) zeigen, lernen können, funktionale Ursachenerklärungen vorzunehmen.

Weiterhin können Attributionen durch Überredung (persuasion) verändert werden. Einem Klienten, der sich nach einem Mißerfolg depressiv fühlt, kann etwa nahegelegt werden, den Mißerfolg auf äußere Faktoren zurückzuführen, um sich besser zu fühlen. Man könnte diesem Klienten die Erkenntnisse über den Zusammenhang von Attributionen und Emotionen erklären, um ihn durch die Aussicht, sich bald besser zu fühlen, zu motivieren, seine dysfunktionalen (attributionalen) Selbstgespräche einzuschränken. Auch können Kausalwahrneh–

mungen verändert werden, indem der Therapeut dann, wenn der Klient von einem relevanten Ereignis spricht, die gewünschte Attribution verbalisiert. Wenn Klienten unerwünschte Attributionen vornehmen (z. B. "Ich habe aufgrund meiner geringen Fähigkeit Mißerfolg gehabt"), kann der Therapeut die erwünschte Zuschreibung paraphrasieren (z. B. "Sie haben sich noch nicht hinreichend bemüht ..."). Wenn Klienten wissen, wie dysfunktionale Gefühle und Reaktionsweisen mit unrealistischen Attributionen zusammenhängen, können sie ausprobieren, welche Konsequenzen realistischere Zuschreibungen mit sich bringen. Desweiteren besteht die Möglichkeit, daß Klienten zwischen den Therapiesitzungen ihre kausalen Kognitionen aufzeichnen; etwa in einem Attributionstagebuch (s. Ickes & Layden, 1978) Ursachenzuschreibungen für die positiven und negativen Ereignisse des Tages vornehmen. Anhand dieser Aufzeichnungen kann festgestellt werden, wann "unvorteilhafte" Attributionen vorgenommen werden, was dann wiederum ein Zeichen für den Klienten sein kann, seine Selbstgespräche zu verändern.

9.4.3 Veränderung von Attributionen durch indirekte Mitteilungen

Wie Meyer und Mitarbeiter gezeigt haben (s. Kap. 3), können neben eigenen Erfahrungen und Informationen auch die Meinungen anderer Personen über die Ursachen eines Ergebnisses die Attributionen für sein Handeln beeinflussen. Weiterhin können die Meinungen über die Ursachen des Verhaltens eines anderen Individuums mitunter indirekt mitgeteilt werden. Solche "indirekten" Mitteilungen sind auch für die Therapie relevant, da sie wichtige Aspekte therapeutischen Verhaltens darstellen, z. B. interpersonelle Emotionen (ob sich der Therapeut über Mißerfolge des Klienten ärgert oder Mitleid zeigt), Hilfeverhalten (ob er ihm hilft oder die Aufgabe allein lösen läßt), Aufgabenzuweisung (ob der Klient leichte oder schwierige "Hausaufgaben" bekommt) und bewertendes Verhalten (Lob, Tadel).

Emotionen. In fast allen Therapieansätzen wird der "emotionalen Beziehung" zwischen Therapeut und Klient eine große Bedeutung zugemessen. Daß emotionale Äußerungen von Therapeuten gegenüber dem Klienten u. a. auch wichtige (kognitive) Mitteilungen beinhalten können, betonen Beck und sein Mitarbeiter (1979; deutsch 1981, S. 86):

"Für den Therapeuten ist es im allgemeinen hilfreich, Gefühle wie Besorgnis, Anerkennung, Wärme und Ermutigung geschickt zu äußern. Darüber hinaus ist es mitunter therapeutisch wirksam, wenn er einige seiner "negativen" Gefühle zugibt, wie Enttäuschung, Frustration und Verunsicherung. Er muß jedoch vorsichtig abwägen, wie viele seiner Empfindungen er gegenüber dem depressiven Klienten zu erkennen geben kann. Er muß sich darüber im klaren sein, daß die aufrichtige Äußerung seiner Gefühle vom Klienten mißverstanden werden könnte."

Da Emotionen in der Therapie einen bedeutenden Stellenwert einnehmen, sind für das Vorhaben, Ursachenerklärungen "therapeutisch" zu verändern, Erkenntnisse über attributionale Mitteilungen durch Affekte wichtig. Denn es wäre dem Versuch abträglich, einen Klienten zu überzeugen, nicht die Attribution "x", sondern die Attribution "y" für einen Erfolg vorzunehmen, wenn man ihm gleichzeitig durch sein Ausdrucksverhalten zeigt, daß man selbst seinen Erfolg durch die Zuschreibung "x" erklärt.

Meyer (1984), Rustemeyer (1984) und Weiner, Graham, Lawson & Stern (1982) haben gezeigt, daß einige Emotionsäußerungen, die bei erster Betrachtung sozial erwünscht und therapeutisch hilfreich erscheinen mögen, für den "Empfänger" nachteilige kognitive Botschaften beinhalten können. Demgegenüber können vermeintlich "unfreundliche" interpersonelle Affekte positive kognitive Mitteilungen beinhalten: Individuen, denen nach (eigenen) Mißerfolgen von anderen "Mitleid" signalisiert wurde ("freundliche" Reaktion), schlossen, daß sie als gering begabt wahrgenommen werden. Wird der Person nach dem Mißerfolg jedoch von einem bewertenden Individuum Ärger gezeigt, fühlt sie sich (von dem anderen) als hinreichend begabt wahrgenommen, mit vermehrter Anstrengung später doch noch Erfolg zu haben.

Ebenfalls können die positiven Emotionen des Therapeuten in Hinblick auf die Erfolge des Klienten wichtige (indirekte) attributionale Mitteilungen beinhalten: Ein Therapeut, der "Überraschung" und "Erstaunen" zeigt, wenn der Klient ein wichtiges Ziel erreicht hat, mag damit mitteilen, daß er den Erfolg nicht erwartet hat und ihn deshalb auf den Zufall, nicht jedoch auf die Fähigkeit des Klienten zurückführt. Wäre der Therapeut lediglich zufrieden mit dem Erfolg oder würde er ihn ohne besondere Reaktion zur Kenntnis nehmen, könnte der Klient folgern, daß sein Erfolg erwartet worden war und nicht auf den Zufall zurückgeführt wurde.

Aufgabenzuweisung. Die in Kap. 3 beschriebenen Arbeiten von Meyer und Mitarbeitern haben ergeben, daß neben Emotionen auch das Zuweisen von Aufgaben unterschiedlicher Schwierigkeitsstufen attributionsrelevante Informationen im sozialen Kontext beinhalten kann. Dies ist besonders wichtig, da ein bedeutender Teil modernen klinisch-psychologischen Arbeitens in der Entwicklung unterschiedlicher therapeutischer Hausaufgaben für den Klienten besteht (verhaltenstherapeutische Übungen). Dies trifft gleichermaßen für Einzeltherapien und Gruppentherapien zu.

Die Experimente zu den Auswirkungen von Aufgabenzuweisungen geben zu der Spekulation Anlaß, daß ein Klient, der eine sehr einfache therapeutische Hausaufgabe erhält, folgert, daß ihn der Therapeut als außergewöhnlich gestört und zerbrechlich wahrnimmt. Wird ihm jedoch eine schwierige Aufgabe gestellt, bei der er sich anstrengen muß, kann er sich als fähig erleben, seine Probleme weitgehend selbst zu lösen. Ohne sich auf die entsprechenden attributionstheoretischen Überlegungen zu beziehen, macht Ellis (1983) darauf aufmerksam, daß einige verhaltenstherapeutische Techniken nachteilige "philosophische Implikationen" für den Klienten haben können, da sie als extrem leichte Aufgaben aufgefaßt werden könnten. Etwa das behutsame Vorgehen in der systematischen Desensibilisierung (Wolpe, 1958), während der sich der Klient im entspannten Zustand vorstellt, sich einem gefürchteten Objekt zu nähern, mag dem Klienten sehr einfach, aber zeitraubend und aufwendig vorkommen. Er mag deshalb folgern, daß er wirklich große Probleme und schwere Störungen hat (weil die gewählte Behandlungsmethode so kompliziert ist) und daß ihn der Therapeut in bezug auf sein Problem als recht unfähig wahrnimmt (er muß sich die Gefahr lediglich vorstellen). Ellis schlägt deshalb vor, vorzugsweise "schwierige" verhaltenstherapeutische Techniken anzuwenden, z. B. Reizüberflutung anstelle von systematischer Desensibilisierung. Indem der Therapeut den Klienten sofort in die angstbesetzte Situation schickt und darin verweilen läßt, bis die Angst vorbei ist, lernt er, daß er seine Angst ertragen und verändern kann.

Lob und Tadel. Auch bewertende Verhaltensweisen des Therapeuten, z. B. sein Lob nach Erfolg und sein Tadel nach Mißerfolg, können die Attribution des Klienten für sein eigenes Handeln beeinflussen. Indem er den Klienten nach einem Erfolg lobt, mag der Therapeut ihm mitteilen, daß er die Leistung weniger auf hohe Fähigkeit als auf hohe Anstrengung des Klienten zurückführt. Dies kann wiederum dazu führen, daß sich der Klient in der niedrigen Einschätzung seiner eigenen Fähigkeiten bestätigt fühlt und das Verhalten, aufgrund dessen er gelobt worden ist, in Zukunft nicht mehr ausführt. Eine sachliche und neutrale Reaktion des Therapeuten auf das positive Ergebnis des Klienten mag einem Lob also mitunter vorzuziehen sein. Wie die in Kap. 3 geschilderten Untersuchungen weiterhin gezeigt haben, kann Tadel nach Mißerfolg für den Klienten die Botschaft beinhalten, daß er nicht aufgrund mangelnder Begabung, sondern mangelnder Anstrengung sein Ziel bisher nicht erreicht hat.

Für einen Patienten mit einem niedrigen Konzept der eigenen Fähigkeit kann "Tadel" somit eine "überraschend" positive Mitteilung auf seinen Mißerfolg beinhalten; nämlich, daß sein Therapeut ihn für recht begabt einschätzt. Dies kann dazu führen, daß er sein bisher noch nicht erreichtes Ziel ausdauernd weiterverfolgt. Diese "scheinbar paradoxen Wirkungen von Lob und Tadel" (Meyer, 1984) sind für die Klinische Psychologie deshalb von besonderer Wichtigkeit, da (populäre und vereinfachende) Versionen klinischer Anwendungen der klassischen Lerntheorien in der Verhaltenstherapie dem Lob nach Erfolg eine durchgehend positive (die Wahrscheinlichkeit des Verhaltens wird erhöht) und Tadel nach Mißerfolg eine negative Funktion zusprechen (Tadel soll die Auftretenswahrscheinlichkeit des Verhaltens reduzieren).

<u>Hilfeverhalten.</u> Während emotionale Äußerungen, Aufgabenzuweisungen und Sanktionen lediglich Aspekte der Therapie sind, wird vom Klienten der gesamte Prozeß der Therapie als Hilfe für die Lösung eigener Probleme betrachtet. Klinische Erfahrungen zeigen, daß dies eine "abschreckende" Wirkung auf manche "Behandlungssuchende" hat. Mitunter werden auch anfängliche Widerstände dadurch erklärt, daß der Klient Schwierigkeiten habe, sich seine Hilfe- bzw. "Therapiebedürftigkeit" zuzugestehen, weil dies beinhaltet, daß er aus eigener Kraft seine Probleme nicht lösen könne. Auf die möglichen negativen Konsequenzen von Hilfeleistungen macht übrigens auch der Slogan der Frauenbewegung "Hilfe macht hilflos" aufmerksam.

Wiederum werfen die Untersuchungen von Meyer (s. Kap. 3) Licht auf die Zweischneidigkeit bzw. die möglichen Gefahren von einigen Formen therapeutischer Hilfe. Die Experimente befassen sich mit einem speziellen Ausschnitt von Hilfeverhalten, nämlich den Konsequenzen <u>unerbetener</u> Hilfe für den Hilfeempfänger und können deshalb nicht unmittelbar auf alle hilfethematischen Situationen bezogen werden. Auf die Problembereiche der Klinischen Psychologie und der Psychotherapie übertragen, deuten die Befunde zu den Konsequenzen von Hilfeleistungen für den Hilfeempfänger darauf hin, daß ein Therapeut, der seinem Klienten unerbeten Hilfe oder Ratschläge zukommen läßt, diesem auch mitteilt, daß er ihn nicht genügend begabt einschätzt, aus eigener Anstrengung sein Ziel zu erreichen. Auch mögen die verschiedenen therapeutischen "Hilfsmittel", die in der Verhaltenstherapie benutzt werden, solche negativen Implikationen für den Klienten beinhalten. Z. B. mag ein Raucher nach einigen Therapiesitzungen, in denen komplizierte Selbstkontroll-Techniken gelernt werden, denken, daß er nicht aus eigener Kraft aufhören kann zu rauchen. Klinische Psychologen haben aber auch auf die negativen Konsequenzen von Hilfeleistungen hingewiesen, indem sie zuweilen Therapie als "Hilfe zur Selbsthilfe" bezeichnen. Darüber hinaus machen Beck et al. (1979; deutsch, 1981, S. 229) explizit darauf aufmerksam, daß Therapeuten vorsichtig mit ihren Hilfeleistungen umgehen sollen:

"Der klinisch depressive Mensch hat oft einen starken Impuls, bei der Ausführung seiner gewohnten Tätigkeiten die Hilfe anderer zu suchen. Dieser Wunsch nach Unterstützung ... übersteigt im allgemeinen die realistischen Bedürfnisse des Patienten nach Hilfe. Obwohl Hilfe dem Klienten oft eine vorübergehende Erleichterung gewährt, kann sie die Abhängigkeit des Patienten und seinen Mangel an Selbstvertrauen verstärken".

Zusammenfassend kann festgehalten werden, daß bestimmte therapeutische Interventionen (Aufgabenzuweisungen, Lob und Tadel, Helfen und Emotionsäußerungen) dem Klienten indirekt attributionale Informationen liefern können. Es ist möglich, daß diese Verhaltensweisen von Therapeuten eingesetzt werden, ohne deren negative Konsequenzen zu kennen oder zu berücksichtigen. Unerfahrene Therapeuten mögen davon ausgehen, daß es generell wünschenswert sei, einem Klienten Mitleid zu zeigen, ihm zu helfen, ihn nach Erfolg zu loben und ihm leichte Aufgaben zu stellen. Dies kann besonders dann zu nachteiligen Konsequenzen für den Klienten führen, wenn dieser den Therapeuten als kompetenten Beurteiler des eigenen Zustandes und der eigenen Fähigkeiten betrachtet und deshalb geneigt ist, seine diesbezügliche Meinung zu übernehmen. Zudem können indirekte Mitteilungen als besonders "ehrlich" gewertet werden und deshalb von dem Klienten ein großes Gewicht erhalten. Indirekte Mitteilungen werden vielleicht nicht als "zensiert" durch taktische Überlegungen des Therapeuten wahrgenommen, sondern als Ausdruck dessen gewertet, "was der Therapeut 'wirklich' über meinen Zustand denkt, mir aber nicht offen sagen will".

Träfen diese Vermutungen zu, wären einige verbreitete therapeutische Techniken schädlich. Dies würde besonders vor dem Hintergrund alarmierend sein, daß indirekte Mitteilungen von Attributionen bzw. Fähigkeitswahrnehmungen nicht stets bewußt beeinflußt werden können, wie etwa bei der Emotions-Kommunikation (Izard, 1977): Selbst wenn man wüßte, daß es nicht richtig ist, einem bestimmten Klienten Mitleid entgegenzubringen, mag man durch seine Stimmlage und seinen Gesichtsausdruck genau dies tun, wenn man diese Emotion wirklich erlebt. Zudem erscheint es fraglich, ob ein Therapeut, der seine indirekten Mitteilungen strategisch beeinflußt, glaubhaft für den Klienten ist oder vielleicht unnatürlich und "gestellt" wirkt. Natürlich kann aus der hier vorgestellten Forschungsarbeit nicht gefolgert werden, daß Lob, Hilfe oder Mitleid stets zu vermeiden sind. Zum einen haben wir bereits betont, daß es nicht immer wünschenswert ist, dem Klienten ein hohes Konzept der eigenen Fähigkeiten zu vermitteln. Im Gegenteil, ein Individuum, das sich durch unrealistische Persistenz schädigt, mag davon profitieren, von seinem Therapeuten indirekt mitgeteilt zu bekommen, daß seine Fähigkeiten Grenzen haben. Zum anderen mag das Mitleid des Therapeuten dem Klienten auch eine positive Botschaft liefern, die die eventuellen negativen Implikationen ausgleicht. Etwa könnte ihm das Mitleid des Therapeuten mitteilen, daß er auch schwach sein darf und trotzdem von ihm wichtig und ernst genommen wird.

9.5 Generelle Zielsetzungen von Attributionstherapie

Kognitive Therapie auf der Basis attributionstheoretischer Überlegungen hätte zunächst – wie jede andere Therapieform – das Ziel, dysfunktionale Reaktionen wie Angst, depressive Zustände oder selbstschädigendes Verhalten positiv zu verändern. Der eleganteste Weg zu dieser Veränderung bestünde in der Modifikation kausaler Kognitionen durch "wissenschaftliche" Überprüfung der Gedanken, die dysfunktionale Reaktionen bewirken. Über die Linderung spezifischer emotionaler Probleme hinausgehend könnte Attributionstherapie jedoch auch "Hilfe zur Selbsthilfe" sein, indem sie Personen die Fähigkeit vermittelt, in zukünftigen Problemsituationen die Mittel zur Überprüfung von dysfunktionalen und/oder unrealistischen Kognitionen selbständig anzuwenden. Die Ausbildung des Klienten zu seinem eigenen Therapeuten bestünde – ähnlich wie in den Therapie-Modellen von Beck und Ellis – darin, ihn Methoden zur Identifizierung eigener dysfunktionaler Gedanken (Attributionen) zu lehren. Darüber hinaus sollte er in der Therapie lernen, diese Kognitionen als "Arbeitshypothesen" zu betrachten und wissenschaftlich zu überprüfen. Ein langfristiges attributionstheoretisches Therapieziel bestünde darin, den Klienten anzuhalten, nicht dogmatisch an bestimmten Hypothesen festzuhalten, sondern sich der Vorläufigkeit seiner Hypothesen über die kausale Struktur der Umwelt bewußt zu sein und bereit zu sein, Experimente durchzuführen, wenn Kausalkognitionen zu dysfunktionalen Konsequenzen führen.

Weiterhin sollte bei dem Klienten eine Haltung gefördert werden, auch negativen Erfahrungen in Bereichen hoher persönlicher Wichtigkeit <u>nicht</u> aus dem Wege zu gehen, sondern sie als hilfreiche Informationsquellen für (langfristige) persönliche Entscheidungen zu sehen. Demnach müßten Klienten unterstützt werden, z. B. durch offene Kommunikation mit ihren Mitmenschen und durch das Studium relevanter Literatur, möglichst viele Daten über potentiell problematische Lebensbereiche zu erheben. Attributionstheoretisch geleitete Therapie würde demnach dazu führen, daß der Klient, wie Mahoney es ausdrückt, zu seinem "persönlichen Wissenschaftler" wird (Mahoney, 1977). Dabei können auch emotive Techniken in der Therapie angewandt werden, z. B. um Ängste, aufgrund derer man das Einholen von Informationen vermeidet, zu reduzieren. Allerdings ist es auch wichtig, sich nicht durch seine eigenen negativen Emotionen hindern zu lassen, relevante Informationen bezüglich dysfunktionaler Kognitionen zu sammeln. So macht Meyer (1983) darauf aufmerksam, daß ein (unrealistisch) geringes Konzept der eigenen Fähigkeit den Charakter eines selbststabilisierenden Systems besitzt. Hält man sich für niedrig begabt, wird man vorzugsweise leichte Aufgaben wählen und die Lernerfahrungen, die mit der Bearbeitung schwierigerer Aufgaben einhergehen, verpassen. Weil große Anstrengung vor dem Hintergrund der (vermeintlich) geringen Begabung sinnlos erscheint, zeigt man geringe Ausdauer und erlebt mit größerer Wahrscheinlichkeit Mißerfolg. Dieser "stabilisiert" das Konzept der eigenen niedrigen Begabung und löst deshalb negative selbstbewertende Affekte aus.

Diese Überlegungen machen deutlich, daß man unter Umständen auch trotz und mit negativen Gefühlen ungewohnte Dinge tun muß, um seine irrigen Annahmen der empirischen Prüfung zu unterziehen (z. B. mit niedrigen Erfolgserwartungen und Angst angestrengt an einer schwierigen Aufgabe arbeiten).

9.6 Anforderungen an den Therapeuten

Wie bereits in Kapitel 1 angedeutet wurde, implizieren die theoretischen Grundpositionen von Theorien Anforderungen an Individuen, die diese Modelle in der Klinischen Psychologie anwenden. Aus der zentralen Bedeutung des "wissenschaftlichen Vorgehens" in der Attributions-Therapie und aus dem Ziel, den Klienten zu seinem "persönlichen Wissenschaftler" auszubilden, folgt, daß der Therapeut wissenschaftliche Techniken wie etwa Versuchsplanung, Wissenschaftstheorie und statistische Kenntnisse beherrschen sollte und diese zugleich verständlich und plausibel in die Alltagssprache und die Konzepte des Klienten "übersetzen" können sollte. Es wäre für den Therapeuten hilfreich, Intelligenz, Abstraktionsfähigkeit und kritische Distanz zu den eigenen Ansichten und Meinungen zu besitzen: ähnliche Eigenschaften wie man sie von Wissenschaftlern erwartet. Weiterhin müßte man von dem Therapeuten verlangen, daß er im Stande ist, seinen Klienten problemrelevante Informationen zu liefern. Er sollte "Fachmann" – etwa für die Prognosen psychischer Störungen – sein, könnte beispielsweise Klienten darüber aufklären, daß reaktive Depressionen in der Regel nach einiger Zeit verschwinden, und daß Phobien besonders dann gelindert werden, wenn man sich in die jeweiligen angstauslösenden Situationen begibt.

Um dem Klienten als Informationsquelle zu dienen, müßte er nicht nur relevante Informationen besitzen, sondern auch von dem Klienten als glaubwürdig betrachtet werden. Diese Glaubwürdigkeit kann er wahrscheinlich durch sachliches, aufgabenorientiertes und realistisches Vorgehen erreichen. Dabei sollte vermieden werden, dem Klienten zu signalisieren, daß es ihm ein wichtiges Ziel ist, "gute Gefühle" zu vermitteln, wenn dadurch in Frage gestellt wird, daß er wichtige Informationen realistisch darstellt. Aus attributionstheoretischer Sicht ist es mit dem Bild des Therapeuten vereinbar, daß er mitunter – wie in anderen kognitiven Therapien – aktiv direktiv ist und die Rolle eines Lehrers übernimmt, der etwa überprüft, wie weit der Klient in der "Methode des Hinterfragens" unrealistischer Kognitionen gelangt ist. Auch würde er dem Klienten gelegentlich wissenschaftliche Informationen, z. B. die Zusammenhänge zwischen Denken, Fühlen und Verhalten, vermitteln. Er sollte jedoch auch eine Atmosphäre schaffen, in der der Klient Motivation und Mut gewinnt, seine Kognitionen zu überprüfen, Experimente vorzunehmen und Mißerfolg zu erleben. Es wäre auch wünschenswert, daß der Therapeut Modell für wissenschaftliches Vorgehen ist, also eine Annahme in der Therapiesitzung nicht fanatisch, dogmatisch und absolutistisch, sondern vorsichtig und probabilistisch formuliert und auch zu verstehen gibt, aufgrund welcher Daten er zu welchen kausalen Schlußfolgerungen gelangt ist. Er müßte, wie es auch von Beck et al. (1979) gefordert wird, ein funktionierendes Team gemeinsam mit dem Klienten bilden, um Hypothesen wissenschaftlich zu überprüfen.

Da Attributionstheorien "Common Sense" - Konzepte benutzen, muß der Klient während der Therapie - anders als in der Psychoanalyse oder der Lerntheorie - keine komplizierten Systeme verstehen, um zu begreifen, wie seine Schwierigkeiten zustande kommen und behandelt werden können. Beck (1976, S. 3) drückt diesen Sachverhalt folgendermaßen aus:

"Man has the key to understanding and solving his psychological disturbances with the scope of his own awareness. He can correct the misconceptions producing his emotional disturbances with the same problem solving apparatus that he has been accustomed to using at various stages in his development".

10. SCHLUß

In dieser Arbeit wurde ein relativ umfassendes, auf der Attributionstheorie basierendes System zur Analyse von Phänomenen der Klinischen Psychologie und der Therapie vorgestellt. Es ist gezeigt worden, daß attributionstheoretische Forschung kognitive Determinanten von Störungen des Verhaltens und Erlebens identifiziert hat, zum Beispiel von Depression, Ärger und motivational bedingten Leistungsdefiziten. Darüber hinaus haben sich aus der Attributionstheorie abgeleitete Techniken zur Veränderung von Ursachenzuschreibungen als effektiv zur Modifikation von Verhalten erwiesen. Schließlich konnte gezeigt werden, daß eine Verknüpfung von theoretischen Ansätzen über vorauslaufende Bedingungen von Attributionen mit solchen über die Konsequenzen von Ursachenzuschreibungen Vorhersagen über die Bedingungen situationsangemessener (funktionaler) und situationsunangemessener (dysfunktionaler) Reaktionen ermöglicht.

Es ist in diesem Buch ferner gezeigt worden, daß aus der Attributionsforschung zahlreiche therapeutische Techniken abgeleitet werden können. Diese Techniken sowie die ihrer Anwendung zugrundeliegenden Überlegungen sind konsistent mit der Theorie und Praxis der gegenwärtig einflußreichsten therapeutischen Verfahren, nämlich mit der Kognitiven Verhaltenstherapie, insbesondere der Kognitiven Therapie nach Beck und der Rational - Emotiven Therapie nach Ellis.

Der hier vorgestellte Ansatz zur Analyse von Problemen der Klinischen Psychologie und der Therapie ist aus allgemeinpsychologischer Forschungsarbeit abgeleitet und unterscheidet sich darin von gegenwärtigen "Schulen" der Klinischen Psychologie und der Therapie, die aus der therapeutischen Praxis entstanden sind. Genannt seien Gesprächspsychotherapie nach Rogers (1961), die Gestalttherapie nach Perls (1969) oder die kognitiven Therapien nach Beck (1976) und Ellis (1962). Zum anderen weist der hier vorgestellte Ansatz aber auch Parallelen zu diesen Therapieformen auf (insbesondere zu den kognitiven Therapien nach Beck und Ellis).

Dies zeigt, daß allgemeinpsychologische Forschung und anwendungsbezogene therapeutische Modelle nicht unverbunden nebeneinander stehen müssen, sondern sich gegenseitig ergänzen und voneinander profitieren können. Daraus ergeben sich Implikationen für die attributionstheoretische Grundlagenforschung und für die Theorie und Praxis der Kognitiven Verhaltenstherapie.

Implikationen für die Attributionsforschung. Zunächst dokumentiert die hier vorgestellte Möglichkeit, Probleme der Klinischen Psychologie innerhalb eines attributionstheoretischen Rahmens zu betrachten, den weiten Geltungsbereich von Attributionskonzeptionen. Obwohl neben attributionalen Modellen auch andere sozialpsychologische Theorien auf Fragen der Klinischen Psychologie bezogen worden sind, wie etwa die Theorie der Kognitiven Dissonanz von Festinger (1957) oder die der Reaktanz von Brehm (1966), ist dies in keinem Fall mit der für den Attributionsansatz typischen Breite geschehen (s. Försterling, 1985c). Durch Reaktanz- und Dissonanz-Ansätze sind lediglich isolierte klinische Einzelphänomene und spezielle therapeutische Techniken beschrieben und erklärt worden (s. zusammenfassend S. Brehm, 1976; Weary & Mirels, 1982).

Darüber hinaus erfahren die attributionstheoretischen Analysen von motivational bedingten Leistungsdefiziten, Hilflosigkeit, Ärger und Depression dadurch Bestätigung, daß kognitive Therapie-Theorien (Beck; Ellis; s. Kap. 9) in der therapeutischen Praxis mit Hilfe von nicht-experimentellen Verfahren zu ganz ähnlichen Ergebnissen gelangt sind wie die Attributionsforschung.

Die hier vorgestellte Integration von Attributionsmodellen mit den Theorien kognitiver Therapien kann weiterhin der klinischen Attributionsforschung Anstöße geben. Aus den Erfahrungen kognitiver Therapeuten können Forscher im Bereich der Klinischen Attributionspsychologie Arbeitshypothesen ableiten und ihre Forschungstätigkeit anregen lassen. So weisen die innerhalb der Praxis von Kognitiven Therapeuten gewonnen Erfahrungen darauf hin, welche Störungsbilder kognitiv analysiert und behandelt werden können. Aufgrund der Ähnlichkeiten dieser beiden theoretischen Positionen kann man folgern, daß Störungsbilder, die erfolgreich von kognitiven Therapieverfahren behandelt werden, auch attributionstheoretisch analysiert und eventuell durch Reattributions-Techniken modifiziert werden können.

Neben den gegenseitigen Anregungen und Bereicherungen, die theoretische Modelle durch ihren Vergleich erfahren können, haben wir im Kapitel 9 gezeigt, daß das Vertrauen in eine Erkenntnis bezüglich eines Phänomens wächst, wenn unterschiedliche Positionen (mit verschiedenen Methoden) zu übereinstimmenden Aussagen über das Phänomen (z. B. Depression) gelangen. Deshalb hat hoffentlich der Vergleich der (kognitiven) Analysen psychischer Störungen durch den attributionstheoretischen und den Ansatz der kognitiven Therapie - Theorien zum besseren Verständnis einiger klinischer Phänomene beigetragen.

Ferner hat die Anwendung von Attributionstheorien auf Fragen der Klinischen Psychologie Hinweise auf mögliche Weiterentwicklungen der Theorie erbracht: Indem wir nach den attributionalen Determinanten funktionaler und dysfunktionaler Reaktionen gefragt haben (eine "typische" Frage der Klinischen Psychologie), haben wir die Hypothese aufgestellen können, daß in einer gegebenen Situation die Wahrscheinlichkeit funktionaler Reaktionen steigt, wenn das Individuum in der Situation realistische Kausalzuschreibungen vornimmt, und daß unrealistische Ursachenzuschreibungen zu vergleichsweise dysfunktionalen Reaktionen führen. Dabei wurde der "Realitätsgehalt" von Attributionen anhand der vorauslaufenden Bedingungen von Attributionen (Kovariationsinformationen) definiert.

Somit sind in dem in Kapitel 8 vorgestellten Modell die bisher weitgehend unverbunden nebeneinanderstehenden Forschungsrichtungen der Attributionstheorien (über vorauslaufende Bedingungen; S - - C) mit attributionalen Modellen (über die Konsequenzen von Attributionen; C - - R) verknüpft worden. Diese Integration weist auf einen "Typ" von möglicher zukünftiger Forschung im Bereich der Attributionspsychologie hin, nämlich auf Untersuchungen, die sich mit der Verbindung von Situationsmerkmalen und Reaktionen (S < - - > R) in Abhängigkeit von attributionalen Repräsentationen der Situation (C) beschäftigen.

Um etwa der Frage nachzugehen, in welchen Situationen (S) eine Reaktion (R; z. B. Ärger), die durch eine bestimmte Attribution (C; z. B. Kontrollierbarkeit) hervorgerufen wird, funktional ist, müßte man zunächst Taxonomien von Situationen entwickeln (s. Kelley, 1982). Verglichen mit den umfangreichen Arbeiten über die Charakteristika von attributional gesteuerten Reaktionen (s. Kapitel 4 bis 6) gibt es jedoch nur sehr spärliche Hinweise im Rahmen der Attributionsforschung auf sinnvolle Einteilungsmöglichkeiten von Situationen. Die vorliegende Arbeit hat auf den potentiellen Nutzen des Kelley-Modells (das Kovariationsprinzip) für eine solche Situationstaxonomie hingewiesen.

Eine weitere Implikation für die Attributionsforschung bezieht sich auf die dimensionalen Eigenschaften von Attributionen (s. Kap. 2) einerseits und die Erforschung von Konsequenzen andererseits. Attributionale Forschung hat bisher noch keineswegs alle relevanten Klassifikationsmöglichkeiten von Ursachenzuschreibungen zur Verhaltensvorhersage herangezogen. Es gibt z. B. noch keine Forschungsarbeit zu der Frage, ob sich Nicht-Depressive von Depressiven hinsichtlich des Gebrauchs von proximalen und distalen Ursachen unterscheiden.

Implikationen für die Klinische Psychologie, insbesondere für die kognitiven Therapien. Daß Attributionstheorien in weiten Bereichen Gemeinsamkeiten mit der Theorie und Praxis gegenwärtiger Therapieformen aufweisen, stellt eine Unterstützung der theoretischen Annahmen dieser Therapieansätze dar. Da Attributions-Ansätze in den vergangenen 15 Jahren in der Allgemeinen und der Sozialpsychologie dominiert haben und differenzierten empirischen Überprüfungen unterzogen worden sind, verfügen sie im Gegensatz zu den kognitiven Therapie-Theorien über ein in der empirischen (experimentellen) Forschung bewährtes Konstruktsystem. Zusätzlich sind von der Attributionsforschung experimentelle Paradigmen entwickelt worden, mithilfe derer – aufgrund der erwähnten Gemeinsamkeiten der Theorien – auch Hypothesen der kognitiven Therapien empirisch getestet werden können (s. Försterling, 1982). Daher können attributionale Konzeptionen kognitiven Therapien einen einheitlichen theoretischen und begrifflichen Bezugsrahmen liefern und bereichern die Möglichkeiten zur empirischen Überprüfung ihrer Hypothesen.

Im Gegensatz zu kognitiven Therapie-Theorien, die über das Zustandekommen der Gedanken, die sie für dysfunktionale Reaktionen verantwortlich machen, keine differenzierten Modelle aufgestellt haben, beschäftigen sich Attributionstheorien mit eben solchen vorauslaufenden Bedingungen von (Kausal-) Kognitionen. Daher können attributionstheoretische Überlegungen Licht werfen auf die Entstehungsbedingungen und Veränderungsmöglichkeiten der dysfunktionalen Kognitionen, mit denen sich kognitive Therapien befassen und dadurch Voraussetzungen schaffen für kognitive Präventionsmaßnahmen. Denn um dem Auftreten dysfunktionaler Kognitionen vorzubeugen, ist es wichtig, die Bedingungen zu kennen, unter denen sie entstehen.

Einige Grenzen des vorliegenden Ansatzes. Obwohl die hier vorgestellten auf der Attributionstheorie basierenden klinischen Diagnose und Interventionsmöglichkeiten in Laborstudien erfolgreich zur Verhaltensänderung herangezogen worden sind, ist natürlich noch keineswegs gezeigt, daß "Attributionstherapie" effektiv ist. Selbstverständlich ist Forschungsarbeit notwendig, um die aus den hier vorgestellten Überlegungen abgeleiteten therapeutischen Interventionen bei Klinischen Gruppen zu evaluieren.

Darüber hinaus gehen wir natürlich nicht davon aus, daß Ursachenzuschreibungen die alleinigen Bedingungen aller psychischer Störungen darstellen. Daher gilt es zu spezifizieren, welche Störungen des Verhaltens und Erlebens weitgehend, teilweise oder gar nicht durch Attributionen bedingt sind. Erst solche Arbeiten können bei der Entscheidung helfen, wann und in welchem Maße sich Therapie mit der Veränderung von Attributionen beschäftigen sollte (s. dazu auch Kap. 9). In einer Serie eigener kleiner Forschungsarbeiten (Försterling, 1984; in Vorbereitung) konnte etwa gezeigt werden, daß sich potentiell dysfunktionale Reaktionen wie Depression, Ärger, mangelnde Ausdauer oder Angst nicht nur durch spezifische Attributionsmuster auszeichnen, sondern auch durch die Wichtigkeiten, die Personen den für die jeweiligen Reaktionen relevanten Situationen beimessen. Diese Befunde weisen schon auf Fälle hin, in denen Klienten mit Attributionstherapie nicht oder nur teilweise geholfen werden könnte: Nämlich wenn ein Individuum z. B. einem Mißerfolg eine überhöhte Wichtigkeit beimißt und sich daraufhin depressiv fühlt. Hier könnte eine therapeutische Strategie darin bestehen, nicht die Attributionen für den Mißerfolg, sondern die Wichtigkeit des Ereignisses für das Individuum zu verändern. Dies wäre insbesondere dann geboten, wenn die betreffenden Ursachenzuschreibungen, die mit den depressiven Gefühlen zusammenhängen, realistisch sind.

LITERATURVERZEICHNIS

Abramson, L. Y., Garber, J., & Seligman, M. E. P. (1980). Learned helplessness: An attributional analysis. In J. Garber & M. E. P. Seligman (Eds.), Human helplessness: Theory and applications. New York: Academic Press.

Abramson, L. Y., & Sackheim, H. A. (1977). A paradox in depression: Uncontrollability and self-blame. Psychological Bulletin, 84, 835 - 851.

Abramson, L. Y., Seligman, M. E. P., & Teasdale, J. D. (1978). Learned helplessnesss in humans. Journal of Abnormal Psychology, 87, 49 - 74.

Alloy, L. B., Peterson, C., Abramson, L. Y., & Seligman, M. E. P. (1984). Attributional style and the generality of learned helplessness. Journal of Personality and Social Psychology, 46, 681 - 687.

Alloy, L. B., & Tabachinik, N. (1984). Assessment of covariation by humans and animals. The joint influence of prior expectations and current situational information. Psychological Review, 91, 112 - 149.

Anderson, C. A. (1983). Motivational and performance deficits in interpersonal settings: The effect of attributional style. Journal of Personality and Social Psychology, 45, 1136 - 1147.

Anderson, C. A., Horowitz, L. M., & French, R. de S. (1983). Attributional style of lonely and depressed people. Journal of Personality and Social Psychology, 45, 127 - 136.

Anderson, C. A., & Jennings, D. L. (1980). When experiences of failure promote expectancies of success. The impact of attributing failure to ineffective strategies. Journal of Personality, 48, 393 - 407.

Andrews, G. R., & Debus, R. L. (1978). Persistence and the causal perception of failure: Modifying cognitive attributions. Journal of Educational Psychology, 70, 154 - 166.

Antaki, C., & Brewin, C. (1982). Attributions and psychological change: Applications of attributional theories to clinical and educational practice. London: Academic Press.

Arkin, R. M., Appleman, A. J., & Burger, J. M. (1980). Social anxiety, self-presentation, and the self-serving bias in causal attribution. Journal of Personality and Social Psychology, 38, 23-35.

Arkin, R. M., Detchon, C. S., & Maruyama, G. M. (1981). Causal attributions of high and low achievement motivation college students for performance on examinations. Motivation and Emotion, 5, 139-152.

Arkin, R. M., Detchon, C. S., & Maruyama, G. M. (1982). Roles of attribution, affect, and cognitive interference in test anxiety. Journal of Personality and Social Psychology, 43, 1111-1124.

Arkin, R. M., & Maruyama, G. M. (1979). Attribution, affect and college exam performance. Journal of Educational Psychology, 71, 85-93.

Atkinson, J. W. (1957). Motivational determinants of risk-taking behavior. Psychological Review, 64, 359-372.

Atkinson, J. W. (1964). An introduction to motivation. Princetown, N. J.: Van Nostrand.

Averill, S. R. (1983). Studies on anger and aggression: Implications for theories of emotion. American Psychologist, 38, 1145-1160.

Bandura, A. (1977a). Social learning theory. Englewood Cliffs, N. J.: Prentice Hall. (Deutsch: Sozial-kognitive Lerntheorie. Stuttgart: Klett, 1979.

Bandura, A. (1977b). Self-efficacy: Toward a unifying theory of behavioral change. Psychological Review, 2, 191-215.

Bandura, A. (1981). Self-referent thought: A developmental analysis of self-efficacy. In J. H. Flavell & L. Ross (Eds.). Social cognitive development: Frontiers and possible futures. Cambridge, England: Cambridge University Press.

Bandura, A. (1982). Self-efficacy mechanism in human agency. American Psychologist, 37, 122-147.

Bar-Tal, D. (1978). Attributional analysis of achievement-related behavior. Review of Educational Research, 48, 259-271.

Beck, A. T. (1967). Depression: Clinical, experimental and theoretical aspects. New York: Harper and Row.

Beck, A. T. (1976). Cognitive therapy and the emotional disorders. New York: International Universities Press.

Beck, A. T., & Shaw, B. F. (1977). Cognitive approaches to depression. In A. Ellis & R. Grieger (Eds.). Handbook of rational - emotive therapy. New York: Springer.

Beck, A. T., Rush, A. J., Shaw, B. F., & Emery, G. (1979). Cognitive therapy of depression. New York: Guilford. Deutsch: Kognitive Therapie der Depression. (1981). München, Wien, Baltimore: Urban & Schwarzenberg.

Beck, A. T., Ward, C. H., Mendelsohn, M., Mock, J., & Erbaugh, J. (1961). An inventory for measuring depression. Archives of General Psychiatry, 4, 561 - 571.

Bem, D. J. (1972). Self - Perception theory. In L. Berkowitz (Ed.), Advances in experimental social psychology, Vol. 6, New York: Academic Press, S. 1 - 62.

Bierhoff, H. W. (1982). Determinanten hilfreichen Verhaltens. Psychologische Rundschau, 33, 289 - 304.

Brehm, J. (1966). A theory of psychological reactance. New York: Academic Press.

Brehm, S. S. (1976). The application of social psychology to clinical practice. Washington, London: Hemisphere. Deutsch: Anwendung der Sozialpsychologie in der Klinischen Psychologie. Hans Huber: Bern, Stuttgart, Wien. 1980.

Brewin, C. (1982). Adaptive aspects of self - blame in coping with accidental injury. In C. Antaki & C. Brewin. Attributions and psychological change. Applications of attributional theories to clinical and educational practice. London, New York: Academic Press, S. 119 - 133.

Brockner, I., & Swap, W. C. (1983). Resolving the relationships between placebos, misattribution, and insomnia: An individual - difference perspective. Journal of Personality and Social Psychology, 45, 32 - 42.

Brown, J. (1984). Effects of induced mood on causal attributions for success and failure. Motivation and Emotion, 8, 343 - 353.

Buckert, U., Meyer, W. - U., & Schmalt, H. D. (1979). The effects of difficulty and diagnosticity on choice among tasks in relation to achievement motivation and perceived ability. Journal of Personality and Social Psychology, 37, 1172 - 1178.

Bulman, R. J., & Wortman, C. B. (1977). Attributions of blame and coping in the "real world": Severe accident victims react to their lot. Journal of Personality and Social Psychology, 35, 351 - 363.

Carlston, D. E., & Shovar, N. (1983). Effects of performance attributions on others' perceptions of the attributor. Journal of Personality and Social Psychology, 44, 515 - 525.

Carroll, J. S., & Payne, J. W. (1976). The psychology of the parole decision process: A joint application of attribution theory and information processing psychology. In J. S. Carroll & J. W. Payne (Eds.), Cognition and social behavior. Hillsdale, N. J.: Erlbaum.

Cautela, J. R. (1966). Treatment of compulsive behavior by covert sensitization. Psychological Record, 16, 33 - 41.

Chapin, M., & Dyck, D. G. (1976). Persistence and childrens' reading behavior as a function of N - length and attribution retraining. Journal of Abnormal Psychology, 85, 511 - 515.

Coyne, J. C., & Gotlib, I. H. (1983). The role of cognition in depression: a critical appraisal. Psychological Bulletin, 94, 472 - 505.

Crandall, V. C., Katkovsky, W., & Crandall, V. J. (1965). Children's beliefs in their own control of reinforcement in intellectual academic achievement situations. Child Development, 36, 91 - 109.

Davison, G. C. (1966). Differential relaxation and cognitive restructuring in therapy with a paranoid schizophrenic or paranoid state. Paper presented at the 74th annual meetings of the American Psychological Association.

Davison, G. C., & Neale, J. M. (1978). Abnormal Psychology. An experimental clinical approach. New York: Wiley.

Davison, G. C., & Valins, S. (1969). Maintenance of self - attributed and drug - attributed behavior change. Journal of Personality and Social Psychology, 1, 25 - 33.

Deci, E. L. (1975). Intrinsic motivation. New York: Plenum Press.

DeCharms, R. (1968). Personal causation. New York: Acadamic Press.

Diener, C. I., & Dweck, C. S. (1978). An analysis of learned helplessness: continuous changes in performance, strategy and achievement cognitions following failure. Journal of Personality and Social Psychology, 36, 451 - 462.

Dweck, C. S. (1975). The role of expectations and attributions in the alleviation of learned helplessness. Journal of Personality and Social Psychology, 31, 674 - 685.

Dweck, C. S., & Repucci, N. D. (1973). Learned helplessness and reinforcement responsibility in children. Journal of Personality and Social Psychology, 25, 109 - 116.

Ellis, A. (1962). Reason and emotion in psychotherapy. Secaucus, N.J.: Citadel Press.

Ellis, A. (1973). Humanistic psychotherapy. McGraw - Hill.

Ellis, A. (1977). Anger: How to live with and without it. Secaucus, N. J.: Citadel Press.

Ellis, A. (1983). The philosophic implications and dangers of some popular behavior therapy techniques. In M. Rosenbaum, C.M. Franks & Y. Jaffe (Eds.). Perspectives on behavior therapy in the eighties. New York: Springer.

Ellis, A. (1984). The essence of RET. Journal of Rational - Emotive Therapy, 2, 19 - 25.

Ellis, A., & Abrahms, E. (1978). Brief psychotherapy in medical and health practice. New York: Springer.

Ellis, A., & Grieger, R. (1977). Handbook of rational - emotive therapy. New York: Springer.

Ellis, A., & Harper, R. A. (1975). A new guide to rational living. Englewood Cliffs, N.J.: Prentice Hall.

Falbo, T., & Beck, R. C. (1979). Naive psychology and the attributional model of achievement. Journal of Personality, 47, 185 - 195.

Festinger, L. A. (1954). A theory of social comparison processes. Human Relations, 7, 117 - 140.

Festinger, L. A. (1957). A theory of cognitive dissonance. Evanston, Ill.: Row, Peterson.

Fincham, F. G., & O'Leary, U. D. (1983). Causal inferences for spouse behavior in maritally distressed and non - distressed couples. Journal of Social and Clinical Psychology, 1, 42 - 57.

Folkes, V. S. (1978). Causal communication in the early stages of affiliative relationships. Unpublished doctoral dissertation, University of California, Los Angeles.

Fontaine, G. (1974). Social comparison and some determinants of expected personal control and expected performance in a novel situation. Journal of Personality and Social Psychology, 29, 487 - 496.

Försterling, F. (1980 a). Attributional aspects of cognitive behavior modification: A theoretical approach and suggestions for techniques. Cognitive Therapy and Research. 4, 27 - 37.

Försterling, F. (1980 b). A multivariate analysis of perceived causes for success and failure. Archiv für Psychologie, 133, 45 - 52.

Försterling, F. (1980 c). Kognitive Verhaltenstherapie: Abgrenzung und Gegenüberstellung der verschiedenen Schulen. In W. Schulz & M. Hautzinger (Hrsg.), Klinische Psychologie und Psychotherapie, Kongreßbericht der Deutschen Gesellschaft für Verhaltenstherapie und der Gesellschaft für wissenschaftliche Gesprächstherapie, Band 1; DGVT: Berlin.

Försterling, F. (1982). Rational - Emotive Therapie und Attributionstheorie: Eine Untersuchung über die kognitiven Determinanten von Emotionen. In R. v. Queckelberghe & N. v. Eickels (Hrsg.), Handlungstheorien, Tätigkeitstheorie und Psychotherapie. Deutsche Gesellschaft für Verhaltenstherapie: Tübingen.

Försterling, F. (1983). Interdependencies of different depressogenic cognitions. Rational Living, 18, 13 - 16.

Försterling, F. (1984). Importance, causal attributions and the emotion of anger. Zeitschrift für Psychologie, 192, 25 - 32.

Försterling, F. (1985 a). Attributional retraining: A review. Psychological Bulletin, 98, 495 - 512.

Försterling, F. (1985 b). Attributional conceptions in clinical psychology. American Psychologist, im Druck.

Försterling, F. (1985c). Sozialpsychologische Begründung von Therapieverfahren: Eine attributionstheoretische Perspektive. In J. Schultz - Gambard (Hrsg.), Handbuch der angewandten Sozialpsychologie, Beltz (im Druck).

Försterling, F. (1985 d). Wichtigkeit und Attributionen als Determinanten von Hilfsbereitschaft. Zur Veröffentlichung eingereichtes Manuskript.

Försterling, F. (in Vorbereitung). Das Konzept der persönlichen Wichtigkeit.

Försterling, F., & Groeneveld, A. (1983). Ursachenzuschreibung für ein Wahlergebnis: Eine Überprüfung von Hypothesen der Attributionstheorie in einer Feldstudie anhand der niedersächsischen Kommunalwahlen 1981. Zeitschrift für Sozialpsychologie, 14, 262 - 269.

Försterling, F., & Schoeler, J. (1984). Importance and perceived ability as determinants for information search. Archiv für Psychologie, 136, 333 - 342.

Försterling, F., & Weiner, B. (1981). Some determinants of task preference and the desire for information about the self. European Journal of Social Psychology, 11, 399 - 407.

Forsyth, D. R. (1980). The function of causal attributions. Social Psychology Quaterly, 43, 184 - 189.

Fowler, J. W., & Peterson, P. L. (1981). Increasing reading persistence and altering attributional style of learned helpless children. Journal of Educational Psychology 73, 251 - 260.

Frieze, I., Bar - Tal, D., & Carroll, J. S. (Eds.). (1979). New approaches to social problems: Applications of attribution theory. San Francisco: Jossey Bass.

Gatting - Stiller, I., Gerling, M., Stiller, K., Voß, B., & Wender, I. (1979). Änderung der Kausalattribuierung und des Ausdauerverhaltens bei mißerfolgsmotivierten Kindern durch Modellernen. Zeitschrift für Entwicklungspsychologie und Pädagogische Psychologie, 11, 312 - 321.

Gerling, M., Petry - Sheldrick, A., & Wender, I. (1981). Zur Modellierung von Attributionen: Effekte zusätzlicher Erfolgserwartungen und affektiver Anreize. Zeitschrift für Entwicklungspsychologie und Pädagogische Psychologie, 13, 312 - 321.

Golin, S., Sweeney, P. D., & Schaeffer, D. E. (1981). The causality of causal attributions in depression. A cross - lagged panel correlational analysis. Journal of Abnormal Psychology, 90, 14 - 22.

Graham, S. (1984). Communicating sympathy and anger to black and white children: The cognitive (attributional) consequences of affective cues. Journal of Personality and Social Psychology, 47, 40 - 54.

Grimm, L. G., & Yarnold, P. R. (1984). Performance standards and the type A behavior pattern. Cognitive Therapy and Research, 8, 59 - 66.

Haisch, J., Rduch, G., & Haisch, I. (1985). Längerfristige Effekte attributionstherapeutischer Maßnahmen bei Übergewichtigen: Auswirkungen eines Attributionstrainings auf Abnehmerfolg und Abbrecherquote bei einem 23wöchigen Gewichts - Reduktions - Programm. Psychotherapie, Psychosomatik und Medizinische Psychologie, 35, 133 - 140.

Hartfield, E., Walster, G. W., & Piliavin, J. A. (1982). Equity theory and helping relationships. In L. Wispe (Ed.), Altruism, sympathy and helping. New York: Academic Press.

Harvey, J. H., & Galvin, K. S. (1984). Clinical implications of attribution theory and research. Clinical Psychology Review , 4, 15 - 33.

Harvey, J. H., Ickes, W. J., & Kidd, R. F. (Eds.). (1976). New directions in attribution research. (Vol. 1), Hillsdale, N. J.: Erlbaum.

Harvey, J. H., Ickes, W. J., & Kidd, R. F. (Eds.). (1978). New directions in attribution research, (Vol. 2), Hillsdale, N. J.: Erlbaum.

Harvey, J. H., Ickes W. J., & Kidd, R. F. (Eds.). (1983). New directions in attribution research, (Vol. 3), Hillsdale, N. J.: Erlbaum.

Hautzinger, M. (1985). Kritische Lebensereignisse, soziale Unterstützung und Depressivität bei älteren Menschen. Zeitschrift für Klinische Psychologie, 14, 27 - 38.

Heckhausen, H. (1980). Motivation und Handeln. Berlin, Heidelberg, New York: Springer.

Heider, F. (1958). The psychology of interpersonal relations. New York: Wiley. (Deutsch: Die Psychologie der Interpersonalen Beziehungen. Stuttgart: Klett, 1977).

Heider, F. (1978). Wahrnehmung und Attribution. In D. Görlitz, W. U. Meyer, & B. Weiner (Hrsg.). Bielefelder Symposium über Attribution. Stuttgart: Klett, 1978.

Herkner, W. (1980). Attribution: Psychologie der Kausalität. Bern: Hans Huber.

Helmke, A. (1983). Prüfungsangst: Ein Überblick über neuere theoretische Entwicklungen und empirische Ergebnisse. Psychologische Rundschau, 34, 193 - 211.

Hiroto, D. S. (1974). Locus of control and learned helplessness. Journal of Experimental Psychology, 102, 187 - 193.

Horowitz, L. M., French, R., & Anderson, C. A. (1982). The prototype of a lonely person. In L. Peplau & D. Perlman, (Eds.), Loneliness: A sourcebook of current theory, research and therapy. New York: Wiley - Interscience.

Ickes, W. J., & Kidd, R. F. (1976). An attributional analysis of helping behavior. In J. H. Harvey, W. J. Ickes, & R. F. Kidd (Eds.). New directions in attribution research. (Vol. 1). Hillsdale, N.J.: Erlbaum Press.

Ickes, W. J., & Layden, M. A. (1978). Attributional styles. In J. H. Harvey, W. J. Ickes, & R. F. Kidd (Eds.), New directions in attribution research, (Vol. 2.), Hillsdale, New Jersey: Erlbaum.

Izard, C. E. (1977). Human emotions. New York, London: Plenum Press.

Janoff - Bulman, R. (1979). Characterological versus behavioral self - blame: Inquiries into depression and rape. Journal of Personality and Social Psychology, 37, 1798 - 1809.

Janoff - Bulman, R., & Brickman, P. (1982). Expectation and what people learn from failure. In N. T. Feather (Ed.). Expectations and actions: expectancy - value models in psychology. Hillsdale, N.J.: Lawrence Erlbaum Associates.

Jaspars, J., Fincham, F. D., & Hewstone, M. (Eds.). (1983). Attribution theory and research: Conceptual, developmental and social dimensions. London, New York: Academic Press.

Jones, E. E. (1980). Strategies in the shaping of competence attributions. Vortrag gehalten auf dem Bielefelder Symposium über Attribution.

Jones, E. E., & Davis, U. E. (1965). From acts to dispositions: The attribution process in person perception. In L. Berkowitz (Ed.). Advances in experimental social psychology. (Vol. 2). New York, Academic Press.

Jones, E. E., & McGills, D. (1976). Correspondent inferences and the attribution cube: A comparative appraisal. In J. H. Harvey, W. J. Ickes, & R. F. Kidd (Eds.), New directions in attribution research, (Vol. 1), Hillsdale, N. J.: Erlbaum.

Jones, E. E., Rock, L., Shaver, K. G., Goethals, G. R., & Ward, L. M. (1968) Pattern of performance and ability attribution: An unexpected primacy effect. Journal of Personality and Social Psychology, 10, 317 - 340.

Kammer, D. (1983a). Eine Untersuchung der psychometrischen Eigenschaften des deutschen Beck Depressionsinventars (BDI). Diagnostica, 24, 48 - 60.

Kammer, D. (1983b). Depression, attributional style, and failure generalization. Cognitive Therapy and Research, 7, 413 - 424.

Kammer, D. (1984). Die Kausaldimension der Generalität: Vorauslaufende Bedingungen für das Zustandekommen globaler und spezifischer Attributionen. Zeitschrift für Experimentelle und Angewandte Psychologie, 31, 48 - 62.

Kelley, H. H. (1967). Attribution theory in social psychology. In D. Levine (Ed.). Nebraska Symposium on Motivation. Lincoln: University of Nebraska Press.

Kelley, H. H. (1971). Attribution in social interaction. Morristown, N.J.: General Learning Press.

Kelley, H. H. (1972). Causal Schemata and the attribution process. Moristown, N. J.: General Learning Press.

Kelley, H. H. (1973). The process of causal attributions. American Psychologist, 28, 107 - 128.

Kelley, H. H. (1976). Recent research in causal attribution. Western Psychological Association, Los Angeles, 1976.

Kelley, H. H. (1983). Perceived causal structures. In J. Jaspars, F. D. Fincham & M. Hewstone (Eds.). Attribution theory and research: Conceptual, developmental and social dimensions. London, New York: Academic Press.

Kelley, H. H. (1983b). The situational origins of human tendencies: A further reason for the formal analysis of structures. Personality and Social Psychology Bulletin, 9, 8 - 30.

Kelley, H. H., & Michela, J. (1980). Attribution theory and research. Annual Review of Psychology, 31, 457 - 501.

Kelly, G. A. (1955). The psychology of personal constructs. New York: W. W. Norton.

Korzybski, A. (1933). Science and sanity. Lancaster, Pa.: Lancaster Press.

Krantz, S. E., & Rude, S. (1984). Depressive attributions: Selection of different causes or assignment of dimensional meanings? Journal of Personality and Social Psychology, 47, 193 - 203.

Krüger, J., Möller, H., & Meyer, W. - U. (1983). Das Zuweisen von Aufgaben verschiedener Schwierigkeit: Auswirkungen auf Leistungsbeurteilung und Affekte. Zeitschrift für Entwicklungspsychologie und Pädagogische Psychologie, 15, 280 - 291.

Kruglanski, A. W. (1975). The endogenous - exogenous partition in attribution theory. Psychological Review, 82, 387 - 406.

Kuhl, J. (1983). Motivation, Konflikt und Handlungskontrolle. Berlin, Heidelberg, New York, Tokyo: Springer.

Kun, A., & Weiner, B. (1973). Necessary versus sufficient causal schemata for success and failure. Journal of Research in Personality, 7, 197 - 207.

Lau, R. R., Russell, D. (1980). Attributions in the sports pages. Journal of Personality and Social Psychology, 39, 29 - 38.

Lazarus, R. S. (1966). Psychological stress and the coping process. New York: McGraw - Hill.

Lazarus, R. S. (1984). On the primacy of cognition. American Psychologist, 39, 124 - 129.

Lewin, K., Dembo, T., Festinger, L., & Sears, P. S. (1944). Level of aspiration. In J. McV. Hunt (Ed.). Personality and the behavior disorders, (Vol.1), New York: Ronald Press, 333 - 378.

Liebhart, E. H. (1978). Wahrgenommene autonome Veränderung als Determinanten emotionalen Verhaltens. In D. Görlitz, W. - U. Meyer, & B. Weiner (Hrsg.), Bielefelder Symposium über Attribution. Stuttgart: Klett.

Liersch, G. (1983). Angst vorm Fliegen muß nicht sein. Management Wissen, 6 ✗ 48 - 50.

Mahoney, M. J. (1974). Cognition and behavior modification. Cambridge, Mass.: Ballinger.

Mahoney, M. J. (1977). Personal science: A cognitive learning therapy. In A. Ellis, & R. Grieger (Eds.), Handbook of rational - emotive therapy. New York: Springer.

Maier, S. F. (1970). Failure to escape traumatic electric shock: Incompatible skeletal motor responses or learned helplessness? Learning and Motivation, 1, 157 - 169.

Maier, S. F., & Seligman, M. E. P. (1976). Learned helplessness: Theory and evidence. Journal of Experimental Psychology, 105, 3 - 46.

Mandler, G. F., & Sarason, S. B. (1952). A study of anxiety and learning. Journal of Abnormal and Social Psychology, 47, 166 - 173.

Maslow, A. H. (1954). Motivation and Personality. New York: Harper & Row.

McArthur, L. A. (1972). The how and what of why: Some determinants and consequences of causal attributions. Journal of Personality and Social Psychology, 22, 171 - 193.

McClelland, D. C., Atkinson, J. W., Clark, R. W., & Lowell, E. L. (1953). The achievement motive. New York: Appleton - Century - Crofts.

McHugh, M., Beckman, L., & Frieze, I. H. (1979). Analyzing alcoholism. In I. Frieze, D. Bar - Tal & J.S. Carroll (Eds.). New approaches to social problems: Applications of attribution theory. San Francisco: Jossey Bass.

McMahan, I. D. (1973). Relationship between causal attributions and expectancy of success. Journal of Personality and Social Psychology, 28, 108 - 115.

Medway, F. J., & Venino, G. R. (1982). The effects of effort - feedback and performance patterns on children's attributions and task persistence. Contemporary Educational Psychology, 7, 26 - 34.

Meichenbaum, D. A. (1977). Cognitive behavior modification: An integrative approach. Morristown, New Jersey, General Learning Press.

Meyer, J. P. (1980). Causal attribution for success and failure: A multivariate investigation of dimensionality, formation and consequences. Journal of Personality and Social Psychology, 38, 704 - 718.

Meyer, J. P., & Koebel, S. L. M. (1982). Students' test performances: Dimensionality of causal attributions. Personality and Social Psychology Bulletin, 8, 31 - 36.

Meyer, W. - U. (1973). Leistungsmotiv und Ursachenerklärung von Erfolg und Mißerfolg. Stuttgart: Klett.

Meyer, W. - U. (1976). Leistungsorientiertes Verhalten als Funktion von wahrgenommener eigener Begabung und wahrgenommener Aufgabenschwierigkeit. In H. D. Schmalt & W. - U. Meyer (Hrsg.), Leistungsmotivation und Verhalten, Stuttgart: Klett.

Meyer, W. - U. (1978). Der Einfluß von Sanktionen auf Begabungsperzeptionen. In D. Görlitz, W. - U. Meyer, & B. Weiner (Hrsg.), Bielefelder Symposium über Attribution. Stuttgart: Klett Cotta.

Meyer, W. - U. (1982). Indirect communication about perceived ability. Journal of Educational Psychology, 74, 888 - 897.

Meyer, W. - U. (1983). Das Konzept von der eigenen Begabung als ein sich selbst stabilisierendes System. Zeitschrift für Personenzentrierte Psychologie und Psychotherapie, 2, 21 - 30.

Meyer, W. - U. (1984). Das Konzept von der eigenen Begabung. Bern, Stuttgart, Toronto: Hans Huber.

Meyer, W. U., Bachman, M., Biermann, U., Hempelmann, M., Plöger, F. - O., & Spiller, H. (1979). The informational value of evaluative behavior: Influences of praise and blame on perceptions of ability. Journal of Educational Psychology, 71, 259 - 265.

Meyer, W. - U., Folkes, V. S., & Weiner, B. (1976). The perceived informational value and affective consequences of choice behavior and intermediate difficulty task selection. Journal of Research in Personality, 10 410 - 423.

Meyer, W. - U., & Schmalt, H. D. (1978). Die Attributionstheorie. In D. Frey (Hg.). Kognitive Theorien in der Sozialpsychologie.

Miller, I. W., & Norman, W. H. (1979). Learned helplessness in humans: A review and attribution theory model. Psychological Bulletin, 86, 93 - 118.

Miller, W. R., & Seligman, M. E. P. (1974). Depression and learned helplessness in man. Journal of Abnormal Psychology, 84, 228 - 238.

Nisbett, R. E., Borgida, E., Crandall, R., & Reed, H. (1976). Popular induction: Information is not necessarily informative. In J. S. Carroll & J. W. Payne (Eds.). Cognition and social behavior. Hillsdale, N.J.: Erlbaum.

Nisbett, R. E., & Wilson, T. D. (1977). Telling more than we can know: Verbal reports on mental processes. Psychological Review, 84, 231 - 259.

Novaco, R. W. (1975). Anger control: The development and evaluation of an experimental treatment. Lexington: Lexington Books.

Orvis, B. R., Cunningham, J. D., & Kelley, H. H. (1975). A closer examination of causal inference: The role of consensus, distinctiveness and consistency information. Journal of Personality and Social Psychology, 32, 605 - 616.

Overmier, J. B., & Seligman, M. E. P. (1967). Effects of inescapable shock upon subsequent escape and avoidance learning. Journal of Comparative and Physiological Psychology, 63, 28 – 33.

Passer, M. W. (1977). Perceiving the causes of success and failure revisited: A multi – dimensional scaling approach. Unveröffentlichte Dissertation, University of California, Los Angeles.

Pawlow, I. P. (1927). Conditioned reflexes. London: Oxford University Press.

Peplau, L. A., Russell, D., & Heim, M. (1979). An attributional analysis of loneliness. In I. H. Frieze, D. Bar – Tal & J. Carroll (Eds.). Attribution theory: Applications to social problems. New York: Jossey – Bass.

Perls, F. (1969). Gestalt therapy verbatim. Lafayette, Cal.: Real People Press.

Peterson, C., & Seligman, M. E. P. (1984). Causal explanations as a risk factor for depression: Theory and evidence. Psychological Review, 91, 347 – 374.

Peterson, C., Semmel, A., von Baeyer, C., Abramson, L. Y., Metalski, G. I., & Seligman, M. E. P. (1982). The attributional style questionnaire. Cognitive Therapy and Research, 6, 287 – 299.

Piliavin, I. M., Rodin, J., & Piliavin, J. A. (1969). Good samaritanism: An underground phenomenon. Journal of Personality and Social Psychology, 13, 289 – 299.

Pruit, D. J., & Insko, C. A. (1980). Extension of the Kelley attribution model: The role of comparison – object consensus, target – object consensus, distinctiveness, and consistency. Journal of Personality and Social Psychology, 39, 39 – 58.

Quattrone, G. A. (1985). On the congruity between internal states and action. Psychological Bulletin, 98, 3 – 40.

Reisenzein, R. (1983). The Schachter theory of emotion: Two decades later. Psychological Bulletin, 94, 239 – 264.

Rest, S., Nierenberg, R., Weiner, B., & Heckhausen, H. (1973). Further evidence concerning the effects of perceptions of effort and ability on achievement evaluation. Journal of Personality and Social Psychology, 28, 187 – 191.

Rizley, R. (1978). Depression and distortion in the attribution of causality. Journal of Abnormal Psychology, 87, 32 - 48.

Rogers, C. R. (1961). On becoming a person. Boston: Houghton, Mifflin.

Rosenbaum, R. M. (1972). A dimensional analysis of the perceived causes of success and failure. Unveröffentliche Dissertation. University of California, Los Angeles.

Ross, L., Rodin, J., & Zimbardo, P. G. (1969). Toward an attribution therapy: The reduction of fear through induced cognitive - emotional misattribution. Journal of Personality and Social Psychology, 12, 279 - 288.

Ross, M., & Olson, J. M. (1981). An expectancy - attribution model of the effects of placebos. Psychological Review, 88, 408 - 437.

Rotter, J. B. (1966). Generalized expectancies for internal versus external control of reinforcement. Psychological Monographs, 80, (Whole No.60).

Rotter, J. B. (1982). Social learning theory. In N. T. Feather (Ed.). Expectations and actions: Expectancy - value models in psychology. Hillsdale, N. J.: Erlbaum.

Russell, B. (1950). The conquest of happiness. New York: Pocket Books.

Rustemeyer, R. (1984). Selbsteinschätzung eigener Fähigkeit - vermittelt durch die Emotionen anderer Personen. Zeitschrift für Entwicklungspsychologie und Pädagogische Psychologie, 16, 149 - 161.

Schachter, S., & Singer, J. E. (1962). Cognitive, social and physiological determinants of emotional states. Psychological Review, 69, 379 - 399.

Schulte - Tölle, W. (1975). Psychiatrie. Berlin: Springer.

Schunk, D. H. (1981). Modeling and attributional effects on children's achievement: A self - efficacy analysis. Journal of Educational Psychology, 73, 93 - 105.

Schunk, D. H. (1982). Effects of effort attributional feed - back on children's perceived self - efficacy and achievement. Journal of Educational Psychology, 74, 548 - 556.

Schunk, D. H. (1983). Ability versus effort attributional feedback. Differential effects on self-efficacy and achievement. Journal of Educational Psychology, 75, 848 - 856.

Schunk, D. H. (1984). Sequential attributional feedback and children's achievement behaviors. Journal of Educational Psychology, 76, 1159 - 1169.

Schütz, A. (1967). Collected papers I. The problem of social reality. The Hague: Martinus Nijhoff.

Seligman, M. E. P. (1975). Helplessness: On depression, development, and death. San Francisco, W. H. Freeman. (Deutsch: Erlernte Hilflosigkeit. München, Wien, Baltimore: Urban & Schwarzenberg, 1981)

Seligman, M. E. P. (1981). A learned helplessness point of view. In L. P. Rehm (Ed.). Behavior therapy for depression. Present status and future directions. New York: Academic Press.

Seligman, M. E. P., Abramson, L. Y., Semmel, A., & von Baeyer, C. (1979). Depressive attributional style. Journal of Abnormal Psychology, 88, 242 - 247.

Seligman, M. E. P., & Maier, S. F. (1967). Failure to escape traumatic shock. Journal of Experimental Psdychology, 74, 1 - 9.

Skinner, B. F. (1953). Science and human behavior. New York: Macmillan.

Spielberger, C. D. (1966). Anxiety and behavior. New York: Academic Press.

Stiensmeier, J., Kammer, D., Pelster, A., & Niketta, A. (1985). Attributionsstil und Bewertung als Risikofaktoren der depressiven Reaktion. Diagnostica, 31, 300 - 311.

Storms, M. D., & McCaul, K. D. (1976). Attribution processes and emotional exacerbation of dysfunctional behavior. In J. H. Harvey, W. J. Ickes & R. F. Kidd (Eds.). New directions in attribution research. (Vol. 1), Hillsdale, N. J.: Erlbaum Press.

Storms, M. D., & Nisbett, R. E. (1970). Insomnia and the attribution process. Journal of Personality and Social Psychology, 16, 319 - 328.

Tomkins, S. S. (1962). Affect, imagery and conciousness (Vol. 1): The positive affects. New York, Springer, 1962.

Trope, Y. (1975). Seeking information about one's ability as a determinant of choice among tasks. Journal of Personality and Social Psychology, 32, 1004 - 1013.

Trope, Y. (1979). Uncertainty reducing properties of achievement tasks. Journal of Personality and Social Psychology, 37, 1505 - 1518.

Trope, Y., & Brickman, P. (1975). Difficulty and diagnosticity as determinants of choice among tasks. Journal of Personality and Social Psychology, 31, 918 - 926.

Valins, S., & Nisbett, R. E. (1971). Some implications of the attribution processes for the development and treatment of emotional disorders. Morristown, N.J.: General Learning Press.

Valle, V. A. (1974). Attributions of stability as a mediator in the changing of expectations. Unveröffentlichte Dissertation, University of Pittsburgh.

Valle, V. A. (1979). An attributiona alalysis of consumer behavior. In I. Frieze, D. Bar - Tal., & I. S. Carroll (Eds.). New approaches to social problems: Applications of attribution theory. San Francisco: Jossey Bass.

Waters, V. (1979). Color us rational. Institute for Rational Living. New York City.

Weary, G., & Mirels, H. L. (Eds.) (1982). Integrations of clinical and social psychology. New York, Oxford: Oxford University Press.

Weiner, B. (1972). Theories of motivation. Chicago: Markham.

Weiner, B. (1975). "On being sane in insane places." A process (attributional) analysis and critique. Journal of Abnormal Psychology, 84, 433 - 441.

Weiner, B. (1979). A theory of motivation for some classroom experiences. Journal of Educational Psychology, 71, 1 - 29.

Weiner, B. (1980 a). Human Motivation. New York: Holt Rinehart & Winston.

Weiner, B. (1980 b). A cognitive (attribution) – emotion action model of motivated behavior: An analysis of judgments of help – giving. Journal of Personality and Social Psychology, 39, 186 – 200.

Weiner, B. (1980 c). May I borrow your class notes? An attributional analysis of help – giving in an achievement – related context. Journal of Educational Psychology, 72, 676 – 681.

Weiner, B. (1982 a). An attributionally based theory of motivation and emotion: Focus, range, and issues. In N. T. Feather (Ed.). Expectations and actions: Expectancy – value models in psychology. Hillsdale, N. J.: Lawrence Erlbaum.

Weiner, B. (1982 b). The emotional consequences of causal attributions. In M. Clark, & S. T. Fiske (Eds.). Affect and cognition: 17th Annual Carnegie symposium on cognition. Hillsdale, N.J.: Erlbaum.

Weiner, B. (1985). "Spontaneous" causal search. Psychological Bulletin, 79, 74 – 84.

Weiner, B. (im Druck). An attributional theory of motivation and emotion.

Weiner, B., Amirkhan, J., Folkes, V. S., & Wachtel, S. (im Druck). Attributional analysis of excuses. Journal of Personality and Social Psychology.

Weiner, B., Frieze, I. H., Kukla, A., Reed, L., Rest, S., & Rosenbaum, R. M. (1971). Perceiving the causes of success and failure. New York: General Learning Press.

Weiner, B., Graham, S., Stern, P., & Lawson, M. E. (1982). Using affective cues to infer causal thoughts. Developmental Psychology, 18, 278 – 286.

Weiner, B., Graham, S., Taylor, S., & Meyer, W. U. (1983). Social cognition in the classroom. Educational Psychologist, 18, 109 – 124.

Weiner, B., & Kukla, A. (1970). An attributional analysis of achievement motivation. Journal of Personality and Social Psychology, 15, 1 – 20.

Weiner, B., & Litman – Adizes, T. (1980). An attributional, expectancy – value analysis of learned helplessness and depression. In J. Garber & M. E. P. Seligman (Eds.). Human control. New York: Academic Press.

Weiner, B., Nierenberg, R., & Goldstein, M. (1970). Social learning (locus of control) versus attributional (causal stability) interpretation of expectancy of success. Journal of Personality, 44, 52 - 68.

Weiner, B., Russell, D., & Lerman, D. (1978). Affective consequences of causal ascriptions. In J. H. Harvey, W. J. Ickes & R. F. Kidd (Eds.), New directions in attribution research, (Vol.2). Hillsdale, N.J.: Erlbaum Press. (Deutsch: Affektive Konsequenzen von Ursachenzuschreibungen. In D. Görlitz, W. - U. Meyer, & B. Weiner (Hrsg.): Bielefelder Symposium über Attribution. Stuttgart: Klett, 1978)

Weiner, B., Russell, D., & Lerman, D. (1979). The cognition - emotion process in achievement - related contexts. Journal of Personality and Social Psychology, 37, 1211 - 1220.

Weiner, B., & Sierad, J. (1975). Misattribution for failure and enhancement of achievement strivings. Journal of Personality and Social Psychology, 31, 415 - 421.

Wessler, R. A., & Wessler, R. L. (1980). The principles and practice of rational - emotive therapy. San Francisco: Jossey - Bass.

Whalen, C. K., & Henker, B. (1976). Psychostimulants and children: A review and analysis. Psychological Bulletin, 83, 1113 - 1130.

Wilson, T. D., & Linville, P. W. (1982). Improving the academic performance of college freshmen: Attribution therapy revisited. Journal of Personality and Social Psychology, 42, 367 - 376.

Wilson, T. D., & Linville, P. W. (1985). Improving the performance of college freshmen with attributional techniques. Journal of Personality and Social Psychology (im Druck).

Wimer, S., & Kelley, H. H. (1982). An investigation of the dimensions of causal attribution. Journal of Personality and Social Psychology, 43, 1142 - 1162.

Wine, J. (1980). Cognitive - attentional theory of test - anxiety. In I. G. Sarason (Hrsg.), Test - anxiety: Theory, research and applications. Hilldale, N. J.: Erlbaum.

Wine, J. (1982). Evaluation anxiety. A cognitive - attentional construct. In H. W. Krohne & L. Laux (Hrsg.), Achievement, stress, and anxiety. Washington: Hemisphere.

Wolpe, J. (1958). Psychotherapy by reciprocal inhibition. Stanford: Stanford University Press.

Wong, P. T. P., & Weiner, B. (1981). When people ask "Why" questions, and the heuristics of attributional search. Journal of Personality and Social Psychology, 40, 650 - 663.

Wortman, C. B., & Brehm, J. W. (1975). Responses to uncontrollable outcomes: An integration of reactance theory and the learned helplessness model. In L. Berkowitz, (Ed.) Advances in experimental social psychology, (Vol. 8). New York: Academic Press.

Zajonc, R. B. (1980). Feeling and thinking, preferences need no inferences. American Psychologist, 35, 151 - 175.

Zimmer, D. (1981). Die Vernunft der Gefühle: Ursprung, Natur und Sinn menschlicher Gefühle. München: R. Piper & Co.

Zoeller, C. J., Mahoney, G., & Weiner, B. (1983). Effects of attribution training on the assembly task performance of mentally retarded adults. American Journal of Mental Deficiency, 4, 88, 109 - 112.

AUTORENREGISTER

SACHREGISTER